唐朝往事系列

耿元骊 主编

上官婉儿

纵横宫廷参政事

张春兰 著

辽宁人民出版社

© 张春兰　2025

图书在版编目（CIP）数据

上官婉儿：纵横宫廷参政事 / 张春兰著 . — 沈阳：
辽宁人民出版社，2025.1
　（唐朝往事系列 / 耿元骊主编）
　ISBN 978-7-205-11110-6

　　Ⅰ . ①上… Ⅱ . ①张… Ⅲ . ①上官婉儿—传记—通俗
读物 Ⅳ . ① K827=42

中国国家版本馆 CIP 数据核字（2024）第 078384 号

出版发行：辽宁人民出版社
　　　　　地址：沈阳市和平区十一纬路 25 号　邮编：110003
　　　　　电话：024-23284191（发行部）　024-23284304（办公室）
　　　　　http：//www.lnpph.com.cn
印　　刷：天津光之彩印刷有限公司
幅面尺寸：145mm×210mm
印　　张：9.5
字　　数：170 千字
出版时间：2025 年 1 月第 1 版
印刷时间：2025 年 1 月第 1 次印刷
责任编辑：赵维宁　段　琼
封面设计：乐　翁
版式设计：一诺设计
责任校对：吴艳杰
书　　号：ISBN 978-7-205-11110-6
定　　价：78.00 元

总　序

盛唐：中华文明的辉煌时代

唐朝有自己独特的气质。当我们提起唐朝，经过长达千年集体记忆形塑，大概每一个华人都会立刻呈现一幅宏大画卷萦绕脑海，泱泱大国典范形象勃现眼前，甚至还会莫名有一种自豪感油然而生。三百年波澜壮阔（实289年），四千位杰出人物（两《唐书》有姓名者约数），五千万烝民百姓（开元载簿约数，累计过亿），共同在欧亚大陆东端上演了一出雄浑壮丽、辉煌灿烂的人间大剧。

唐朝在中国历史上有着巍然的地位。它海纳百川，汲取万方长处；自信宏达，几无狭隘自闭之风。日本学者外山军治以域外之眼，推崇隋唐时代是"世界性的帝国"，自有其独到眼光。唐代在数百年乱世基础上，在经历多次民族大融合之后，引入周边各族之精英及其文化，融合再造生机勃勃的新一代文化，从而使以华夏文明为中心的中原文明再次焕发出生机与活力。唐朝，也成为中华文明辉煌的时代。如果在朝代之间进行比赛，唐代在大多数项目上都能取得前几名，"唐"也与"汉"共同成为中华代称。

唐朝有着空前辽阔的疆域。其开疆拓土之勇猛气概与精细作业之高超能力，一时无双。皇帝的"天可汗"称号，使唐成为周边各区域政权名义共主。这是一个大有为的豪迈时代，自张骞通西域以来，再次大规模稳定沟通西域，所谓"是时中国盛强，自安远门西尽唐境凡万二千里，闾阎相望，桑麻翳野"。在南方则形成了稳定通畅的广州通海夷道，大概是同时代世界上最远的航路。杜环、杨良瑶在中亚游历，促进了东西方海路沟通，大批波斯、大食商人来到广州，唐代和中亚、西方直接往来越来越密切，唐帝国是世界舞台上的优胜者。

大唐独有气质、巍然历史地位、空前辽阔疆域，共同形成了"盛唐气象"。"盛唐气象"也从最初描绘诗文格调的形容词，逐渐转变为唐代整个社会风范的代名词。"盛唐"逐步成为描绘唐朝基本面貌最常用词语，一个典范概括。唐朝各个方面，都呈现出进取有为和气质昂扬的面貌，无论是精神、文化还是生活上，都展现了独特时代风貌，其格局气势恢宏，境界深远，深深体现在盛唐精神、文化、生活等各个方面。

盛唐的精神

大唐精神体现在何处？首先是开放的心态，其次是大规模的制度建设。没有开放心态，就不会建成这些制度。唐朝有传统时代最开放的万丈雄心，不自卑，也不保守，更没有"文化本位主义"的抱残守缺。上层统治群体胡人血统很深，胡汉通婚情况很普遍，社会氛围基本不强调排外。唐高祖母独孤氏，太宗母窦氏、皇后长孙氏，这些都是鲜卑人。"胡客留长安久者，或四十余年"，来华的日本人很多在唐娶妻生子，大食国李彦、朝鲜半岛崔致远等，都考中进士，日本人阿倍仲麻吕进士及第后还当过官员。华夷观念上，没有鲜明对抗。唐朝人不自限天地，也不坐井观天。

在制度建设方面，唐朝延续了隋朝之初创，多方面建立了模板标杆，后代仿而行之，千年而未改，是盛唐精神最佳外在表现。在中央行政体制上，建立了完善的三省六部制，其体制健全，运行相对其他制度较为顺畅。结束了家国一体、门阀政治局面，以皇帝为核心，建立官僚政治制度，以严密官僚体系，分门别类推动行政运作，这个基本框架和运行模式历经改良在后世得到了长期沿用。在法律上，唐代创建了律令格式体系，形成了中华法系。特别是唐律，不仅仅在中国，在东亚历史上都有着重要地位，得到了长期沿用。在科举体制上，进一步完善科举模式，也得到了长期沿用。科举公平考试最受益者无疑是寒素出身者，推动并加快了社会阶层流动速度。在礼制这个社会等级秩序最鲜明标志物的建设上，唐代也有着最大贡献，形成了最早的国家礼典，在东亚文化体系当中影响巨大。

盛唐时期昂扬向上，走在各方面都开创事功的道路上，能出现贞观之治、开元盛世新局面，也就不足为奇。虽然安史之乱打破了原有局势，但是它并没有颠覆已经形成的大格局，所以唐朝仍能继续维系百年以上。

盛唐的文化

唐朝是文化的时代，各种艺术形式都让人有如臻化境之感。大唐是诗之国度，唐诗是诗之顶峰，唐诗至今仍是我们中国人日常最爱古典文化，谁不能脱口而出一两句唐诗呢！唐诗厚重与灵巧并重，对现实、人生总是充满着昂扬奋发的精气神，所体现出的时代精神是那么刚健、自豪！读李白诗，不由得让人有意气风发之感。读杜甫诗，不由得起家国之深思。才气纵横如李白，勤思苦练如杜甫，是唐诗当中最亮的双子星。读边塞诗，似亲行塞上，悲壮深沉。读田园诗，则宁静致远，平和悠适。即使安史之乱以后，大唐仍然有元稹、白居易、韩愈、柳宗元等诸多诗文大家。韩、柳更是开启古文运动，兴起一代文体新风。无论是诗还是文，大唐诗人都已长领风骚千年之久。即使到了白话文广泛通行的今日，唐诗、古文又有哪个华夏子孙不读之一二呢？

　　而绘画、书法、舞蹈与音乐、史学等都在中国历史上具有重要意义，是前此千年的总结，又是后此千年的开创。吴道子是唐代最有名的天才画家，"吴带当风"，被称颂为"气韵生动"，自成一派；而山水画也开始兴起，出现了文人画，两派画风都深深影响了宋朝人审美趣味，流风余韵至今日。书法在本质上已经脱离了记录符号，其实也是一种绘画，是绘画和文字本身含义的结合体。唐代书法大盛，书法理论自成一格。前期尊崇王羲之书法，盛唐之后形成了张旭草书新体，书风飘逸；又形成了颜真卿楷书，端庄正大，成为至今通行常用字体，其影响可谓远矣。舞蹈与音乐更是传统时代的顶峰，太宗时形成"十部乐"，广泛引入了域外曲调。盛唐时代，更是从玄宗到乐工，都精于音律，《秦王破阵乐》《霓裳羽衣曲》大名流传至今。唐代史学承前启后，《隋书·经籍志》确定了史部领先子、集的地位，一直沿用到《四库全书》。纪传体成为正史唯一体裁，也是在唐代得以确立，"二十四史"由唐朝修成有 8 部之多。设史馆，修实录，撰国史，成为持续千年的国家规定动作，影响之大，自不必言。

文化是盛唐精神的最佳展示，是大唐时代风貌的具象化展示，表达了全社会的心理和情绪。

盛唐的生活

盛唐时代经济富庶，生活安定，杜甫有一首脍炙人口之史诗可为证："忆昔开元全盛日，小邑犹藏万家室。稻米流脂粟米白，公私仓廪俱丰实。"这就是唐代经济社会繁盛的形象化表述。盛唐时代，"天下大稔，流散者咸归乡里，……东至于海，南及五岭，皆外户不闭，行旅不赍粮，取给于道路"，几乎是到当时为止农业经济条件下，所能取得的最高峰。南方特别是江南得到了广泛开发，开元、天宝之时，长江三角洲开发已经取得了显著成绩，工商业更加发达，经济水平在全国取得了领先性地位。

盛唐时代，也是宗教繁荣时代。高宗建大慈恩寺，请玄奘译经。武则天更是深度利用佛教，在全国广建大云寺，推动了佛教大发展。玄宗尊崇密宗，行灌顶仪式，成为佛弟子。除唐武宗灭佛之外，唐代其他皇帝基本是扶持利用佛教。在中国历史上，唐代是佛教全盛时代，整个社会笼罩在佛教影子之下。唐朝也崇信道教，高祖自称老子后裔，高度推崇道教，借道教提高李氏地位，建设了一大批道教宫观。太宗规定道士地位在僧人之前，高宗追封老子，睿宗两个女儿出家入道。玄宗对老子思想高度赞赏，尊《老子》为《道德真经》，并亲自为其注释，颁行全国。

在唐代社会生活中，婚姻、丧葬、教育、养老是最重要的内容。盛唐时代，婚姻仍然非常看重门第，观察对方家族的社会名望和地位，对等才能让子女结合，基本实行一夫一妻多妾制。丧礼是社会关系确认重要标志，唐代有厚葬之风。在丧葬仪式方面，朝廷出台了官方规定，形成了系统化、程序化仪式。教育在盛唐时代也被高度关注，中央设立六学二馆，地方上设置了郡学和县学，开元时期全国各州县普遍设学。唐朝强调以"孝"治国，唐玄宗亲自为《孝经》作注，提高了老人地位，对老人提供各种礼节性待遇。

盛唐时代，虽然围绕最高权力争夺不断，但是百姓生活尚称安乐。然而，"渔阳鼙鼓动地来，惊破霓裳羽衣曲"，大唐转折来得也很猛烈，安史之乱对盛唐造成了重大伤害。另外，在我们对大唐赞叹有加的同时，不得不说，唐代短板也很多，特别是原创思想开拓性不足，微有遗憾。在传统时代唐朝所具有的开放性足以为傲，但是对其相对的封闭性也要有明确认识，值得思考。唐朝社会精英可以对外开放，但是普通百姓必须遵守牢笼规则，遍布长安的高墙和里坊就是佐证。大唐女性，看起来可以袒胸露乳，气质昂扬，独立自主，但只是少部分贵族妇女。大部分普通女性，还是生活在枷锁之中，虽然还没有裹脚这种身体残害，但是被禁锢的附属品命运还是传统时代所常见。

总之，唐朝个性鲜明，"大一统"最终成为定局。在唐朝之前，只有汉朝在一个较长时期内落实了大一统。隋朝虽然恢复了大一统体制，但是流星般的命运让它没有时间稳固大一统。唐朝立国稳定，最终把大一统定局为中华政体的深层底蕴结构，从此，大一统有了稳定轨道和天然正义性，延续千年，成为中华民族社会心理的共同基本。

如此唐朝，谁又不爱，谁又不想了解呢？然而时代变迁，让每个人都从史籍读起，显然不可能。虽然坊间关于唐代的读物已有不少，其中品质高超者也为数甚多，但是在文史百花园当中，自当要百花齐放，因此即使关于唐朝的普及性读物已经汗牛充栋，我们还是要在这著述之海当中，继续增加一些新鲜气息，与读者共赏唐朝之美！我们曾表达过，孟浩然"人事有代谢，往来成古今"最能代表我们的心声。没有人，没有事，也就没有历史。见人，见事，方见历史。所以，我们愿意努力在更多维度上为读者提供思考和探寻唐代历史的基础，与已经完成的"宋朝往事"略有不同，在人和事两方面基础上，增加了典制内容。大唐三百年历程，人事繁杂，典制丰富。我们采中国传统史学模式当中的纪事本末、列传、典制体裁之意，并略有调整，选十事、五人、五专题进行定向描绘，各书文字流畅，线索清晰，分析准确精当，且可快速读完。希望读者能和我们一起从更多维度观察唐、了解唐、思考唐，回首"唐朝往事"。

公元 617 年，留守晋阳（今山西太原）的唐国公李渊起兵，拉开了大唐王朝序幕，攻势如破竹，一年不到就改换了天地。虽然正史当中塑造了一个平庸的李渊形象，但是实情是没有李渊的方略和能力，就不会建成大唐。玄武门之变，兄弟刀兵相见，血流成河；父子反目，无奈老皇退位。从玄武门之变到出现贞观之治，二十多年时光，选贤任能、开疆拓土、建章立制，李世民留给世界一段值得长期探讨、反复思考的"贞观"长歌。太宗才人武媚，与高宗李治一场姐弟恋，却开创了大唐一段新故事。武周霸业，建神都洛阳，成就武则天唯一女皇。神龙元年（705），李武势力默认，朝臣积极推动，"五王"主导政变成功，女皇被迫退位，重新成为李家儿媳。此后十年间，四次政变，四次皇位更迭，大唐核心圈就没有停止过刀光剑影，但是尚未伤到帝国根本。玄宗稳定了政局，"贞观之风，一朝复振"，再开新局，开放又自由，包容又豁达，恢宏壮丽的极盛大唐就体现在开元时代。

"开元盛世"四字，至今脍炙人口。

盛极而衰，自然之理。盛世接着就是天宝危机，酿成安史之乱。这场大变乱，改变了中国历史走向，时间长，范围广，破坏大，影响深。战乱过后，元气大伤。河朔藩镇只是名义上屈服，导致朝廷也只能屯兵防备。彼此呼应，武人势力极度膨胀，群雄争霸，朝廷无力。唐宪宗元和时代，重新形成了短暂振兴局面，这也是唯一一位能控制藩镇的皇帝，再次构建了由中央统领的政治秩序。元和中兴也成为继开元盛世后，大唐王朝最后一次短暂辉煌。宪宗身后，朝廷局势一天不如一天，穆宗、敬宗毫无能力，醉生梦死。文宗时代，具体操办政务运行的朝臣，以李德裕、牛僧孺各自为首的政治集团党争不断，势同水火，"去河北贼易，去朝中朋党难"。宦官权重，杀二帝，立七君，势力凌驾皇权之上。导致皇帝也难以忍受，文宗试图利用"甘露之变"诛杀宦官，但是皇帝亲自发动政变向身边人夺权功败垂成，朝臣一扫而光，大唐也就踏上了不归路。

大唐功勋卓著的名人辈出，自不能逐一详细介绍，只好有所选择。狄仁杰，我们心目中的"神探"，实是辅周复唐大功臣，两次为相，为君分忧，为民解难。特别是劝说武则天迎回李显，又提拔张柬之等复唐主力人物。生前得到同时代人赞誉，死后获得了后世敬仰。郭子仪在战乱中显露英雄本色，平安史，击仆固，退回纥，是力挽狂澜的武将代表。长期位极人臣，生活在权力核心地带，谨慎经营，屹立不倒，"完名高节，福禄永终"，可谓文武双全，政治智慧超群。上官婉儿是唐朝著名女性代表，有着出色的文字能力，是可以撰拟诏敕的"巾帼宰相"，还可以参与军国权谋，但命运多舛，未有善终。近年来墓志出土，形成了一波婉儿话题。韩愈，千古文宗第一人。谏迎佛骨，显示了韩愈风骨。一代文化巨人，"匹夫而为百世师，一言而为天下法"，努力振兴儒学，文起八代之衰，推动"古文"运动，千年之后，仍然能够感受到他的影响。陆羽，唐代文人的代表，撰写了世界上第一部茶叶专著——《茶经》，号为"茶圣"，影响千年，成为古今中外吟咏不已、怀念不止的人物。

大唐创业垂统，建章立制。三省六部，成为中国古代官僚行政的典范。三省六部是决策机构，九寺五监是执行机构。虽然三省屡经变迁，但是所确立的中枢体制模式，却是千年如一。六部分科管理行政，其行政原理至今还在运行。九寺五监，今日"参公""事业"单位名目仍可见其遗意。唐代法律完善，律令格式体系齐备，是中华古典法系的杰出代表，对东亚影响可谓广泛。大唐生活，千姿百态。衣食住行，是维系每个大唐人生存的基本，婚丧学老，是每个大唐人成长所必有的经历。八件大事，又都和等级制度挂钩，是观察唐朝日常的最佳窗口。古都长安，是东亚中心，也是当时"世界"之都，是经济中心，是文化交流中心，是思想和学术的高地。巍巍长安，是盛唐气象直接承载体，长安风华引领着世界风潮，展示着盛唐文明所达到的高度。吐鲁番地处丝绸之路要地，是中外文明交汇融通之处。多元人口组成，多元文化集结地，是大唐开拓西域的关键节点，具有重要的军政和战略地位。凡此种种，理当书之。

以上，就是"唐朝往事"的总体设计。我们希望以明晰的框架，建设具有整体感的书系。既有主线，又可分立；有清晰流畅语言，有足够的事实信息，也有核心脉络可以掌握。提供给读者既不烧脑又不低俗的"讲史"，以学术为基础，但是又不是满满脚注的学究文。专业学者用相对轻松的笔调来记录和阐释，提供一点不一样的阅读感受。这个目标能否实现还很难说，但是我们正在向此努力。我们21人以一年时光，共同打造的20部小书，请读者诸君阅后评判！

感谢鲍丹琼（陕西师范大学）、侯晓晨（新疆大学）、靳小龙（厦门大学）、李航（洛阳师范学院）、李瑞华（西北大学）、李效杰（鲁东大学）、李永（福建师范大学）、刘喆（北京师范大学）、罗亮（中山大学）、雒晓辉（中国社会科学院古代史研究所）、孟献志（首都经济贸易大学）、孙宁（山西师范大学）、王培峰（山东师范大学）、许超雄（上海师范大学）、原康（淮北师范大学）、张春兰（河北大学）、张明（陕西师范大学）、赵龙（上海师范大学）、赵耀文（重庆大学）、朱成实（上海电机学院）等学界友朋（按姓名拼音为序）接受邀请，给予大力支持，参加"唐朝往事"的撰写工作，更要感谢他们能在一年多的时间内不停忍受我的絮叨和催促，谢谢大家！感谢辽宁人民出版社蔡伟先生及其所带领的编辑团队，是他们的耐心细致，才使得本书以这样优美的状态呈现出来。

现在，亲爱的读者，请您展卷领略"唐朝往事"，与我们一起走进大唐，思考大唐！

耿元骊

2024年3月26日于唐之汴州

目录

引　子

　　上官婉儿是唐朝著名的女官、皇妃与诗人，她以诗文作为进入宫廷的媒介，又以出色的文字能力先后成为掌管机宜的重要女官、撰拟诏敕的"巾帼宰相"，进而能够参与军国权谋，成为唐代宫妃参政的典型代表。这一切，都得益于她所处的时代，是一个思想相对开放、风气相对清明、女子受教育程度显著提高、妇女地位获得明显上升的时代。在这个时代，女性参政不是一件标新立异、惊世骇俗的事情，反而是一种人们耳熟能详、司空见惯的现象。

　　从唐高祖时期开始，大唐宫廷中就开始出现富有学识、工于诗文的皇后和妃嫔，她们头脑清醒、见识过人、勇敢坚毅、温柔有力，是唐朝政权中一支不可忽视的力量。

唐高祖李渊的皇后窦氏，才貌出众，文采斐然，书法水平尤其高超，她能模仿唐高祖的笔迹，其他人无法分辨真伪。窦皇后不仅工于篇章，而且对唐高祖多方规诫，是唐高祖身边不可或缺的贤内助。《唐语林》记载，唐高祖李渊曾与隋炀帝杨广一同饮酒，杨广觉得李渊面皮皱如老妪，面相不佳，难成大器，还轻蔑地直呼李渊为"阿婆面"，李渊对此感到无比羞愤、怒气难耐。但窦皇后听闻此事，却向李渊道喜曰："这是件值得庆贺的事情啊！您所袭的爵位是唐公，'唐'与'堂'同音，阿婆面就是'堂主'（'唐主'）。这是好征兆！"经过窦皇后劝慰，李渊按下怒火，重振精神，他仔细策划，招揽豪杰，聚拢部下，最终夺取了天下。

唐太宗李世民的皇后长孙氏，出身于隋朝将门，素来以贤德著称，能以切中要害的语言向唐太宗进谏，往往取得良好的效果。唐太宗对长孙皇后颇为敬重，常与她讨论赏罚之事。《唐语林》记载，长孙皇后劝说唐太宗包容魏徵犯颜直谏的故事，几乎人人皆知。魏徵以激烈的言辞触怒唐太宗，唐太宗怒不可遏地声称要处罚魏徵，长孙皇后特意穿上朝服迎接唐太宗下朝，唐太宗惊问何故，长孙皇后回答说："我听说主君圣明臣下才会忠诚。如今陛下圣明，魏徵才会尽忠直谏。我在后宫听闻都欣喜异常，怎敢不向您表示祝贺呢？"唐太宗听后情绪恢复平静，没有治魏徵的罪。《续世说》又载，唐太宗非常喜爱长孙皇后所生的长乐公主，为其准备的嫁妆超过了长公主，魏徵进谏，认为这件事于理行不通。长孙皇后得知后非常欣慰，对魏徵大加赞赏："能够以礼义节制君主的私人情感，真可谓止直的社稷之臣。"同时她还给予魏徵丰厚的赏赐。唐太宗晚年疾病缠身，长孙皇后一直精心照顾，她把毒药系在所穿的衣服上，随时准备与唐太宗生同寝、死同穴。在长孙皇后劝诫下，唐太宗礼贤下士、取信贤臣，使贞观一朝出现了清明的政局，为唐朝的发展奠定了良好的开端。

　　唐太宗的贤妃徐惠，自小聪慧过人，出生 5 个月就能开口讲话，唐太宗将她纳入宫中封为才人，很快就将她晋封为充容。徐贤妃擅于写作诗文，并多次上疏谈及唐太宗的为政得失，受到唐太宗及满朝文武的称赞。《大唐新语》记载，唐太宗晚年曾想兴兵伐辽，徐贤妃劝阻说："您这样做是用有尽的农工，填无穷的巨浪；这样的图谋不一定能获得他众，但一定会损伤业已建成的我方军队。"唐太宗又企图大造宫室，徐贤妃劝阻说："古代圣贤筑茅草屋顶以示简约，无须大兴土木，假如雇用劳动力，就不能避免烦扰百姓之弊端。"她还说："有道君主以轻松的方式使百姓安逸，无道君主用享乐的方式使自己逍遥。"针对朝中出现的衣饰奢靡之风，徐贤妃进谏说："即便是作风简朴，我仍担心奢靡之风盛行；现在作风奢靡，今后如何制约？"徐贤妃亲自撰拟《谏太宗息兵罢役疏》呈给唐太宗，文采绮丽，令人信服，唐太宗赞赏不已。唐太宗崩逝后，徐贤妃哀伤不能自持，最终病逝，天下人都大感哀伤。

唐高宗朝皇后武则天参政、摄政并代行皇帝权力，以至于弃唐代周，自是皇后参政的典型范例。唐中宗的皇后韦氏亦效仿武则天参政，对朝中事务大加干涉。除皇后、宫妃摄政，唐朝的公主们也不遑多让，对家国之事亲力亲为，成为唐朝女主政治的一股生力军，在中国历史上留下了独特的面貌。

唐高祖李渊的女儿平阳公主早先下嫁武将柴绍为妻。李渊父子起兵反隋时，柴绍积极响应，去太原迎接起义队伍，平阳公主留在后方善后。她身着男装，变卖家产，募集了一支7万人的武装军队，以"娘子军"为号，与李世民胜利会师，包围了长安。平阳公主对大唐的建立居功至伟，她去世后，唐高祖特意下令用鼓吹礼安葬她，以奖励她卓越的军功。

唐高宗李治与武则天的女儿太平公主从小就"沉敏多权略"，武则天觉得她相貌、性格都最像自己，故而在所有子女中最疼爱她。太平公主独得父母疼爱，养成了坚毅果决、敢作敢为的性格，她既能承欢于父母膝下，又能参与朝政。神龙政变中，她与其兄李显里应外合，诛灭张易之、张昌宗兄弟，迫使武则天让位于李显。唐中宗李显统治时期，太平公主权倾朝野，韦后与安乐公主都惧怕她。后来她又与兄长李旦的儿子李隆基共谋诛灭韦氏集团。事成之后，唐睿宗李旦益发尊重她，对她言听计从，国家大政都与她商议，她不上朝的时候，唐睿宗就派宰相去她的府第咨询。从唐睿宗以下，进退皆系于太平公主一言。太平公主还延揽读书人，文士们争先依附于她，渐渐形成一股引人注意的政治势力。

由于唐朝妇女参政已成风气，不仅宫廷里的皇后、妃嫔和公主涉身政务，外朝官员的母亲和妻子也以监督丈夫和儿子、整肃政坛风气为己任。

初唐时期的监察御史李畬之母"清素贞洁"。《朝野金载》记载，李畬发放俸禄，禄米送到家里时，他的母亲让人称量禄米多少，发现多了三石。李母问为何多出三石，送米的差役回答："御史的禄米发放时多余的部分就不收回了。"李母又问送米的脚车钱多少，差役说："御史按例无须付脚车钱。"李畬的母亲很生气，让差役把多余的禄米和应付的脚车钱送回去，以示对李畬的责备。于是李畬追究仓管的责任，其余御史都面有惭色。

唐太宗时的岐州刺史郑善果之母翟氏生性贤明，对郑善果多加教诲。郑善果处理政务时，翟氏常常在楼阁里静听，如果裁决合理，翟氏就欢欢喜喜地与郑善果交谈；如果裁决不合理，翟氏就拒绝与郑善果说话。郑善果侍母至孝，伏在母亲床前，一天都不敢进食。在母亲的严厉管教下，郑善果成为一位以清正廉明著称的官员。

武则天朝的宰相崔元暐之母卢氏为人清廉，常常提醒崔元暐保持廉洁的作风。《续世说》记载，崔母教导崔元暐说："我的姨家表兄辛元驭曾说，儿子为官之家，凡是听说其家贫困潦倒，这是好消息；假若听说其家赀货充足、衣马轻肥，这就是坏消息。我认为他的话很有道理，可谓至理名言。原来我见仕宦之家的为官者多将财物献给父母，父母只知喜悦，竟然不问财物从何而来。假若此财物是俸禄中剩余的部分，那是好事；假若是不合理所得，这与盗贼何异？陶母不受鱼鲊之馈，就是这个原因。你们坐食俸禄，荣耀已多，假如还不忠诚清廉，以何顶天立地？"在母亲的悉心教导下，崔元暐恪尽职守、廉洁自律，为当世所称颂。

武则天统治时期，上林令侯敏的妻子董氏"贤而有智"。《太平广记》有载，当时太仆卿来俊臣因受武则天器重而气焰嚣张，朝官纷纷巴结他，侯敏也对他唯唯诺诺。董氏劝他："来俊臣为人奸诈，是国贼，他必然不会长期得势。将来有一天他遭遇祸事，同党肯定也受牵连。你一定要对他敬而远之。"听了妻子的话，侯敏从此刻意疏远来俊臣，即使受到来俊臣的排挤也不改变态度，董氏非常支持他的做法。后来来俊臣被诛杀，他的亲党被流放岭南，侯敏则因为接受妻子的建议提前疏远他而幸运地没有受到株连。

武周圣历年间，突厥军队攻陷赵州，赵州刺史高睿与妻子秦氏一同被俘。突厥将领劝高睿投降，秦氏说："我们夫妻深受国恩，今日正好还报。如若归降于贼，有何荣耀可言？"她不肯受降，英勇牺牲。

上官婉儿生活的时代，女性参政议政风气盛行，她们以勇敢自由的精神、卓越不凡的见识广泛参与唐朝的国家大事，文能谱写秀美诗文，武能率军上阵杀敌，用自己的智慧与才华为国家服务。在这样的历史背景下，上官婉儿生逢其时，她的文学天赋、智慧谋略、组织才能和执行能力都获得了施展的舞台，最终成就了一番载入史册、流传后世的功业。

第一章

襁褓婴儿　家境突变

一、帝星陨落与永徽时代到来

大唐贞观末年，唐太宗李世民气痢发作，服用很多名医进献的良药都未能痊愈，他坐卧不宁，寝食难安，于是下诏广求异域之方。有卫士进献了一则很可能来自天竺的药方，该方用牛乳熬煮草药荜拨而成汤药。唐太宗服下汤药后，根治了困扰他许久的痼疾。唐太宗非常高兴，欲以官职奖赏进献药方的卫士，宰相魏徵表示反对。此事最晚发生于贞观十七年（643）之前，因为魏徵病逝于贞观十七年。

贞观二十一年（647）正月，唐太宗特别倚重的宰相高士廉在京师去世，唐太宗十分悲痛，命令御驾启程，计划亲自去高士廉府第吊祭。中书令房玄龄以唐太宗刚刚服食过药石、不宜参加葬礼为由，抗表阻止。长孙皇后的胞兄、同中书门下三品长孙无忌骑马追至唐太宗车驾前苦劝，他提到服用药石再临丧，是道教经方明确禁止的，唐太宗应该为黎民百姓考虑，珍爱自己的身体。为阻止唐太宗，长孙无忌跪于马前痛哭流涕，唐太宗只好下令还宫。

贞观二十二年（648）五月二十日，唐朝军将王玄策在大破中天竺军队后，携俘虏1.2万人返回京师。俘虏中有一名天竺僧人名叫那罗迩娑婆寐，自称年纪已经200岁，通长生不老之药。唐太宗听信了他的话，对他颇为礼敬，并命他为自己炼制丹药。为了炼制丹药，朝廷派人四方求取奇药异石，又派人前往婆罗门诸国采药。这位天竺僧人历时一年多炼成丹药，唐太宗服下，并没有什么奇异的效果。待唐太宗病危，各位名医找不到治疗的方法，就有人将罪责归为天竺僧人，朝廷试图将他诛戮，又担心夷狄耻笑，只好将天竺僧人放还本国。

史书记载的这三则故事告诉我们，英明神武、威震四方的唐太宗竟然试图通过服食异域草药或道教丹药达到延年益寿的目的，这恰恰说明他的健康状况不容乐观，由他开创的时代渐渐接近尾声。

贞观二十二年（648），唐太宗不仅将延续生命的希望寄托在天竺药石之上，而且受天象、谶纬之说困扰，试图为李唐皇室剪除潜在的危险因素。关于天象、谶纬之困，史载左武卫将军、武连县公、武安李君羡在玄武门执行守卫任务时，发现太白星经常在白昼出现，太史令占卜后得出结论："女主昌盛。"其时民间又流行《秘记》传言："唐三代之后，女主武王代有天下"。唐太宗对这种说法既反感又担忧，从此开始猜忌姓武的人。曾有一次，唐太宗与众位武臣在宫中举行宴会，君臣大行酒令，唐太宗命令他们说出各自的小名。李君羡报告说自己的小名是"五娘"，唐太宗感到很惊愕，打趣说："什么样的女子，竟如此勇健？"又因为李君羡的官称、爵位、封邑和驻守的宫门都带有"武"字，唐太宗不由得联想到太史令之言，对李君羡充满厌恶之情，就把他贬为华州刺史。是年六月十三日，李君羡被唐太宗找了个理由杀害，其家人也被官府没收。

对于民间所传《秘记》之言，唐太宗也颇为忌惮，他悄悄地问太史令李淳风："《秘记》说的事儿，你相信有吗？"李淳风回答："我仰观天象，俯察历数，此人已经在您宫中，是您的亲属，从今往后不到30年，此人就要统领天下，还会把李唐子孙杀害殆尽，目前已经出现了征兆！"唐太宗问："那我把可疑的人都杀掉怎么样？"李淳风说："上天之命，人不能违抗。统领天下的人不会死，只会多杀无辜之人。而且自今以后 30 年，那个人也会老，到时候就会有慈悲之心，或许为祸就浅了。今日假设您可以杀掉那个人，上天或许会再降生一位更年轻的人来发泄怨恨，恐怕您的子孙将无一人能存续了。"唐太宗听完李淳风的话，沉默良久，无奈放弃追查。唐太宗后宫一名姓武的年轻才人，因此幸免一死。

　　仍是贞观二十二年（648），唐太宗的开国功臣房玄龄病重，唐太宗允许他在家中床榻上办公，继续对他予以重任。唐太宗驾幸玉华宫，身居相位的房玄龄因旧疾复发无法陪同前往。等到房玄龄病情加重，追到玉华宫与唐太宗见面，他已无法行走，只能坐轿入殿，一直到皇帝御座前才下轿。看着房玄龄老迈病弱的模样，唐太宗不禁泪流满面，房玄龄也伤感到不能自持。唐太宗下令延揽名医为房玄龄治病，他每日所需饮食由管理皇帝膳食的官员负责提供。唐太宗对房玄龄的病情极为关注，看到他病情稍稍缓解，唐太宗就喜笑颜开；看到他病情稍有加重，唐太宗就愁眉不展。后来房玄龄的病情越来越重，唐太宗就命人凿开宫墙筑门，每日派宦官询问他的情况。唐太宗还亲自去探望房玄龄，与他握手话别，君臣二人执手相看泪眼，为他们共同开创的时代即将结束而唏嘘不已。皇太子李治也到房玄龄病榻前诀别。是年七月，大唐宰相房玄龄溘然长逝，唐太宗为表达自己的哀思，特意为他罢朝三日。

　　贞观二十三年（649），注定是大唐历史中不平凡的一年。这一年，为唐帝国开疆拓土、屡创奇功的唐太宗李世民，渐入人生暮年；这一年，营造四海升平、天下晏然景象的唐太宗李世民，终将如巨星般陨落。是年正月初六，军将阿史那社尔大败龟兹军队，俘虏龟兹王诃黎布失毕及宰相那利等重臣，进献于太庙。二月十一日，唐朝设置瑶池都督府，隶属于安西都护府。同月，西突厥肆叶护可汗遣使来朝。三月十五日，唐朝又设置丰州都督府。此前长安干旱日久，此时才普降甘霖。三月十七日，唐太宗大赦天下。三月二十三日，唐太宗身体抱恙，命令皇太子李治在金液门外处理朝政。整个三月，日赤无光，天象不吉。

四月二十三日，开府仪同三司、卫国公李靖薨逝，唐太宗又失去了一位功勋卓著的开国老臣。在李靖病重时，唐太宗曾亲自驾临他的府第探望，唐太宗哭着说李靖是他的生平故交，对国家有突出贡献，看到他疾病缠身的样子，唐太宗担忧不已。李靖去世后，被追赠为司徒、并州都督，以庄严的仪仗陪葬于唐高祖的昭陵，还获赐谥号"景武"。四月二十五日，唐太宗去郊外的离宫翠微宫养病。

五月十五日，唐太宗突然将太子詹事、英国公李勣贬出京城，降为叠州都督，此举令群臣大为不解。李勣一直深受唐太宗信任，唐太宗对他颇为倚重，不仅对他赏赐丰厚，还曾为他剪下自己的胡须做药引。如此深厚的恩宠，为何突然被贬？其实，这是唐太宗为太子李治继位提前做出的政治安排。唐太宗对李治交代道："李勣才华过人，但你对他没什么恩情，将来任用可能没那么方便。我现在把他贬到外地，如果他立即出京上任，等我死后，你就可以亲自起用他，如此一来你对他就有提拔之恩，用起来也得心应手。如果他贪恋京城富贵拖延时间不走，你就马上杀了他。"李勣精明睿智，深谙帝王用人之术，故而他接到任命敕令后，丝毫没有延宕，连家都没有回，即刻启程前往贬所赴任。

李勣被贬之后 10 日左右，唐太宗就病危了。临终之前，唐太宗下诏将长孙无忌和褚遂良召至翠微宫病榻前叙话，嘱托他们二人辅佐太子李治登基，同时要求太子听取二人的教诲。唐太宗还特意嘱咐褚遂良，长孙无忌对自己忠贞不贰，自己能够得到天下，多半是靠长孙无忌的力量，他希望褚遂良辅佐新君后，别让其他人进谗言迫害长孙无忌。唐太宗弥留之际所作的人事安排，外有李勣，内有长孙无忌和褚遂良，他们既能精诚合作，又能相互监督，为太子李治打开新局面奠定了坚实的基础。李勣、长孙无忌和褚遂良，后来都成为李治的股肱之臣，为大唐江山做出了不可磨灭的贡献。

贞观二十三年（649）五月二十六日，中国历史上的一代明君唐太宗李世民在翠微宫含风殿逝世，终年 52 岁。唐太宗选贤任能，从谏如流，营造了秩序井然、风气清明的政治环境，成为后人难以超越的文治楷模；他开创了中国历史上"斗米三四钱，千里不赍粮"的贞观盛世局面，成为后世美谈；他"起自晋阳，奄有天下，征伐荒外，西破高昌，北擒颉利"，凭借赫赫战功使唐王朝威震四方；他摒弃"贵中华、贱夷狄"的陈旧观念，施行开明、平等的民族政策，被少数民族政权尊称为"天可汗"。《新唐书》评价李世民曰"盛哉，太宗之烈也"，并将他除隋之乱的功绩等同于商汤和周武王，将他开创治世的美德比拟周成王和周康王，认为自汉朝以来功德兼隆者，莫过于李世民一人。唐太宗李世民的辞世，对唐朝政局影响深远。

唐太宗留下遗诏，命皇太子李治即位于灵柩前，并规定自己的丧仪采用汉制。五月二十七日，在秘不发丧的前提下，朝廷派遣精兵护送皇太子及唐太宗的遗体还京。礼部尚书于志宁担任侍中，太子詹事张行成兼任侍中，东宫属官高季辅兼任中书令。二十九日，朝廷将唐太宗驾崩的消息公之于众。六月一日，皇太子李治即皇帝位，时年22岁，是为唐高宗。八月，官员们为李世民上谥号曰"文"，庙号太宗。八月十八日，唐高宗李治在昭陵安葬唐太宗，正式执掌大唐命运，并于次年正月一日改元"永徽"，唐朝开始进入永徽时代。

唐高宗即位后，继承贞观遗风，从制度、律法、政务诸方面都延续贞观旧例稳步向前，维持了天下无事、四海升平的大好局面。长孙无忌与褚遂良同心辅政，唐高宗也对他们二人礼敬有加，听取正确建议，并常诏刺史面圣，问及民间疾苦。良好的社会环境为经济发展提供了契机，人口也迅速增长。唐高宗即位短短一年，户口就增加了15万户。后世对唐高宗永徽时期的政绩评价颇高，譬如《资治通鉴》称："永徽之政……有贞观之遗风"，《唐语林》载："承贞观之后，天下无事"，《南部新书》亦载："永徽之理，有贞观之遗风"，等等。

二、"废王立武"风波

刚刚登上皇位的唐高宗李治，在外朝享受政通人和的喜悦之时，却未曾预料到自己的后宫生活即将泛起微澜。永徽元年（650）正月初六，唐高宗李治立妃子王氏为皇后，因王皇后无子，遂立庶长子李忠为太子。此时唐高宗后宫虽有众多佳丽环绕，但他还是对唐太宗李世民的才人武则天念念不忘。

这位武才人，原本在唐太宗后宫并不起眼，但在唐太宗去世前一年，她因为姓氏陷入谶纬困境，险些被唐太宗所杀。唐太宗病重，当时还是皇太子的李治进入后宫为唐太宗侍疾，遇到才人武则天，惊为天人，一见倾心。唐太宗去世，唐高宗登基，武则天和其他妃嫔都去感业寺当了尼姑。忽然有一日，唐高宗到感业寺祭拜，与在那里带发修行的武则天重逢，武则天哭诉别后种种，唐高宗甚为感动，二人旧情复燃。王皇后知悉这件事情后，就把武则天召入宫中，希望用她来牵制当时获得唐高宗宠爱的萧淑妃。唐高宗把武则天册封为昭仪，位列九嫔第一，荣宠无边。王皇后和萧淑妃对此非常嫉妒，于是使出浑身解数与武则天争宠，多次在唐高宗面前说武则天的坏话，企图打破武则天在唐高宗心目中的美好形象。但唐高宗依然对武则天十分信任，不仅对王皇后和萧淑妃的谗言不予理睬，反而更加厚待武则天。唐高宗的信任和宠爱无疑提高了武则天在宫中的地位。

王皇后出身于地位显赫的太原王氏家族，是唐太宗李世民姑母同安长公主的侄孙女，同时又是关中世家、中书令柳奭的外甥女，她的母亲柳氏也受封为魏国夫人。王皇后是典型的高门贵胄之女，性格端庄持重，从不刻意迎合唐高宗的喜好，对后宫诸人也颇有威严。但她本人没有嫡子，只能把庶长子李忠扶植为太子。她与萧淑妃、武则天相较，最大的劣势就是无子，当时萧淑妃育有一子，武则天育有二子，故而王皇后觉得自己根基不够稳固，内心甚是惶恐。王皇后因无子而心生不安，是她排挤、针对武则天的根本原因，后来却成为唐高宗想废掉她的最正当的理由，同时也为武则天取而代之提供了最大的可能。

永徽五年（654），唐高宗与武则天的长女安定公主夭折，凶手直指王皇后。据史书记载，武则天生女，王皇后前去探望，因见小公主活泼可爱，王皇后就逗着她玩了一会儿。待王皇后离开，武则天狠心地在被子下掐死了自己的亲生女儿。唐高宗到武则天宫里来看小公主，武则天佯装欢喜地接驾，掀开被子一看，小公主已死。武则天表现得大惊失色，连忙讯问左右，宫女们都说皇后刚才来过，武则天便痛哭起来，坚称是王皇后杀死了小公主。唐高宗不明就里，认定是王皇后因与武则天不睦而杀害了小公主，顿时萌生废后之意。武则天请唐高宗把小公主的谥号定为"思"字，以此来纪念自己这位刚刚来到人世不久就死于非命的女儿。

永徽六年（655）六月，王皇后与其母魏国夫人柳氏疑在后宫行厌胜之术，引起唐高宗的强烈不满。唐朝从立国之初就禁行厌胜之术，皇帝的妻子和岳母却在宫中秘密施行此术，这令唐高宗非常生气，他下令禁止魏国夫人入宫陪伴女儿，紧接着又罢黜了王皇后的舅舅、中书令柳奭，并想借机废掉王皇后，只因长孙无忌和褚遂良等大臣极力劝谏，唐高宗才暂时打消念头。也有史家把这件事视为武则天的阴谋，认为武则天为人阴险诡诈，诬陷王皇后和她母亲行厌胜之术，唐高宗轻信武则天的指控，就废除了魏国夫人进宫探视的权利，还罢免了皇后的舅舅柳奭。

唐高宗"废王立武"的想法刚提出来时，在朝中引起了轩然大波，大臣们态度不一，立场有别。当时有两位德高望重、权倾朝野的大臣公开表示坚决反对，一位是唐高宗的母舅、太尉长孙无忌，另一位是尚书右仆射褚遂良。按正史所记，事情的经过大致是这样的：

唐高宗想立昭仪武则天为皇后，太尉长孙无忌屡次反对，唐高宗于是秘密派遣使者给长孙无忌送去金银宝器各一车，绫罗锦帛共10车，想通过贿赂的方式拉拢他，还提拔他的三个儿子为朝散大夫，长孙无忌都不为所动。武昭仪的母亲杨氏夫人又亲自到长孙无忌的宅第请求他同意，也未能奏效。礼部尚书许敬宗又来劝说长孙无忌，更是被长孙无忌严词拒绝。长孙无忌大权在握，又不阿附武则天，武则天虽心生怨恨但也无计可施。唐高宗"废王立武"的意图受阻，他日益感受到来自宰相的威压，认为宰相干预了自己的家事，君臣、甥舅间矛盾渐生。

尚书右仆射褚遂良也坚决反对唐高宗"废王立武"。唐高宗刚刚提出立武则天为后的计划，褚遂良就与长孙无忌和司空李勣私下商量，称自己即将以死进谏来阻止这件事。长孙无忌率先表示自己可以去劝说唐高宗，但褚遂良认为长孙无忌既是太尉又是皇帝的母舅，万一事情进展不顺利，会使皇帝背负惹怒娘舅的名声，不太合适。李勣也说自己可以先表示反对，但褚遂良认为司空是国家元勋，如果发生争执，会让皇帝有怪罪功臣的名声，也行不通。褚遂良自谦其出身于平民，并无立下卓越功勋，只因受先帝特殊礼遇，才有今日的显赫地位，而且先帝病重时，曾赐予他遗诏，让他全力辅佐皇上执政，故而他必须尽忠直谏，否则日后无颜去见先帝。

随后，唐高宗和武则天召集太尉长孙无忌、左仆射于志宁和右仆射褚遂良一起商议此事。唐高宗称王皇后无子嗣，不配为皇后，而武昭仪生有皇子且德行出众，立她为皇后更合适。长孙无忌建议："自贞观二十三年后，先帝就把朝中大事托付给褚遂良了，您应该问问他的意见。"褚遂良说："王皇后出身名门，妇德无亏。先帝生病时，曾把您二位一起托付于我，我不敢违背先帝的意愿。况且我没有听说皇后有背离道德的事情，所以我认为不能罢黜皇后。我也不敢为了曲意逢迎您而背离先帝的旨意。"于是唐高宗很不高兴地结束了这个话题，君臣间的第一次谈判以失败告终，立武则天为后的事情暂时受阻。第二天，唐高宗又提及此事，褚遂良说："我希望您三思。今天我忤逆了您的旨意，罪该万死，但我宁死也不能辜负先帝的恩惠。"说完，他把手中的笏板扔在大殿的台阶上，解下头巾，叩头不止，直到头破血流，大殿上一片哗然。唐高宗大怒，命令侍卫把褚遂良押出去。躲在帷帐后暗中偷听的武则天见事态发展到这个地步，情急之下大呼："为何不扑杀这个家伙？"长孙无忌正气凛然地还击："褚遂良是先帝的顾命大臣，有罪不能加刑。"褚遂良"还笏"的故事就此传开，一直传到宋代，其刚直不阿的气节受到宋代士大夫称颂。南宋著名诗人陆游曾作《自嘲》诗云："独立未除还笏气，余生犹待阖棺论。"同为南宋诗人的刘克庄有《贺新郎·跋唐伯玉奏稿》一词："古有一言腰相印，谁教他，满箧婴鳞疏。还笏退，不回顾。"从这些诗词中，我们都可窥见宋人对褚遂良"还笏"之事的钦佩之情。

朝中还有一些大臣是持观望态度的，比如司空李勣和左仆射于志宁。唐高宗第一次召集众大臣进宫商议时，李勣"称疾不至"，请了病假。第二天，唐高宗又问他的意见，他说这件事是皇上的家事，没必要问外人。李勣原本与长孙无忌和褚遂良同为唐太宗的托孤重臣，在唐太宗死前被派到京外任职，唐高宗继位后即将他召回，拜为司空，委以重任。按说他应该始终与长孙无忌和褚遂良站在同一阵营，但他却突然在"废王立武"事件中改变立场，以骑墙的态度应对此事，暗中支持唐高宗立武则天为皇后。通过此事，他与长孙无忌和褚遂良的关系变得有些疏远，但却与唐高宗变得更亲近。于志宁的态度也是观望。史籍或称他"无言以持两端"，不说话保持中立；或称他"不敢言"，没有敢说话；或称他"顾望不敢对"，左顾右盼不敢应对。无论是有心计地保持沉默，还是不敢说话，都反映了他对"废王立武"事件的优柔态度。

明确表示赞成的大臣有礼部尚书许敬宗和中书舍人李义府。唐高宗刚刚提出立武则天为后时，别的大臣都纷纷劝阻，只有许敬宗揣度皇帝的心意，竟然附和说，农夫家多收十斛麦子尚且想要娶新妇，天子富有四海，新立一位皇后有何不可？唐高宗对他的态度很满意。不过当时的有识之士对许敬宗评价不高，文人刘肃就在文集中指责他"图害宰相，累及公卿"，一味趋炎附势，为朝政带来了祸患。

李义府的情况另当别论。他由于性情奸诈遭到长孙无忌厌恶，拟外派到壁州担任司马一职，诏令还未下达门下省审议，他就提前获得了消息，急忙向同为中书舍人的王德俭求助。王德俭是许敬宗的外甥，此人颇有计谋，他给李义府出主意："现在武昭仪承蒙盛宠，皇上想立她为皇后，又担心宰相们非议，所以没有下定决心，你如若能劝谏皇上立武昭仪为后的话，势必转祸为福，从此享受荣华富贵。"于是李义府代替王德俭在夜间值宿，上表请求唐高宗废除王皇后，改立武则天为皇后。唐高宗收到李义府的奏表非常高兴，召他面谈，赐给他一斗珍珠，并停发外调他的诏书，让他继续留在朝中任职。

唐高宗废黜王皇后、另立武则天的计划未能顺利实施，就想走一条中间路线达到目的，即先立武则天为宸妃，等待时机成熟再立她为后。关于此事，史书记载不一。《旧唐书·高宗本纪》没有记载武则天获封宸妃的事情，但在两《唐书》的《则天皇后本纪》中都明确记载，唐高宗于永徽六年（655）废黜皇后王氏，立武宸妃为皇后。《旧唐书》的记载是，当时唐高宗想立武则天为宸妃，来济秘密上表进谏，自古以来就没有"宸妃"这个封号，此事不可为。《新唐书》也提到，唐高宗想立武则天为宸妃，来济与韩瑗劝阻，他们认为皇妃有固定的称号，不宜另立新号。《资治通鉴》的记载也支持武则天未被立为宸妃的说法。传世史籍中书写的这些内容表明，唐高宗曾想走曲线救国的道路立武则天为后，但最终没有成功。

永徽六年（655）九月，"废王立武"的斗争达到白热化。是月三日，尚书右仆射、河南郡公褚遂良由于阻止唐高宗立武则天为皇后而被贬为潭州都督。同年十月十二日，唐高宗下定决心，正式废黜王皇后，把她贬为平民，亲属褫夺爵位，流放岭南。十月十八日，唐高宗颁布《立武昭仪为皇后诏》，为武则天成为自己的第二任皇后进行舆论宣传。唐高宗的《立武昭仪为皇后诏》是讨论武则天政治生涯起点的一个理想切入口，《资治通鉴》《全唐文》均记载此篇诏文，宋人程大昌的《考古编》中亦有此诏书的部分录文。此篇诏文中说唐太宗欣赏武则天的才能，所以把武则天赐给自己，武则天"事同政君，可立为皇后"，这是把武则天比作汉元帝的皇后王政君，从而为武则天上台编造了体面的出身和站得住脚的理由。武则天被册立为皇后这件事，也许还有更深刻的寓意。王皇后出身于门第高贵的太原王氏家族，她的舅舅柳奭是关中世家子弟；而武则天的父亲武士彟原本只是并州文水的一名富商，因资助唐高祖李渊起兵才成为唐朝的开国功臣，学者们把武则天取代王皇后一事看作关陇地区军事贵族集团没落、寒门素族阶层兴起的标志。

永徽六年（655）十一月初一，唐高宗命司空李勣、尚书左仆射于志宁奉上皇后宝印，正式册封武则天为皇后，并命令群臣及四夷酋长在肃义门向皇后行礼朝贺，同时下令内外命妇入朝拜谒皇后。此前并无朝臣向皇后行礼、参拜的先例，唐高宗和武则天开此先河。武则天自此开始接受朝臣们的参拜。两日后，许敬宗请求唐高宗废除太子李忠，立武则天尚且年幼的长子李弘为太子。至此，起于永徽六年三月终于同年十一月的"废王立武"事件，最后落下帷幕。在这场君权与相权激烈博弈的风波中，武则天坚定地站在唐高宗身边，赢得了她梦寐以求的皇后宝座。

三、帝后矛盾渐生

武则天登上皇后宝座之后，开始在政治上崭露头角，无论是在朝堂还是后宫，她都积极培植自己的亲信。废除现有太子、将自己的儿子扶植为太子，是皇后武则天进行的第一次政治尝试。礼部尚书许敬宗投其所好，向唐高宗陈述改立太子的必要性，他认为太子是国本，必须是嫡出方能服众，现在的太子出身寒微，难以胜任太子尊位，时间久了必然引起朝廷不宁。唐高宗采纳了许敬宗的建议，于显庆元年（656）正月废黜皇太子李忠，将他降为梁王，贬为梁州刺史，并特意书写《册代王弘为皇太子文》，改立皇后武则天所生的长子、时年 5 岁的李弘为皇太子，武则天的地位得到稳固。三月十七日，武则天在北郊祭祀先蚕，鼓励天下种桑养蚕；九月十二日，武则天制定《外戚诚》，显示她对朝政的关怀。

武则天在朝堂站稳脚跟后，对在"废王立武"事件中反对自己的大臣们展开激烈的报复。显庆二年（657）八月十一日，曾劝谏唐高宗、阻止武则天登上后位的大臣韩瑗和来济遭到贬黜，韩瑗的职位由侍中降为振州刺史，来济的职位由中书令降为台州刺史，他们都是由于申援、救助褚遂良而遭此祸事。显庆三年（658），褚遂良死于爱州；显庆四年（659），韩瑗死于振州，长孙无忌死于黔州，柳奭死于象州。与反对派官员客死他乡的悲惨遭遇相反，许敬宗因拥立武则天为皇后而立下汗马功劳，被提升为侍中，并奉命监修国史。

显庆五年（660）三月五日，皇后武则天在朝堂宴请自己的亲族、邻里和朋友，赐给一些妇女封诰，并同她们在内殿聚会。皇室亲贵被按等级赐予绸缎，随行的五品以上官员也都按品级赐给绸缎。唐高宗下令，由于并州是皇后的故乡，所以并州长史、司马各加勋一级，武则天亲自参加宴会，赏赐他们绸缎1000段，她的祖父母、叔、伯、姑、兄弟、姐妹等亲人各收到绸缎500段，姑表亲、堂兄弟等以及不在五服之内的亲戚、乡里、朋友也都按等级收到不同数量的绸缎赏赐。此外，长安城内所有80岁以上的妇女都被封为郡君，还被赐予礼物。武则天不仅"一人得道，鸡犬升天"，让亲族、邻里尽享荣耀和赏赐，而且逐渐涉足朝政。当然，这与唐高宗羸弱的身体状况是有直接联系的。显庆五年（660）十月以后，唐高宗经常感到头晕目眩，无法处理朝堂之事，于是让皇后武则天帮他批阅奏章、裁决政务，武则天从此开始协理朝政，大肆插手朝中重大事务。

唐高宗统治后期，健康状况堪忧，他整日昏昏沉沉，眼睛也看不清楚。皇后武则天在宫内宫外势力大涨，许多朝臣开始巴结武则天，尽心竭力地为武则天效劳，渐渐对唐高宗形成钳制之势。虽然时人笔记对唐高宗和武则天的关系记载得尚且融洽，但随着武则天政治势力不断扩张，唐高宗对武则天的不满情绪也日益明显。

唐高宗的不满，一方面源于武则天在朝政上的专横跋扈，另一方面也由于武则天对已被废黜的王皇后和萧淑妃的残忍报复，正史对此多有记载，野史更是多加演绎。据说王皇后和萧淑妃刚刚被囚禁时，萧淑妃大骂武则天："愿阿武为老鼠，我作猫儿，生生扼她的喉咙！"武则天听后感到很愤怒，下令从此宫中不允许养猫。一天，唐高宗有些挂念王皇后和萧淑妃，就走到关押她们的地方，见到王皇后、萧淑妃被囚禁在暗无天日的密室中，只留一个递送食物的小窗口。唐高宗于心不忍，就呼唤王皇后和萧淑妃。王皇后和萧淑妃形容枯槁、哭泣回应，不敢继续以后、妃自居，恳请唐高宗把她们救出囚室，让她们重见天日，为此她们愿意诚心悔过，并请唐高宗将她们住的院子改名为"回心院"。唐高宗恻隐之心大动，毫不犹豫地答应下来。但唐高宗还未来得及采取行动，这件事就被武则天得知了。她下令将王皇后和萧淑妃各打 100 杖，截断手足，投到酒瓮中，还说："让这两个妇人骨醉！"王皇后和萧淑妃受此虐待，几天后就惨死了。

这则故事历代相传，到元末明初的《隋唐两朝志传》时，被演绎为"武氏杀王后萧妃"。故事情节大致为：王皇后、萧淑妃被武则天囚禁后，唐高宗非常思念她们，但又受制于武则天，不敢表露出来。武则天派李义府来杀王皇后和萧淑妃，用白练和鸩酒结果了她们二人，接着又将她们的手足折断投入瓮中，最后割下她们的首级，经过反复折磨、凌辱，才把她们二人埋掉。

这件事让唐高宗深感震撼，武则天的强势和决绝也使他心生不安，帝后之间矛盾渐生。武则天足智多谋、灵活机变，唐高宗力排众议立她为后。等到目的达成，武则天就在宫里作威作福，唐高宗的一举一动都受到她的掣肘，唐高宗为此愤愤不平，对武则天渐起废黜之意。

四、家境遭遇突变

唐高宗对武则天的信任和尊重一直持续到龙朔年间。龙朔元年（661）三月一日，唐高宗召李勣、李义府、任雅相、许敬宗、许圉师、张延师、苏定方、阿史那忠、上官仪等官员及于阗王伏阇信一起到城门宴饮、观赏歌舞。唐高宗宴请的官员名单上，大都是地位显赫的文臣和武将，只有上官仪是四品官秘书少监，可见此时上官仪已成为唐高宗的亲信。同年五月二日，武则天请求唐高宗禁止天下妇女从事歌舞之类的职业，唐高宗诏令听从之。此后，随着原晋王府旧属、秘书少监上官仪进一步得到唐高宗重用，事情渐渐发生了变化，从而引发了一场新的政治风波。

据正史记载，上官仪，字游韶，陕州陕县（今属河南省三门峡市）人。他的父亲名叫上官弘，隋朝时担任江都宫副监。隋炀帝统治时期，上官弘曾辅佐吐万绪讨伐刘元进，平定江南之乱。关于此事，《隋书·吐万绪传》记载颇详：当时刘元进在江南一带作乱，率兵攻打润州，隋炀帝杨广派遣吐万绪前去讨伐。吐万绪率军与刘元进的部队几次交战，一路追击，将刘元进的军队团团围住，令敌人无法挣脱，刘元进无奈请降，落得个兵士被歼灭、自己仅保住性命的狼狈下场，江南之乱就此平息。正是在这次平息江南之乱的征讨战役中，上官弘辅佐吐万绪立下功勋，被授予通议大夫一职。大业末年（616—617）的江都兵变中，上官弘被将军陈棱所杀。当时上官仪尚且年幼，被他父亲的属下藏匿起来才幸免于难。为了避难，他一度做过僧人，熟读佛经，尤其擅长解读三论宗教义。后来他又广泛涉猎经史之学，能够撰写精彩的文章。

唐朝贞观初年，上官仪受到江都大都督府长史杨仁恭的礼遇，又参加科举考试中了进士，接着又在晋王府先后担任参军事和东阁祭酒。唐太宗听说他很有才华，就把他征召为弘文馆直学士，同时升任秘书郎。唐太宗喜好文辞，每每命令上官仪看自己草拟的诗文，还让他撰写诗文唱和。但凡举行宴会，唐太宗都让上官仪参加，他很快成为炙手可热的诗坛明星。贞观二十年（646），上官仪奉命在司空房玄龄、中书令褚遂良、太子左庶子许敬宗领导下参与《晋书》的编纂工作。《晋书》完成之后受到唐太宗的充分肯定，并被赐予太子和新罗使者各一部，上官仪也因此转迁为起居郎，专门负责太宗起居注的撰写。之后他的职务发生变动，先在陈王李忠的府里担任咨议参军，很快又离开陈王府出任给事中，管理皇帝经手的各级公文，接着他又出任中书舍人，管理更多机密文件，成为唐高宗即位前的一位重要人物。

唐高宗即位，昔日晋王府的旧臣都获得升迁机会，上官仪也被提升为秘书少监，掌管经籍、图书之事。龙朔二年（662）五月，上官仪再次得到提拔，从秘书少监晋升为中书侍郎，此时中书省改为西台，中书侍郎改称西台侍郎，唐高宗还加封他为银青光禄大夫。是年十月，上官仪被授予同东西台三品，他荣升为宰相，同时继续兼任弘文馆学士，一时大出风头，人人称羡。上官仪以文词出众著称，尤其擅长创作五言诗，词风绮丽委婉，柔媚动人。由于他文名远播，当时社会上模仿他诗风的人越来越多，渐渐形成一种固定的诗体，即"上官体"。与上官仪同为高宗朝著名文人的元兢在其《古今诗人秀句序》中评价曰："时历十代，人将四百，自古诗为始，至上官仪为终。"元兢对上官仪的诗歌创作水准予以高度概括，并把上官仪视作龙朔元年（661）至咸亨二年（671）十年间的诗坛领军人物。自古才子多恃才傲物，上官仪也未能免俗。他的自负耿直、恃才放旷，不仅引起同僚的嫉妒，最终还为自己招来杀身之祸。

上官仪的直接死因，是替唐高宗草拟废后诏书。《大唐新语》记载，武则天用残忍的手段杀害王皇后和萧淑妃之后，一直噩梦连连，经常梦到王皇后和萧淑妃披头散发、血肉模糊的样子。醒来之后，她觉得宫殿中潮湿阴冷，难以安眠。于是，一位名叫郭行真的道士开始出入宫掖，为武则天行厌胜之术。武则天的行为被宦官王伏胜发现，向唐高宗秘密告发了她。唐高宗讨厌这种怪力乱神的事情，因此勃然大怒，私下召见昔日旧属上官仪一同商议废后之事。上官仪对唐高宗说："皇后独断专行，自行其是，朝野上下人人失望，您应当废黜她以顺应人心。"唐高宗同意上官仪的看法，随即命他草拟废后诏书。当时唐高宗身边已有武则天安排的耳目，这个人听到消息急忙跑去向武则天通风报信。武则天立即赶到唐高宗处为自己辩解，言辞恳切，情绪激动，意在提醒唐高宗珍惜二人之间的感情。唐高宗顾念旧情，对废后一事心生悔意，又怕武则天怨怼于他，就把责任推给上官仪，说自己本无此意，都是上官仪教他这样做的。武则天看着刚刚草拟好的废后诏书，对唐高宗的薄情寡义痛心疾首，对上官仪越俎代庖的行为更是深恶痛绝，决心找机会将他除掉。这件事过后，唐高宗羞愧不已，待武则天宠爱如初，生怕武则天记恨自己。

有学者认为唐高宗意图废后的原因并非厌胜之事，而是与唐高宗想给武则天的外甥女贺兰氏名分却遭武则天抵制一事有关。贺兰氏的母亲是武则天的姐姐荣国夫人，据说她与唐高宗有私情，荣国夫人死后，贺兰氏靠美色博得唐高宗的欢心，将她封为魏国夫人。魏国夫人野心很大，企图取代武则天的地位，唐高宗也想给她个上得了台面的身份，这件事被武则天果断制止了。唐高宗在武则天面前接连碰壁，他对武则天越发不满起来，所以召上官仪入内商议废后之事。上官仪有心替唐高宗出力，最终却沦为唐高宗的"替罪羊"。

麟德元年（664）十二月，武则天指使人诬陷曾告发她行厌胜之术的宦官王伏胜与废太子暨梁王李忠谋反，王伏胜与李忠被抓捕。武则天的近臣许敬宗借机诬陷上官仪，称他与梁王谋反案有关联。于是上官仪被逮捕下狱，他的财产被充公，家人、亲属都被官府没收，沦为地位低贱的奴婢。十二月十三日，唐高宗和武则天下令杀了上官仪，罪名是离间"二圣"、无人臣之礼。两日后，梁王李忠也被杀。上官仪本想帮助唐高宗废掉武则天，结果却被唐高宗临时背弃，只得无奈受死。武则天在对上官仪痛下杀手的同时，也一并铲除了废太子李忠，巩固了自己在朝中的权势。

上官仪的长子上官庭芝，是唐高宗与武则天的第三子、周王李显的府属，受父亲牵连，也同时被杀害。上官庭芝被杀时尚且年轻，由于他没有在朝中担任重要职务，故而史籍未留下更多的记载。但出身于文学世家的他，想来应该受到父亲的精心栽培，富有学识甚至撰有著述，只是未能保存下来。上官庭芝的妻子是出身于荥阳郑氏家族的高门贵女，家教良好，他的妻弟郑休远亦是有所作为的青年才俊，官至太常少卿。上官庭芝夫妇只生有一个女儿，名叫婉儿，此时尚在襁褓之中，跟随母亲郑氏夫人一起被没收入宫，从尊贵无比的相府千金沦为命运多舛的掖庭奴婢。

上官仪的次子名为上官庭璋，庭璋生有经野、经国和经纬三个儿子，即上官婉儿有三位堂兄。其中，上官经野颇有文采，宋人洪迈所著《容斋三笔》中提到，上官经野任职鄱阳太守期间，他的妻子韦氏曾造一口洪钟，钟上的铭文、字画都不俗，应为当时文人所撰。可见上官经野本人颇通文墨，否则他也不可能与当时的文人保持文学、艺术方面的交流。另外，2004 年西安南郊出土的《唐韩敬峤妻王氏墓志》，撰文者署名为"上官经野"，且官衔为"右千牛中郎、天水郡开国公"，此事更能证实上官经野富有文采，与文人群体保持着良好的关系。

上官仪与上官庭芝父子被杀，地位显赫的上官家族从此没落。唐高宗想借上官仪之手废掉武则天，但他意志薄弱，出尔反尔，不仅没有达到废黜武则天的目的，还让上官仪白白丢掉了性命。经此一事，武则天在朝中的地位更加稳固，她的政治野心日渐高涨，政治手腕越发高明，唐高宗再也无法阻止她从幕后走向台前，开启大唐女主政治时代的步伐。

到了宋代，儒学家在评论唐高宗朝政局时，也把上官仪被杀一事看作唐高宗权力旁落、武则天擅权的标志性事件。他们认为，自从上官仪被杀，唐高宗就被武则天所掣肘，武则天夺取唐高宗的威权，朝廷内外都畏惧武则天，没有人敢忤逆她的旨意。宋儒们把唐高宗和武则天归类为"昏主悍后"，唐高宗昏聩所以失其政，武则天凶悍所以能制其夫。北宋人孙甫在《唐史论断》中直言不讳地批评唐高宗李治"内惑嬖者之计，外纳奸人之言"，将武则天称为"嬖者"，并历数武则天的种种罪责和唐高宗的一再容忍、退让：唐高宗知道王皇后无辜，但武则天戕害于她时，唐高宗不闻不问，尽显孱弱之态；武则天干涉朝政，唐高宗又命文武大臣和蕃夷之长都朝拜武则天，全然不顾礼制。南宋人李光评价武则天时，用"悍妇"一词称之，认为唐高宗受制于武则天，故而身灭国亡。直至明朝，王夫之仍沿用宋儒"昏主"和"嬖者"的称谓评价唐高宗和武则天，认为昏主濒死而不觉悟，嬖倖大肆宣淫，酷吏恣意滥杀无辜，这是古今所未有之事。

五、祖父诗风流芳

唐代宰相、诗坛巨星上官仪，就这样匆匆陨落，告别了历史的舞台。上官仪文采斐然，诗作动人，是初唐诗人群体中一位令人瞩目的明星。自唐太宗贞观十九年（645）至唐高宗麟德元年（664）的 20 年间，文人学士为进入仕途，皆热衷于学习"上官体"诗歌。上官仪著述颇多，《新唐书·艺文志》记载，他著有文集 30 卷，曾撰写《投壶经》1 卷，与褚遂良等一起编纂《晋书》130 卷，与许敬宗、顾胤、许圉师等著有《芳林要览》300 卷。此外，显庆四年（659），唐高宗为太子李弘加元服时，命令太子宾客许敬宗、右庶子许圉师、中书侍郎上官仪和中书舍人杨思俭到文思殿选摘古今文章，汇集成一书。李弘领衔众人于龙朔元年（661）编纂成书，名为《瑶山玉彩》，共收录文章500篇。

上官仪的诗作虽然不像"李杜"诗篇那样被广为传诵，但他上承齐梁时期的绮丽诗风，下采唐朝初年的清新文气，在同时期诗人中独树一帜，形成别具一格的"上官体"风格，在唐诗园圃中大放异彩。唐高宗执政后，打破了儒学一统天下的社会思潮，政教渐渐衰微，学者们不再一味崇尚儒术，开始崇尚浮华的文风。加之科举取士重进士、轻明经，读书人不再沉溺于研读儒家的基本典籍，转而为高中进士苦练诗文创作技巧。上官仪的诗风绮丽柔美，恰好迎合了当时的社会风气，也与武则天"好用雕虫之艺"的个人兴趣相契合，故而成为人人仿效的诗歌样板。唐高宗龙朔年间，上官仪写成《笔札华梁》一书，对齐梁时期的诗歌理论进行总结，提出了有助于唐诗发展的各种理论和方法。譬如，他提出适用于诗歌初学者的"八阶""六志"理论，为初学者提供了入门途径。"八阶"分别为"咏物阶""赠物阶""述志阶""写心阶""返酬阶""赞毁阶""援寡阶"及"和诗阶"，介绍了八种不同题材诗歌的外在表现形式；"六志"分别为"直言志""比附志""寄怀志""起赋志""贬毁志"和"赞誉志"，总结了六种不同诗歌的咏志方法。他还提出"六对""八对"的对偶规律，对唐代律诗的发展大有裨益。在上官仪看来，诗有六对：一曰正名对，如天地日月；二曰同类对，如花叶草芽；三曰连珠对，如萧萧赫赫；四曰双声对，如黄槐绿柳；五曰叠韵对，如彷徨放旷；六曰双拟对，如春树秋池。在此基础上，他又提出诗有八对：一曰地名对，如"送酒东南去，迎琴西北来"；二曰异类对，如"风织池中水，虫穿叶上文"；三曰双声对，如"秋露香佳菊，春风馥丽兰"；四曰叠韵对，如"放荡千般意，迁延一介心"；五曰连绵对，如"残河河若带，初月月如梅"；六曰双拟对，如"议月眉欺月，论花颊胜花"；七曰回文对，如"隋亲因意得，意得逐情亲"；八曰隔句对，如"相思复相忆，夜夜泪沾衣，空叹复空泣，朝朝君不归"。上官仪的诗歌理论，成为唐高宗龙朔时期最受读书人追捧的文艺学著作，被当朝诗人们奉为圭臬。

上官仪的诗有 20 余首保留至今，《全唐诗》中全部收录，其中相当一部分是应制、应诏诗，格律讲究，辞藻华丽，内容多为寄景抒情，为唐初空洞的宫廷诗开创抒情之风。譬如描写早春景色的《早春桂林殿应诏》，其诗曰："步辇出披香，清歌临太液。晓树流莺满，春堤芳草积。风光翻露文，雪华上空碧。花蝶来未已，山光暖将夕。"另有一部分是应酬、唱和之作，譬如《酬薛舍人万年宫晚景寓直怀友》一诗："奕奕九成台，窈窕绝尘埃。苍苍万年树，玲珑下冥雾。池色摇晚空，岩花敛馀煦。清切丹禁静，浩荡文河注。留连穷胜托，凤期暌善谑。东望安仁省，西临子云阁。长啸披烟霞，高步寻兰若。金狄掩通门，雕鞍归骑喧。燕姝对明月，荆艳促芳尊。别有青山路，策杖访王孙。"该类诗的形式远远大于内容，体现出"上官体"诗对六朝诗格律整齐特点的继承，也体现上官仪诗歌理论中的"八对"之说。另有一部分是历史人物挽歌，譬如《王昭君》《高密长公主挽歌》《江王太妃挽歌》《故北平公挽歌》等。其中《王昭君》诗曰："玉关春色晚，金河路几千。琴悲桂条上，笛怨柳花前。雾掩临妆月，风惊入鬓蝉。缄书待还使，泪尽白云天。"诗中的景物皆是平凡无奇的实景，诗人的情绪表达却细腻温婉、精致动人，具有柔和婉约的美感。此外，还有一首咏物诗题为《咏画障》："芳晨丽日桃花浦，珠帘翠帐凤凰楼。蔡女菱歌移锦缆，燕姬春望上琼钩。新妆漏影浮轻扇，冶袖飘香入浅流。未减行雨荆台下，自比凌波洛浦游。"这首诗对仗工整，语言清新，是初唐诗人作品中的佼佼者。

上官仪的诗作中，最有名的一首是《入朝洛堤步月》。其诗曰："脉脉广川流，驱马历长洲。鹊飞山月曙，蝉噪野风秋。"这首诗创作于唐朝的东都洛阳，当时的洛阳成为公卿贵戚修建馆阁楼台的热门地区，遍布皇亲国戚的住宅府第和私家园林，建筑宏伟，花木繁盛，牡丹、芍药吐露芬芳，翠竹、青松挺拔林立，处处风光迷人。唐高宗承续唐太宗"贞观之治"的良好局面，朝廷政通人和，天下太平无事，他和武则天有闲暇常居东都洛阳，享受盛世繁华。学识渊博、锐意进取的西台侍郎上官仪备受唐高宗器重，他独持国政，踌躇满志，创作的诗歌中也不经意流露出自信、明快的情绪。他曾于清晨骑马上朝议事，在经过洛水之畔时，感受着清凉的晨风，看着潺潺流过的洛河，不禁放慢步伐，诗兴大发，他声音清亮，引人注目。在其他臣僚眼中，上官仪气宇轩昂、神采奕奕，恍若神仙。上官仪用这首诗表达了自己积极、爽朗的心境。这种心境，大抵是由于他深受皇帝偏爱、政治上又崭露头角而产生的。当时的朝堂中，很多大臣亲身经历过唐高宗"废王立武"的残酷斗争，目睹过褚遂良、韩瑗等忠臣相继被贬的凄凉下场，故而对自己的前途命运心怀忧惧，常常在朝堂上缄默不语。上官仪却因独得唐高宗赏识而每每高谈阔论、直言进谏，这多少引起了同僚的嫉恨。史书记载一件事，或可证明他的耿直敢言。担任雍州司士参军一职的韦绚被提升为殿中侍御史，有些大臣怀疑这不是提拔，上官仪却认为，发这种议论的人真是鄙陋无知，御史是在宫中任职，地位接近于舜帝时的重臣夔与龙，能够位列朝班，这岂是雍州的佐吏一职能相提并论的？故而后世评价上官仪颇恃才任性，这也是他被同僚嫉妒的原因。

还有一首诗被视作上官仪的绝笔诗，那就是《春日》："花轻蝶乱仙人杏，叶密莺啼帝女桑。飞云阁上春应至，明月楼中夜未央。"春天已悄然来临，花轻蝶乱，叶密莺啼，好一派旖旎风光。但站在飞云阁上的上官仪，生命已接近尾声，即将不久于人世。他因建议唐高宗废后而得罪了中国历史上最有政治野心、最具杀伐决断的女性武则天，很快就要被下狱处死。明月楼中长夜漫漫，诗人怀着寂寥的心情回首自己的一生，难免黯然神伤。他深知自己很快就要告别家人，告别他那出生不久的小孙女婉儿，念及此，悲伤的情绪汹涌而至，他为自己带给家人的祸患懊恼不已。但转念一想，自己是一名蒙受皇恩、心怀朝政的忠直之臣，尽忠职守、直言劝谏亦是他为官的本分，于是他又对自己的所作所为感到无怨无悔。这一夜，他辗转反侧，睡意全无；这一夜，他写下《春日》诗，为大唐诗坛留下了自己最后的作品。

上官仪被杀后，昔日与他有文字往来的大臣们也都受到不同程度的株连与打击。与上官仪同为宰相的右丞相刘祥道被罢免，降为司礼大常伯；简州刺史薛元超被罢官流放嶲州；吏部郎中魏玄同被流放岭外；左史邓玄挺被降职为顿丘令。所谓兔死狗烹、物伤其类，上官仪与他的同道中人都遭到武则天的厌弃、报复与迫害，陆续离开了京城，离开了政权中枢。

也许是受到祖父庇佑，上官仪的孙女，这个名叫婉儿的小女孩，天生聪慧，才智过人，极好地遗传了他的文学基因。十几年后，这个襁褓中的女婴长成一位富有文学修养的妙龄少女，她的学识受到武则天的青睐，由此她摆脱了掖庭奴婢的身份，一跃而成为唐高宗朝的五品女官，进而成为武周政权的"巾帼宰相"，再后来被唐中宗封为二品皇妃，实现了人生的逆袭。她凭一己之力改善了自己和母亲的处境，并帮助祖父和父亲沉冤昭雪，获得厚葬和追封，堪称上官家族之光。

上官婉儿容貌秀丽，才华横溢，她以卓越的诗情感染初唐的文人学士，以高超的诗歌评鉴水准"称量天下文士"，为大唐诗坛招徕了众多温良君子，留下了君臣联句唱和的美妙故事；她性格温婉，八面玲珑，纵横大唐宫廷30余载，数次亲历惊险诡谲的政局动荡，成为多方政治势力争相团结的对象；她草拟诏敕，撰写政令，掌管机宜文字，成为皇帝身边的亲密伙伴，不啻为杰出的女性政治家，在大唐乃至中国历史上都留下了浓墨重彩的篇章。

六、成长于掖庭的天才少女

唐代掖庭，相当于秦汉时期皇宫中的永巷，是皇宫里最狭窄的巷道和最简陋的居所，是普通宫人住宿和活动的区域。秦汉时期，永巷一直是安置获罪官员的妻妾、女儿、其他家眷和普通宫人的场所。到了唐代，掖庭依然发挥着同样的功能。在唐史相关记载中，除了上官仪获罪后家眷被没入掖庭外，还有很多罪官的家眷同样被没入掖庭，例如，武则天的两位堂兄武惟良和武怀运获罪后，武怀运的兄长武怀亮之妻善氏因连坐被没入掖庭。

掖庭，也许是整个富丽堂皇的皇宫中最暗淡无光的地方。掖庭的宫人，除官宦之家的女眷被籍没入官外，还有不少来自普通人家的年轻女子，她们终日从事辛苦、繁重的苦役，洒扫、洗衣、纺织等体力劳动，日日消耗着她们的青春、热情和活力。她们中仅有个别人有机会逃离或得到赦免，而大部分人都在这里生存，也即将在这里默默无闻地死去。她们活着，是皇宫中最卑贱的人群，终日被奴役、压迫，如野草般毫不起眼，了无生趣。更有甚者，她们还可能像物品一样被皇帝随意赏赐给官员、将士和家奴，过着低人一等的生活。等到她们年老体弱，孤寂死去时，也很难留下什么有价值的印迹。在她们的墓志中，往往只会写上苍白简洁、千篇一律的程式化语言，对她们的人生进行潦草的总结。在考古发掘中找到的掖庭宫人墓志中，我们不难发现，她们往往连姓名都没有留下，或者只留一个简单的姓氏，完全无法凭此构建她们的人生故事。譬如死于唐高宗统治时期的一位掖庭宫人，她的墓志铭是这样写的：

> 亡宫者，不知何许人也。早茂兰仪，驰芳椒掖。奉
> 鸡鸣之雅训，朝日增辉。肃鱼贯之清规，夜川俄徙。粤

以仪凤四年五月二日卒，春秋五十有七。即以其月十七日葬于城北，礼也。

有司备礼而为铭曰：

薄室词藻，昭阳恩顾，方挺艳于椒风，遽销魂于草露。

通过这篇墓志铭，我们只知道这位宫人在掖庭中劳苦一生，死于唐高宗仪凤四年（679），享年57岁。除此之外，我们连志主的姓氏都无从得知。"奉鸡鸣之雅训，朝日增辉。肃鱼贯之清规，夜川俄徙"写实般地描绘了掖庭宫人日复一日、年复一年的枯燥、乏味的生活，她们尊奉宫廷的各种森严规矩，从鸡鸣就开始劳作，终日劳累，不得偷闲。这样的宫人墓志还有很多，通过墓志书写，我们大致可以勾勒出掖庭宫人群体的生活形态。

而唐代的诗歌作品中，更是屡有描写宫人孤苦命运的诗句，例如柳公权所作的"不忿前时忤主恩，已甘寂寞守长门。今朝却得君王顾，重入椒房拭泪痕"；李白的"天回北斗挂西楼，金屋无人萤火流。月光欲到长门殿，别作深宫一段愁。桂殿长愁不记春，黄金四屋起秋尘。夜悬明镜青天上，独照长门宫里人"；元稹的"寥落古行宫，宫花寂寞红。白头宫女在，闲坐说玄宗"；白居易的"泪尽罗巾梦不成，夜深前殿按歌声。红颜未老恩先断，斜倚熏笼坐到明"；朱庆余的"寂寂花时闭院门，美人相并立琼轩。含情欲说宫中事，鹦鹉前头不敢言"等。文人的诗句写尽了唐朝宫人的凄苦与哀怨。

这些宫人还会被当作礼物，被皇帝随意赏赐给官员或者将士。例如唐高祖时期，给有功的将士一次就赏赐了500名宫人，用以奖励军功。再如唐肃宗李亨的皇后吴氏，年少时因父亲犯罪被没入掖庭，又被唐玄宗赏赐给当时还是忠王的李亨，她得到李亨临幸，生下皇位继承人李豫，18岁就薨逝了，唐代宗李豫登基后，追封她为"章敬皇后"。此外，史籍中常见宫人被赏赐给官员和将士的记载，可见唐代的宫人是被完全物化的群体，根本没有独立的人格和地位可言。

有些皇帝还会虐待宫人，譬如唐后期的荒唐君主唐宣宗李忱，《唐语林》中记载了他虐杀宫人的事件：唐宣宗时，吴越太守进献一名乐女，容貌极美。唐宣宗一开始很喜欢她，将她留作宫人几天之内，就给予她无数赏赐。忽然有一天早上，唐宣宗不悦地说："明皇只得一个杨贵妃，天下至今都不太平，我岂敢忘记这件事？"于是就把那名宫人召到自己跟前说："我应该是不能留你在宫中了。"左右侍臣建议说："您可以把她放回去。"唐宣宗却说："假如把她放了，我肯定会想念她的，还是赐给她一杯毒酒吧。"唐宣宗视宫人性命如草芥，一念之间就把她杀害了。

上官婉儿就是在这样的环境下长大的。令人惊奇的是，高耸的宫墙和卑微的掖庭并未能阻碍她才华的疯长！她没有就此淹没在掖庭这个文化废墟中，和其他宫人一样默默老死，也没有成为皇室娱乐的工具，更没有被随意赏赐给某个将士或者官员，而是凭借自己的才华，成为一代女相，成为在整个中国古代政治史中都凤毛麟角的女性政治家。就是在这样的环境中，在整个唐朝存续的289年间，唯独诞生了这样一个天才少女——上官婉儿。

诚然，这与上官婉儿传承自她祖父的才华与天赋不无关系。但除此之外，唐朝的人文环境以及掖庭的教育，尤其武则天时期的掖庭教育，还有她母亲的精心教导，都对她的成长产生了重要的、正向的影响。

虽然唐朝的大部分宫人都过着如同皇室物品般的生活，但纵观整个中国古代封建王朝时期，唐代社会对女性还是比较包容的。唐朝的经济和文化都很繁荣，思想领域也融合了异族文化和外域文化成分。婚姻观念比较开放，妇女的贞洁观念也很淡薄，当时夫妻和离、寡妇再嫁，都是稀松平常的事情。所以，一些受过教育的杰出女性，如武则天、上官婉儿等，能够有机会走到政治舞台的前端，施展自己的政治才华。由于唐朝对女性相对包容，其内外部环境最终催生出得以脱离掖庭的一代才女——上官婉儿。

尽管狭窄的掖庭暗无天日，士家女子因罪被罚没掖庭，看起来永远都没有翻身的机会。但唐代掖庭的宫人仍然幸运地获得了一些受教育的机会，唐朝宫廷会设立专门的机构并选拔人才，来教授宫人文化知识并对她们进行艺术熏陶。

唐代掖庭下设内文学馆以教授宫人文化知识，武则天时期，内文学馆改为习艺馆，后又改为翰林内教馆，不久，又被改回习艺馆。习艺馆存续时间较长，一直到唐玄宗开元末期才被废除。朝廷对教习宫人的习艺馆内教选拔标准很高，非常注重其才学，被选拔为习艺馆内教的既有诗人也有研习经学之士。虽然唐代史籍对习艺馆内教记载极少，但我们还是能够看到一些曾任职习艺馆内教之人的相关资料。据记载，武则天时期，朝廷曾选用一些文学高选之士来教习宫人，例如杨炯、宋之问等，都是武则天任命的习艺馆内教。还有一些博学之士，例如苏安恒，《新唐书》记载其"尤明周官、春秋左氏学"，他曾在神龙初担任习艺馆内教。还有刘光谦，《集贤注记》记载其"开元二十九年以习艺馆内教入院校理"，说明他也担任过习艺馆内教，刘光谦还曾担任翰林学士和起居舍人。

习艺馆不仅重视教授宫人文化知识，还注重对其艺术修养的提升。唐代设有内教坊，用以教授宫人音乐、舞蹈。虽然这种教育活动的本意并非提升宫人的文化素养和提供她们更好的工作环境，而是为了使她们更受皇帝或贵族欢迎，从而更好地成为皇家娱乐的工具。但从客观上来看，习艺馆的培训，使宫人获得了新知，得到了自我提升的机会，因此我们看到史籍中留下宫人读书、写作、演奏的记载，成为宫廷文化不可或缺的一个分支。

虽然很难归纳到底哪些文人雅士曾在内文学馆时期，担任过掖庭宫女们的文化知识老师，但我们可以清楚地得知，能够担任内文学馆教习一职的，都是博学儒士。因此，尽管幼小的上官婉儿在唐高宗时期被没入掖庭，但她仍然有接受良好的文化教育的机会。我们从史书中撷出的几个曾担任习艺馆内教的先生，都是具有文学才华的读书人或饱读经书的儒家学士。这些教习先生为上官婉儿被武则天注意、继而走出掖庭奠定了前提和可能。

由此可见，唐代的人文环境对女性还是比较友好的。宫人们虽然被物化，但也可能获得晋升的机会，能够凭借自己的才华赢得尊重，特别是武则天女主天下时期，宫人们得到饱学之士的教习，有机会改变自己的命运。除了上官婉儿因才能而得到重视之外，到唐代中后期还有历经唐德宗、顺宗、宪宗、穆宗、敬宗、文宗六朝的宋氏五姐妹，她们同样因为才学出众而受到封建男权社会的赏识，被郑重写入史书。

贝州清阳人宋庭芬家族世代以儒学为重，到宋庭芬才开始以辞藻出众立身。宋庭芬生有五女，分别名为若莘、若昭、若伦、若宪和若荀，姐妹五人都聪慧异常，庭芬先教她们经艺，又教她们诗赋，她们在及笄之前就都能写文章。其中若莘、若昭的文采清淡妍丽、性格真素娴雅，不喜欢华丽的装饰。姐妹俩曾向父母表明心愿，发誓不嫁人，希望以艺学扬名显亲。若莘教导四位妹妹仿佛严师，她著有《女论语》10篇，以宣文君代替孔子，以曹大家等代替颜回、闵损等孔门弟子，全书以问答的形式阐明女性所推崇的道理。若昭对此书进行了注解，文理皆通。贞元四年（788），昭义军节度使李抱真向唐德宗上表举荐宋氏姐妹。唐德宗召她们觐见，考查她们的诗赋才华和经史之学，五姐妹表现出色，令唐德宗大为赞叹。从此以后，宋氏姐妹就留在宫中做女官。贞元七年（791）以后，宫中的"记注簿籍"之事都由宋氏大姐若莘负责。每当唐德宗诗兴大发、与侍臣唱和时，也命令宋氏姐妹作应制诗。宋氏姐妹所作的诗，唐德宗都交口称赞。为嘉奖宋氏姐妹与众不同的气概，唐德宗并不把她们视为宫妾，而是直接称呼她们为"学士先生"。元和末年，宋若莘去世，被追赠"河内郡君"。唐穆宗令宋若昭代替她姐姐的职务，且拜为尚宫。在宋氏五姐妹中，宋若昭为人处世最为通达，唐宪宗、唐穆宗和唐敬宗三代皇帝都非常尊敬她，都称呼她为"先生"；六宫嫔妃、诸王、公主、驸马都以她为师，向她致敬，后又进封"梁国夫人"。宝历初年，宋若昭去世，下葬前，唐敬宗下诏命皇家仪仗队为她葬礼所用，还令她的妹妹宋若宪代管宫中簿籍之事。唐文宗登基后，因为爱好文学，与擅于撰写文章的宋若宪很有共同语言，非常器重她。

《新唐书》记载，与宋氏姐妹的才华横溢、入宫为官相对立，宋庭芬的儿子"愚不可教，为民终身"。这种男女对比的意识，体现了欧阳修等撰写者对女性才能的认可。虽然宋氏五姐妹不是被罚没掖庭的宫人，是因为才学被荐举到宫中的官宦女子，但她们的经历还是能够体现唐代人文环境对女性的友好和重视。

除了像上官婉儿一样因为文学才能被重视，进而得以摆脱掖庭宫人的悲惨命运外，因罪罚没掖庭的宫人们，偶尔还有一些成为皇帝妃嫔的机会。例如，唐睿宗之子、惠庄太子李㧑的母亲柳氏，《旧唐书·惠庄太子传》记载：其母"柳氏，掖庭宫人"；《新唐书·惠庄太子传》也记载："初生，武后以母贱，欲不齿"。再有唐肃宗的章敬皇后吴氏，《新唐书·章敬吴太后传》记载其"父令珪，以郫丞坐事死，故后幼入掖庭"，吴氏被唐玄宗赏赐给肃宗，但她的寿命并不长，18岁就去世了。还有唐宪宗的孝明皇后郑氏也出自掖庭，《新唐书·孝明郑太后传》记载，元和初，润州刺史李锜造反，有算命的人说郑氏以后会生太子。李锜听说以后，就把郑氏纳为侍妾。李锜兵败被诛，郑氏被没入掖庭。后来郑氏受到唐宪宗宠幸，生下了唐宣宗。这三位唐朝皇后都出自掖庭，都成为皇帝的嫔妃且都生下皇位继承人，并因此被封后，拥有崇高的地位，但她们的人生也都不幸福。惠庄太子的母亲因为出身卑贱不被武后重视，章敬皇后吴氏英年早逝，宣宗的母亲在宣宗还是韬光养晦的光王时，一定也受到了许多屈辱。

除了掖庭的教育，上官婉儿的母亲郑氏的家庭教育也起到了关键性的作用。上官婉儿的母亲出自名门荥阳郑氏，有关其母亲及其家庭出身的史料记载非常贫乏，《新唐书·上官昭容传》中只记载她的弟弟名叫郑休远，时任太常少卿。可以想象的是，上官婉儿的母亲出自名门仕宦家族，是养尊处优的官宦小姐，曾受过精心的闺门教育，后来又嫁给以诗书传家的上官家族中的青年才俊上官庭芝为妻，成为宰相上官仪的儿媳。上官仪在"废后"风波中罹难，他的儿子上官庭芝受株连而死，郑氏带着她幼小的女儿进入掖庭。当郑氏携幼女刚刚进入掖庭时，她没有轻易地被这里的环境污染，而是立志要保持高洁的品质，注重言传身教，教导女儿知书达理，从而传承、发扬上官家族的遗风。郑氏的努力没有白费，上官婉儿在她的精心培育下茁壮成长、内外兼修，从而能够走出掖庭，走向政治舞台，成为一代杰出的女性政治家。

生于太平盛世的人们，永远无法想象上官婉儿在唐宫掖庭中的生活，亦不能明白她是如何在掖庭那种险恶的环境里从襁褓中的婴儿一天天成长到 13 岁，如何在流水般毫无色彩的重复劳作中，最终长成了能够"称量天下"的文坛领袖，辅佐武则天在封建男权世界中成就了一番女主霸业。

第二章

女皇亲信　初展风采

一、天后夺权与太子早亡

上官仪等反对武则天干涉朝政的大臣被杀后，唐高宗更加信任武则天，甚至去泰山封禅时也让武则天陪同前往。麟德二年（665）正月初一，唐高宗携皇后武则天及群臣到泰山封禅，唐高宗亲自祭奠上天并附带祭祀唐高祖和唐太宗。初三，唐高宗君臣在社庙祭天，祭祀土地神，由皇后武则天亚献，即做第二次祭祀献礼的主持。初五，唐高宗大赦天下，并更改年号为"乾封"。

武则天非常热衷于政事，借用亲蚕之礼彰显自己皇后地位的重要性。譬如总章二年（669）三月十五日，皇后武则天举行躬践蚕事的典礼，以示自己重视农桑、发展农业的决心。

与精力充沛的武则天相比，唐高宗健康状况糟糕，所以他有意加强对太子李弘的培养，多次命李弘监国，为李弘积累政治资本和治国经验。史书中留下大量太子监国的记载。龙朔二年（662）十月，唐高宗和武则天去骊山华清池疗养，命太子李弘监国，李弘当时年仅11岁；龙朔三年（663）十月，唐高宗让李弘每日坐在光顺门内观察诸司奏报，一些小事就由太子决策施行；乾封二年（667）九月，唐高宗因生病久久不愈，令太子李弘监国；咸亨二年（671）正月初七，唐高宗去东都洛阳居住，命太子李弘留守京师长安监国；十月初二，皇太子李弘又受命代理国政；咸亨三年（672）十月，唐高宗诏太子李弘监国；咸亨四年（673）八月十九日，唐高宗因身体不适，诏令皇太子李弘处置诸官署启奏的政事，这年李弘22岁，正是朝气蓬勃、大展宏图的年纪。与此同时，武则天也一步步为自己争取政治权益。咸亨五年（674）三月十九日，皇后武则天再次举行躬践蚕事的亲蚕典礼；八月十五日，唐高宗加号为"天皇"，皇后武则天号称"天后"，并改咸亨五年为上元元年。唐高宗的身体越来越羸弱，已经越来越难以承受繁重的国事和朝政，而皇后武则天渐渐由幕后走向台前，与唐高宗共同主宰大唐帝国的命运。

天后武则天素来足智多谋，她兼通文史，在政治上日益展现出自己卓越的才能。而唐高宗从显庆年间以来，经常苦于肢体麻痹、瘫痪，百官上奏表章，都委托武则天决断。自从杀了上官仪，唐高宗每次上朝处理政务，武则天都在皇帝宝座后垂帘倾听，大大小小的政事都参与处理，朝廷内外称唐高宗和武则天为"二圣"。唐高宗甚至想颁布诏书宣布由天后代管国政，他和宰臣商议此事时，中书侍郎郝处俊引经据典反对，称应该把代管国政的权力交给太子而非天后，中书侍郎李义琰也一同劝谏制止，唐高宗才按下不表。

上元元年（674）十二月二十七日，天后武则天奉上意见十二条，内容包括劝农桑、薄徭役，息兵、以道德教化天下，禁浮巧之风、省工费力役，广开言路、杜绝谗言，王公百官都学习《老子》，父亲尚在为母亲服齐衰三年，官员任职条件和时限等。唐高宗全部批准施行。其中，内外百官都学习《老子》这一条款尤其受到重视，当时规定每年科举明经考试，一律以《孝经》《论语》为必考内容，由有关部门作为考试的参考标准，上元二年（675）正月就开始实施。

上元二年（675）三月十三日，天后武则天举行亲蚕礼，唐高宗因风疹不能听朝，国家政事都由天后武则天决断。四月初七，天后武则天杀害了周王李显的妃子赵氏。四月二十五日，皇太子李弘死于洛阳合璧宫，时年24岁。一位年轻的储君突然驾鹤西去，留给后人很多遐想的空间。李弘自幼长得比较文弱，身体不够强壮，性格也较为宽容、柔和，有恻隐之心，这点不像他那雷厉风行的母亲，倒与他那优柔寡断的父亲有几分相似。据说他小时候听东宫儒者郭瑜讲书，听到《左传》中商臣弑父的故事时，突然掩面哭泣，不肯再听。李弘认为，这些圣人先贤之书，就应该讲些中正纯良、垂范后世的人和事，怎么会有这种既残忍又大逆不道的故事呢？郭瑜解释善恶都应记录下来警醒后人，但李弘坚持认为不应传播这种血腥、悖德的事情。这也说明李弘性格中有理想主义的一面。

关于李弘的死亡原因，一说是死于体弱多病或积劳成疾。唐高宗诏书中说他"沉瘵婴身""疾遽不起"，并称自己原本计划等太子身体痊愈就逊位于太子，但太子掩嘴不说话，且因此有感于怀，旧日疾病也加重了，以至于卧床不起。唐高宗亲自撰写的《孝敬皇帝睿德之纪》也提到李弘闻言感伤呜咽、伏枕流涕之状。《旧唐书》还提到，咸亨二年（671）李弘在长安监国时，遇到关中大旱、民不聊生，李弘命人取兵士们的粮袋察看，发现其中有榆树皮、草根，下令有关官员补足兵士们的口粮。当时李弘"多疾病"，很多政务由太子左庶子戴至德、张文瓘和右庶子萧德昭协助处理，甚至一应事务由这些大臣决断。很快唐高宗就把太子李弘召到东都，为他娶右卫将军裴居道之女为妃。李弘20岁成婚，24岁去世，并未留下子嗣。上元二年（675）五月初五，唐高宗颁布《赐谥皇太子宏（弘）孝敬皇帝制》，也将李弘死因归结为生病并昭告天下，李弘被追赠为"孝敬皇帝"。学界对李弘的死因探讨颇多，不少学者举证其死于肺结核，并认为唐高宗李治和皇太子李弘父子都面临严重的健康问题，是武则天权力日益坐大的客观原因。

另有一说是天后武则天毒杀了皇太子李弘。《新唐书》高宗本纪和李弘传记中都明确记载武则天杀皇太子，而且是毒杀。究其原委，武则天并不是真的想让李弘继承皇位，她立李弘为太子，实际上是为自己大权独揽设置的摆设。但唐高宗不甘心李唐皇室的地位一落千丈，他想把李弘培养成优秀的继承人，替自己挽回局面。为了让李弘得到锻炼的机会，唐高宗曾以自己身体有疾或住在洛阳为理由，数次让皇太子李弘监国，史籍中明确记载的就有龙朔二年（662）、龙朔三年（663）、乾封二年（667）、咸亨二年（671）、咸亨三年（672）、咸亨四年（673）等六次。可能是由于李弘参政分走了天后武则天的权力，这使武则天不能容忍，于是将他杀害。

更有甚者，当时武则天大肆提升武氏族人的权力和地位，武则天的侄子、外甥都气焰嚣张，行为鲁莽。唐高宗为将皇位禅让给太子李弘，就想为他遴选一位大家闺秀做太子妃。唐高宗最初选定的是司卫少卿杨思俭的女儿，这个女孩出身于名门望族，容貌出众，品行端庄，知书达理，唐高宗很满意，李弘也很喜欢。本来婚期已经择定，举国都在翘首以待太子的隆重婚礼。但祸起萧墙，武则天的外甥、韩国夫人的儿子贺兰敏之竟然半路杀出，将杨家女儿掳去侮辱了。杨氏女不甘受辱，愤而自杀。好端端的一场储君婚礼不仅成为泡影，更成为令李唐皇室颜面扫地的丑闻。这件事情不仅给太子李弘带来了心灵上的巨大创伤，而且对整个李唐皇室而言都是奇耻大辱。经此一事，李弘与武则天庇护下的武氏诸人之间的矛盾已不可调和，他和武则天之间的嫌隙也越来越深。武则天会因此杀他吗？

史籍中留下的线索为我们分析李弘的死因提供了可能。李弘身为唐高宗与武则天的长子，原本就受万众瞩目，他出生时，唐高宗为了附会道教《老君音诵诫经》中"老君当治，李弘应出……称名李弘，岁岁有之"的说法，特意赐其名为李弘。李弘成长期间，一直表现得仁孝勇毅，深受唐高宗和武则天的喜爱。被立为太子后，李弘明白自己作为储君的责任和义务，表现得谨慎谦恭，他礼敬博学鸿儒之士，平日的言行无可指摘，代理国政期间的表现亦可圈可点。但他终究年轻气盛，在政坛历练有限，为人又正直善良，不懂虚与委蛇之术，故而在与武则天政见不合时多次正面忤逆母亲的旨意。武则天感觉他越来越难以控制，对他渐生厌弃之意。

李弘从小熟读儒家宣扬仁政之书，处理朝政时也多行仁义之事，这点与施政严苛、重视严刑峻法的武则天大相径庭。唐朝曾在远征朝鲜半岛的百济、高句丽战役中派出大量兵力，因此在国内百姓中屡次征调兵役，百姓不堪忍受开始逃跑。武则天主张大力打击此种现象，她敦促唐高宗颁布敕令，凡是出征辽东的军士逃亡，在规定期限内不出首或出首后再次逃亡者，均处以斩刑，并将妻子和儿子没入官府。总章元年（668），李弘上表指出这道敕令的不合理之处：那些被上报逃亡的军士，有的是因为生病未能按时到军队报到而恐惧逃跑，有的是因为砍柴、采摘时被盗贼绑架，有的是渡海时被淹死，还有的是被敌人俘虏而死，军法森严，所属军队害怕承担连带责任，就把他们按逃亡上报了。这些军士数量众多，影响极大，司法机构没有仔细调查原因就处理逃亡者，还把家属没收，实在是可悲，因此他建议免去对逃亡军士家属的处罚。李弘的仁政思想与武则天凌厉果敢的施政纲领格格不入，还被视作武则天夺权上位道路上的障碍，母子离心离德、貌合神离的局面业已形成。

李弘心地善良、为人宽和，对被废或被杀的皇室成员存有侧隐之心，这与武则天爱憎分明、睚眦必报的脾性截然不同。废太子李忠被杀后，李弘对他颇为同情，上表唐高宗，请求收葬李忠，唐高宗答应了他的请求，但武则天很不高兴他的做法。另有一件事情成为武则天与李弘母子二人彻底反目的关键。武则天虐杀萧淑妃后，故意将萧淑妃所生的两个女儿义阳公主与宣城公主软禁在宫中多年，以致她们早就过了适合婚嫁的年龄还待字闺中。太子李弘与萧淑妃的儿子素节向来交好，也不忍看到两位同父异母的姐姐在宫中苦苦煎熬，就请求武则天让两位公主出嫁。武则天生平最恨萧淑妃，李弘的建议彻底激怒了她，她没想到自己曾经最疼爱的长子会站到敌人一方对抗她，对此她既伤心又愤怒，她不能容忍这样的事情发生。于是武则天将两位公主草草下嫁卫士为妻，又对自己的这位不肖长子痛下杀手。史官都认为武则天将李弘视作篡权道路上的拦路石，欲除之而后快，因此趁他从幸合璧宫时杀掉了他。李弘这位心存仁爱之心的皇位继承人，最后不得善终。

上元二年（675）六月初五，唐高宗立雍王李贤为皇太子，大赦天下。是年八月十九日，唐高宗以天子之礼将李弘葬于河南府緱氏县景山之恭陵，为他举行了隆重的国葬。父亲以天子之礼为儿子举行葬礼，这在中国历史上还是第一次。唐高宗还亲自为李弘撰写《孝敬皇帝睿德之纪》，并自书于碑石上，额首用飞白书写"孝敬皇帝睿德之纪"，树立在恭陵之侧。清人王昶据拓本著录碑文于《金石萃编》，现仅存 1600 余字，《全唐文》亦收录此碑文。

孝敬皇帝李弘未能登基而早亡，他生前没有获得真正的实权，但死后尽享哀荣。恭陵的修筑，可谓规模宏大，气势浑厚，极尽奢华。《唐会要》记载，恭陵刚开始修筑时，以蒲州刺史李仲寂充使指挥。待到即将修成，因为地宫狭小，容不下葬具，李仲寂想拆除重建，于是征调滑州（河北）、泽州（河南）丁夫数千人，超过工期也不遣散。丁夫由于修筑时间太长，劳动太辛苦，实在难以忍受，于是半夜投砖瓦击打将作官，烧掉营帐逃走。随后朝廷派司农卿韦机接续监造。韦机在地宫隧道左右开四所便房，用来储存冥器，这才没有拆除原来的地宫，按步骤完成了工程。唐高宗痛失爱子，悲痛的心情毋庸置疑，但他又无法改变既成事实，只能做些力所能及的事情寄托哀思，对李弘的高规格礼葬，就是唐高宗拳拳父爱的集中体现。

二、"双头牡丹"诗与"梅花妆"

上官婉儿刚出生，就与母亲一起被没入掖庭成为奴婢，可谓不幸。但幸运的是，她的母亲郑氏夫人出身名门、富有学识，虽然家境突变、地位低下，但她还是悉心养育女儿，并尽己所能给予女儿良好的启蒙教育。婉儿天生聪颖，悟性极高，小小年纪就擅于撰写文章，且文理兼通。在掖庭这个孤寂冷清的文化荒漠中，婉儿是如此与众不同，犹如一颗璀璨的明珠熠熠生辉。她的卓越才情不仅被掖庭众人广为传颂，就连身在朝堂的武则天也有所耳闻。

仪凤元年（676），时值"二圣"临朝，上官婉儿13岁，豆蔻年华的她长得清丽脱俗，诗文更显婉约才情。明珠岂可长久蒙尘？她崭露头角的这一天，终于到来了！这一天，天后武则天诏令上官婉儿进宫，当场测试她的才能。面对武则天布置的命题作文，婉儿胸有成竹，将自己积累多年的知识融会贯通，全部倾注在眼前这篇策论文中。她凝神静气，思忖片刻便下笔流畅，遣词造句运用自如，文章一气呵成。武则天一阅，大感惊艳，上官婉儿的文章铺陈巧妙、文风成熟，仿佛构思很久的作品。于是，天后武则天没有介意婉儿是仇人上官仪的亲孙女这个出身背景，反而欣然下诏，宣婉儿进宫陪侍。上官婉儿此时尚是掖庭奴婢身份，进宫多有不便，又容易遭到后宫诸人欺压。武则天为抬高上官婉儿的身份，特意封她为五品才人，给予她体面的地位，并让她负责起草诏命，成为自己身边的一员女官。从此，上官婉儿彻底告别黯淡无光的掖庭生活，正式开启宫廷生涯。等待她的会是什么呢？一切皆是未知数。

上官婉儿能够走出掖庭、进入后宫，凭借的是她过人的才华，作为通行证的，就是她那些婉约精致的诗文。《全唐文》共收录32首上官婉儿所作的诗，都是初唐律诗中的代表作。除完整诗文外，上官婉儿还有《咏后苑双头牡丹》一句"势如连璧友，心似臭兰人"传于后世。据史书记载，唐高宗曾召集大臣一起赋诗，并给出"宴赏双头牡丹"的主题，上官婉儿写出"势如连璧友，心似臭兰人"的隽永诗句，凭此独占鳌头。这句诗是上官婉儿诗情、才华的集中体现。短短一句诗，区区十个字，把双头牡丹的形态、寓意都淋漓尽致地描绘出来，手法巧妙，水准极高。

其时天后武则天权倾内外，在外朝有自己培养的亲信北门学士结交权臣、传递消息，在后宫有机敏得力的女官群体保管文件、草拟诏令。上官婉儿被选入后宫，封为五品女官，成为武则天的私人秘书之一。据有限的史料表明，这些女官协助武则天起草诏敕、探听消息，从事一些机密工作，从而帮助武则天实现她制衡外朝的目的。上官婉儿在一众女官中地位很特殊，原本她是罪臣之后、掖庭女奴，现在却成为武则天的亲信和秘书。这一切，除了天后武则天拥有慧眼识珠的出色眼光与惜才、爱才的宽宏气度外，还得归因于上官婉儿的超高情商与过人才华。

上官婉儿容貌清新秀丽，性格温柔可人，深得天后武则天的喜爱。史载上官婉儿颇擅于装扮，长期在面部装饰梅花形状的花子，人称"梅花妆"，引领唐代贵族妇女的时尚风潮。关于"梅花妆"的由来，坊间有不同的说法。《旧唐书》上官婉儿本传记载，婉儿脸上的"梅花妆"，其实是受黥刑后遗留的伤痕。上官婉儿曾经忤逆武则天，按唐律应处以绞刑或者发配岭南充军，但武则天爱惜她的才华，没有杀她，也没有将她流放，仅判她黥刑，即在她脸上刺墨迹以示警诫。上官婉儿被武则天的容人雅量所感化，从此对武则天忠心不贰，成为武则天的左膀右臂。武则天对上官婉儿也非常信任，用人不疑，把群臣奏议及天下诸事皆交给她处理。

上官婉儿因何事忤逆武则天呢？正史记载语焉不详，遮遮掩掩。野史却称上官婉儿因与武则天的男宠张昌宗有私情被武则天发现，从而遭到武则天以刀刺面的处罚。武则天晚年，在后宫设置控鹤府，豢养一群年轻貌美的青年男子，陪自己吃喝玩乐，打发枯燥寂寞的宫廷生活。其中人称"五郎""六郎"的张易之、张昌宗兄弟最得武则天的欢心。上官婉儿陪侍在武则天身边，对武则天的生活习性了如指掌，她也常常参与武则天与张易之、张昌宗兄弟等人举行的宴会，一起猜拳行令，吟诗弄曲，过着骄奢淫逸的生活。久而久之，上官婉儿对"六郎"张昌宗产生了不一样的情愫。然而，武则天岂能容忍别人染指自己的禁脔，发现上官婉儿与张昌宗的私情后，武则天震怒，取金刀扎向婉儿的头颅，口中呵斥："你竟敢亲近我的人，罪该万死！"张昌宗替婉儿苦苦哀求，武则天才赦免了婉儿的死罪。不过，上官婉儿的额头仍然留下伤痕，从此她常常佩戴花钿遮盖伤疤，成为大唐独特的时尚弄潮儿。

　　唐代文人段成式在其撰写的志怪小说《酉阳杂俎》中提到，当时妇女喜欢在面部装饰花子，这种风俗起源于上官婉儿，她曾用花子掩盖脸上的斑点痕迹。到底是什么样的斑点痕迹呢？段成式的另一部作品《北户录》中提供了答案：唐高宗、武则天共同处理政务时期，武则天每次与宰臣商议国事，都让上官婉儿藏于床下帘内，记录宰臣奏报的各项事宜。有一次，宰相李忘名向武则天上奏，上官婉儿探出帘子窥探，被武则天察觉。退朝之后，武则天十分生气，取出甲刀扎到上官婉儿脸上，还不许她拔出来。上官婉儿于是作诗一首，题为《乞拔刀子诗》，求得武则天的谅解。此后，上官婉儿就在脸上画梅花以掩饰伤痕。据此看来，上官婉儿用花子掩饰的，实际上是被刀子扎伤的伤口。

　　宋人朱胜非在其笔记《绀珠集》中记录的是另外一种情况，其中写道，上官婉儿用花子作装饰是为了掩盖脸上的痣，渐渐人们都开始效仿。无论是掩饰伤痕还是遮盖痣点，花子都成为流行一时的时尚妆容，人称"梅花妆"。宋代文豪欧阳修曾作一阕词《诉衷情·眉意》，内中有"清晨帘幕卷轻霜，呵手试梅妆"之句。可见，上官婉儿初创的梅花妆容，不仅引领有唐一代的时尚潮流，而且流传后世，广受好评。

三、从《彩书怨》到《黄台瓜辞》

上官婉儿来到天后武则天身边时，正值武则天不遗余力地剪除李唐势力、加快速度抢班夺权的关键时刻，她的重点打击对象，就是皇位的合法继承人——她的亲生儿子们。长子李弘英年早逝，次子李贤继任太子，正踌躇满志地为光耀李家天下而努力积蓄力量，三子李显也在渐渐成长。这种局面不是武则天所乐见的，她加快步伐调整朝中局势，同时开始摆布她的儿子们。

唐高宗与武则天的次子李贤首当其冲。史载李贤自幼行为端雅，聪慧异常，熟读《尚书》《礼记》《论语》等儒家经典，有过目不忘的本领，且看问题很有主见。唐高宗非常肯定李贤的才华，在长子李弘死后不久就立他为太子。李贤的政治才能也不错，担任太子时曾奉命监国，处事明审，为时论所称赞。他还召集学者们为范晔的《后汉书》作注，史称"章怀注"，具有较高的史学价值。唐高宗原本对他寄予厚望，称赞他是"国家之寄，深副所怀"。但武则天不仅甚少称赞李贤的才华，而且命北门学士撰写《少阳正范》及《孝子传》赐给他，教他做太子的礼仪规范和为人子的各种行为准则，又数次命人撰书对其进行讽喻，警醒他孝顺恭敬，不能忤逆自己的母亲。

李贤也对母亲的独断专行颇为不满，渐渐走到武则天的政治对立面，母子之间的关系日益恶化。为了应对母亲麾下的北门学士的刁难，李贤时时与他门下的学者们商量对策，言语间难免流露出不满情绪。有野史记载，上官婉儿可能就是替武则天送信的人员之一。这件正史当中并无记载的事件，使两个原本生活中毫无交集的年轻人产生了微妙的联系。后来，武则天干脆把上官婉儿派到太子府去担任侍读，实际上，就是派她去监视太子的一言一行，是名副其实的间谍和内应。李贤对这样的安排肯定十分厌恶，但表面上又不能不欣然接受。上官婉儿对自己承担如此尴尬的任务也无可奈何，又不能不慨然领命。从这个角度而言，这两个年轻人可谓同病相怜。

随着李贤与武则天的矛盾升级，武则天开始对李贤加大打击力度，武则天的宠臣、术士明崇俨之死，成为母子二人关系彻底恶化的导火索。早在仪凤二年（677），明崇俨就迁为正谏大夫，获准入阁供奉，他既能用方术给唐高宗调理身体，又能通过占卜、阴阳五行等手段为唐高宗和武则天分析朝政，凭着三寸不烂之舌赢得了唐高宗和武则天的极度信任。唐高宗亲自为明崇俨祖先的故居撰写碑文，武则天也对他言听计从。李贤对父母过度信任术士的行为深感不满，但苦劝无果。明崇俨经常在武则天面前说李贤看上去没有帝王相，不能承继大统，而且常常挑拨离间，说英王李显相貌和唐太宗很像，相王李旦的面相最富贵等等。武则天对明崇俨关于李贤的负面评价未加制止，可见她是有意打压李贤。调露二年（680）五月，明崇俨被盗匪所杀，京师下令全城搜捕，但没有找到凶手，于是唐高宗下诏追赠明崇俨为侍中，武则天更是把怀疑的矛头指向太子李贤，令中书侍郎薛元超、黄门侍郎裴炎和御史大夫高智周与法官严查此案。

此外，宫中还有传言甚嚣尘上，说李贤不是武则天亲生，而是由武则天的姐姐韩国夫人所生，寄养在武则天名下，这给李贤继承皇位带来了舆论压力，甚至连合法性都出现了污点。李贤接连受到排挤，精神苦闷，性格上也开始出现重大缺陷。他喜好声色，与家奴赵道生等狎昵嬉戏，赐给赵道生很多金帛。他还常以《俳谐集》等"俳谐鄙说"取乐，对大臣们的劝谏充耳不闻，表现出偏执的一面。宫中流言蜚语纷扰，也令他心生恐惧，为保全自己，他竟然在家中私藏一大批皂甲，表现得越来越多疑。明崇俨一案发生后，赵道生声称是太子李贤指使自己暗杀明崇俨，同时兵士们又从东宫马坊中搜出几百领皂甲。

　　李贤如此种种令人错愕的行为，上官婉儿应该是据实汇报给了武则天。尽管婉儿对这位年轻多才的太子怀有同情之心，但作为武则天密探的她，职责所在，无从逃避。收到上官婉儿的密报，知悉李贤的异动，武则天非常愤怒，打定主意要把自己这个不听话的儿子赶出神都洛阳。李贤私藏皂甲一事，唐高宗欲宽宥处理，但武则天坚持严惩不贷，她说："为人子而心怀谋逆之意，天地所不容；理应大义灭亲，绝不可以赦免！"调露二年（680）八月二十二日，李贤被以谋逆大罪废为庶人，迁往长安别所幽禁，他的同伙都按律伏诛，士兵们从东宫马坊搜出来的皂甲被集中在天津桥当众销毁。据传，废黜诏书的撰拟者正是上官婉儿。也许，在草拟诏书的时候，上官婉儿的心情是沉重而又复杂的，她很清楚地知道李贤是无辜的，但在天后武则天的雷霆震怒之下，李贤是否无辜已不再重要，他的命运只能是被废黜，被放逐。八月二十三日，唐高宗与武则天的第三子英王李哲被立为皇太子。李哲原名李显，仪凤二年（677）十月二十七日，唐高宗和武则天封李显为英王，并把他改名为李哲。

　　开耀元年（681）七月二十二日，因太平公主出嫁，唐高宗和武则天对京城民众实行大赦。闰七月十四日，由于唐高宗服食饵药后需要静养，皇太子李哲代理国政。当时唐高宗非常信任尚书左丞冯元常，遇到重要的事都与冯元常商量。冯元常认为皇后威权太重，应该稍稍加以抑制。唐高宗虽然没有采用他的建议，但内心深以为然。冯元常因此受到武则天的忌恨。是年十一月，废太子李贤又被迁往巴州。巴州山高路远，李贤此行必然要吃些苦头，上官婉儿只能在心里默默祝福他一帆风顺。据《巴州府志》记载，李贤在去往巴州途中，曾路经旺苍县木门镇，在当地的木门寺逗留数日，与寺里的僧人一起在寺旁的一块大石头上翻晒佛经，并写下诗句："明允受谪庶巴州，身携大云梁潮洪，晒经古刹顺母意，堪叹神龙云不逢。"这首诗如实书写了李贤翻晒经书的情景，反映了李贤身遭贬黜、怀才不遇的灰暗心情。这块由废太子李贤翻晒过经书的石头被称为"晒经石"，时至今日，当地人仍然认为该石头就是章怀太子李贤的"晒经石"。

与李贤别后，上官婉儿怀着惆怅的心情，写下一首直抒胸臆的五言诗——《彩书怨》。在上官婉儿流传后世的 32 首诗中，只有一首诗流露出强烈的个人情绪，那就是《彩书怨》："叶下洞庭初，思君万里余。露浓香被冷，月落锦屏虚。欲奏江南曲，贪封蓟北书。书中别无意，惟怅久离居。"从诗的内容看，是一位深闺女子写给远方爱人的情诗。有人认为，这首诗应该是上官婉儿写给废太子李贤的诗，她在诗中假托一位思念远在蓟北的丈夫的女子口吻，婉转表达了对身在巴州的李贤的思念之情。上官婉儿写这首诗的背景已无从可考，但我们宁愿相信，这两个才华横溢的年轻男女间曾有过惺惺相惜的感情，甚至互有爱慕之意，只是在武则天的淫威下，他们不敢真诚流露对彼此的关心，只能一切尽在不言中。也许上官婉儿的处境稍稍好一些，她是武则天的秘书加陪侍，武则天对她有一定程度的信任，她暂且生命无虞，所以怀着侥幸的心情，小心翼翼地在这首《彩书怨》中隐晦地流露了一点点个人的真情实感。

李贤被流放至巴州后，对母亲武则天的刻薄寡恩、冷酷无情大感愤懑，借酒消愁、无聊度日之际，他忍不住写下生动形象、脍炙人口的《黄台瓜辞》，用诗歌语言对母亲大加讥讽。其辞曰："种瓜黄台下，瓜熟子离离。一摘使瓜好，再摘令瓜稀，三摘尚自可，摘绝抱蔓归。"这首诗既抒发他对母亲一次次打压自己的不满、失望之情，同时也表达了他对两位弟弟李哲和李旦人身安全的担忧，希望借此诗提醒母亲，不要再向儿子们施以重拳了。但他没想到的是，因为这首流传甚广的《黄台瓜辞》，武则天更加忌恨他，他的性命危矣！

永淳元年（682）三月十五日，唐高宗册立刚刚出生两个月的皇孙李重照为皇太孙。四月初一，唐高宗离开长安去东都洛阳休养，皇太子李哲再次代理国政。永淳二年（683），是唐高宗李治生命中的最后一年。这年四月初二，唐高宗去东都休养身体。八月初十，皇太子李哲去东都朝见唐高宗，皇太孙李重照留守京城。九月初五，因太平公主生子，唐高宗和武则天对东都施行赦免。十月初十，唐高宗亲临奉天宫祭拜。十一月，皇太子李哲前来朝见，唐高宗驾临嵩山奉天宫，试图行封禅之礼。说到封禅，原本也不是唐高宗自己的主意，是武则天从驾封禅东岳泰山之后又想封禅中岳嵩山，于是经常劝说唐高宗封禅中岳。但每次唐高宗下诏草拟封禅文书时，就有灾荒、边境告急等意外事件发生，故而一直未能实施。此次唐高宗又想行封禅嵩山之礼，但他的身体情况已不允许，只好中止封禅仪式。《朝野佥载》如实记录了唐高宗三次欲封禅中岳而不得的故事：调露年间，唐高宗想封禅中岳，遇到突厥叛乱，未能成行；后来又想封禅，吐蕃入寇，于是停止；至永淳年间，唐高宗又驾幸嵩山，有民谣流传："嵩山凡几层，不畏登不得，只畏不得登。三度征兵马，傍道打腾腾。"果然唐高宗到嵩山下就患病了，一直不能痊愈，只好下令还宫。

据唐人笔记记载，武则天为达到专擅朝政的目的，暗地里阻止御医给唐高宗医治，不想让唐高宗痊愈。唐高宗的病情越来越重，就召集御医张文仲和秦鸣鹤为自己诊治。秦鸣鹤经过诊断，认为唐高宗的病情是受风毒攻击所致，可以用针刺头部穴位，出点儿血就能痊愈。武则天在帘后听闻，发怒声称天子的头不能出血，并要处死秦鸣鹤。秦鸣鹤吓得一直叩头请求饶命。唐高宗却说医生讨论病情，没有道理加罪，况且他的头晕症已经令他无法忍受，出点儿血未必没有效果。于是唐高宗下令让秦鸣鹤给自己施针。秦鸣鹤用针刺唐高宗的百会穴及脑户穴，有少量出血，唐高宗觉得自己的眼睛看得清楚了一些。这时武则天在帷幕后对秦鸣鹤行大礼，感谢他为唐高宗医治，并亲自赠予秦鸣鹤丝织品和珍宝。

永淳二年（683）十一月十八日，唐高宗从奉天宫回到东都洛阳，他的身体状况越来越糟糕，宰相以下大臣都不能觐见。十二月初四，唐高宗发布改元诏书，下令改永淳二年为弘道元年，同时大赦天下。唐高宗在诏书中除了总结自己为政勤勉、阐明改元目的外，还特别强调了天后武则天的贡献，称天后对朝政大为有益，处理事情眼光长远、事小功多，有司应该遵从。唐高宗本想亲自到则天门楼宣读赦书，但他呼吸都不顺畅，无法骑马，只好诏令百姓在殿前听侍臣宣读赦免书。行礼完毕，唐高宗问侍臣百姓是否喜欢，侍臣回答百姓承蒙赦免都很感动、喜悦。唐高宗怅然无比，他深知自己时日无多，希冀上天再给他一两个月时间，让他能够回到西京长安。当天晚上，唐高宗李治在贞观殿去世，他的生命，终结在 56 岁。宰相裴炎深夜入宫，接受遗诏辅政。唐高宗在遗诏中要求将自己装在灵柩内七日，令皇太子李哲在自己灵柩前即位；自己的陵寝，一定要做到节俭；皇太子凡有军国大事不能决断，请天后决断、处理。唐高宗在改元诏书和遗嘱中两次申明天后武则天负有辅佐太子之责，这是他对朝局进行预判后所做的决定。

弘道元年（683）十二月十一日，皇太子李哲登基，改元"嗣圣"，是为唐中宗。唐中宗尊奉武则天为皇太后，并由皇太后临朝称制，行使皇权。唐中宗即位后急于发展自己的势力，将自己的岳丈韦玄贞从普州参军提拔为豫州刺史，进而又要擢升为侍中。中书令裴炎反对，唐中宗竟然出言不逊："我就算把天下赠与韦玄贞，又有何不可？更何况只是一个侍中而已。"裴炎将此事报告给武则天，武则天没想到李哲竟然无知和狂妄至此，心生反感，萌发废黜之意。

嗣圣元年（684）二月初六，皇太后武则天上朝，她集合百官，命令羽林将军程务挺、中书令裴炎、中书侍郎刘祎之、张虔勖等率兵入宫，当众宣读诏书，将皇帝李哲废黜为庐陵王，并将他囚禁起来，进而又下诏将韦玄贞流放于钦州。生性懦弱的李哲没有想到自己的皇帝生涯会如此短暂，在他那强势母亲的威压之下，时年28岁的他，在王妃韦氏的陪伴之下，开启了他们灰暗漫长、相濡以沫的囚禁生活。关于武则天废黜李哲一事，后世史家多有评论，皆认为是由于武则天贪图权势、阿谀奉承之辈投其所好而导致的。吕思勉先生指出，武则天废黜唐中宗时，尚无革李唐皇室之命的意图，但其为人贪于权势而不知停止，导谀贡媚之徒不惜矫诬以逢迎之，颇有推波助澜之势，遂导致武周革命。

嗣圣元年（684）二月初七，皇太后武则天立自己和唐高宗的第四子、豫王李旦为皇帝，是为唐睿宗。武则天虽给李旦皇帝的名义却剥夺了他上朝的权力，她让李旦在别殿居住，不得干预朝政，同时册立李旦的妃子刘氏为皇后，册立永平郡王李成器为皇太子，改年号为"文明"。皇太后武则天仍旧代为行使皇权，处理朝廷事务。李旦虽被立为皇帝，却在别殿居住、不得上朝处理政务，堪称中国帝王史上一大笑料。

文明元年（684）二月初八，武则天将皇太孙李重照废为庶民。初九，武则天派遣左金吾将军丘神绩到巴州李贤住处视察，看看李贤有无不轨之举。丘神绩到巴州后，将李贤幽闭于别所，逼令其自杀。十二日，唐睿宗李旦率群臣在武成殿向皇太后武则天加尊号。十五日，武则天正式册封李旦。二月二十七日，李贤被逼死于巴州的公馆，享年 31 岁。关于李贤去世的时间，《雍王李贤墓志》和《大唐故雍王赠章怀太子墓志铭》都有披露。临死之前，他再次悲愤地吟诵起那首充满李唐儿孙血泪的《黄台瓜辞》。元代诗人刘将孙的《约略杂诗》一诗中"灵武黄瓜辞，蓬莱家事谋"等句，用的就是《黄台瓜辞》的典故。

相传在李贤遇害前，上官婉儿曾鼓起勇气去巴州看望他。当婉儿行至旺苍县木门镇时，有消息传来，说李贤已经被害。上官婉儿很悲伤，就在木门寺旁的"晒经石"上修建了一座亭子，用来纪念曾在此石上翻晒经书的李贤。与此同时，婉儿还在亭子上题写《由巴南赴静州》诗句："米仓青青米仓碧，残阳如诉亦如泣。瓜藤绵毵瓜潮落，不似从前在芳时。"诗中的"瓜藤绵毵瓜潮落"一句，与李贤的《黄台瓜辞》诗句有异曲同工之妙，都表达了对武则天冷酷无情打压亲生儿子的不满和无奈。借这首诗，上官婉儿也将对李贤的所有情感悄然埋葬。

李贤死后，武则天余怒未消，将他的三个儿子软禁 18 年，还经常责打、虐待他们，后来一个儿子被杀，一个儿子病死，只有邠王李守礼挺着病躯活到了开元年间。

四、"圣母临人，永昌帝业"

唐高宗死后，武则天政权独揽，大肆封赏武姓宗室，激起李氏诸王的强烈不满，反对武则天的声浪越来越高，武则天对此进行了坚决打击。

文明元年（684）八月十一日，武则天派人将唐高宗的灵柩运往乾陵安葬。九月，已故司空李勣之孙、柳州司马李敬业起兵作乱，括苍令唐之奇、临海丞骆宾王等共同配合他，以匡复李唐政权为口号，欲迎回庐陵王李哲。九月二十一日，武则天开始大肆追封、追赠武姓先祖。十月十八日，武则天追赠其前五代先祖鲁国公谥号为"靖"，高祖父北平郡王谥号为"恭肃"，曾祖父金城郡王谥号为"义康"，祖父太原郡王谥号为"安成"，其父魏王谥号为"忠孝"。十月，楚州司马李崇福率领所管辖的三县人马起兵响应李敬业。武则天命令左玉钤卫大将军李孝逸为大总管，率兵30万讨伐他。十月十九日，武则天削去李敬业祖父、父亲的官职、爵位，恢复他的本姓徐氏。光宅二年（685）正月，以徐敬业为首的叛乱被平定，徐敬业被杀，首级被送往东都洛阳。

关于徐敬业起兵一事，《朝野佥载》记录的故事颇有预言意味。其中提到永淳年间，民间有歌谣："杨柳，杨柳，漫头驰"。后来徐敬业起兵犯事，被贬为柳州司马，他伪造敕文，自封为扬州司马，杀掉扬州长史陈敬之，在江淮一带谋反。武则天命令李孝逸征讨徐敬业率领的叛军，斩下徐敬业的首级，由驿马驮到洛阳。时人忆起"杨柳，杨柳，漫头驰"的歌谣，认为这首歌谣得到了应验。

另据唐人牛肃所撰《纪闻》，徐敬业平日里养着一个相貌跟自己很像的人，对此人待遇优渥。徐敬业兵败后，此人被当成徐敬业擒获、斩首。而徐敬业逃到大孤山隐藏起来，与几十个同伴隐居于此，渐渐与外界断了联系。后来徐敬业削发为僧，他的同伴们大多数也遁入空门。天宝初年，有一位法号"住括"的老僧，年纪90多岁，与弟子到南岳衡山寺庙中拜访诸僧而居住下来。过了一个多月，老僧忽然召集众僧人，忏悔自己曾经杀过人。众僧人觉得很诧异。老僧说："你们听说过徐敬业吗？就是我。我兵败后进入大孤山，精心修炼佛教，如今性命即将终结，因此来贵寺，好让世人知道我已经参悟佛教四谛了。"然后老僧说明了自己的死期，到那天老僧真的死了，众僧人就将他埋葬于衡山。

徐敬业兵败后，骆宾王起草《代李敬业传檄天下文》，列举武则天的八条罪状，分别为僭越夺位、出身寒微、作风淫乱、争宠害人、一女事二夫、残害忠良、屠杀兄姊和软禁皇储，旨在全面抨击武则天。这篇檄文传至内廷，武则天命上官婉儿读给自己听。上官婉儿惴惴不安地读着，武则天听到"蛾眉不肯让人，狐媚偏能惑主"之句，不禁面露微笑；待听到"一抔之土未干，六尺之孤安在"时，更是连连赞许，继而不悦道："宰相怎么能失去如此有才之人？"上官婉儿见武则天不怒反喜，知道女皇赏识有文采的人，于是斗胆请求武则天别杀骆宾王，又建议武则天重视科举、发展律诗、鼓励文人创作优秀的作品，武则天同意了婉儿的建议。上官婉儿的建议，不仅保护了骆宾王、王勃、杨炯等一批初唐时期的杰出诗人，而且为唐朝诗坛的进一步发展创造了条件。徐敬业叛乱既定，武则天大赦天下，改年号为"垂拱"。

而骆宾王则不知所终，《资治通鉴》说他与徐敬业同时被杀，《朝野佥载》称他兵败后投江而死，《新唐书》本传却记载他"亡命不知所之"。

垂拱元年（685）三月十一日，皇太后武则天将庐陵王李哲迁禁于房州。三月二十六日，朝廷颁行武则天亲自撰写的《垂拱格》。垂拱二年（686）正月，武则天颁下诏书，声称要把政事归还给皇帝李旦。李旦明知母亲不是真心还政于自己，惊恐之下坚决辞让。于是皇太后武则天依旧临朝代行皇帝事，大赦天下。与此同时，武则天又怀疑天下人多对自己不利，她自忖久专国事，且作风不正，深知宗室大臣多对自己假意奉承而心怀怨愤之情，计划对他们大加诛杀以儆效尤。曾担任北门学士的中书舍人、相王司马刘祎之对凤阁舍人贾大隐评论武则天临朝称制一事，他认为太后既然能够废昏立明，就不必临朝称制，不如还政于皇帝，从而安定天下人心。贾大隐把刘祎之的话密报给武则天，武则天大为不悦，对左右侍臣说，刘祎之是为她所用之人，竟然有背叛她的想法，看来是不会顾念她曾给予的恩惠了。同年，有位名叫鱼保宗的大臣上书请求设置四匦接受四方来信，按他设计，需要铸造四个铜匦，涂上不同颜色列于朝堂：青色匦名曰"延恩"，列在东方，投递劝农之事；红色匦名曰"招谏"，列在南方，投递议论时政得失之事；白色匦名曰"申冤"，列在西方，供鸣冤叫屈者投递；黑色瓯名曰"通玄"，列在北方，供告发天文、密谋者投递。朝廷特设谏议大夫、补阙、拾遗一人充使，知瓯事；以御史中丞、侍御史一人为理瓯使。这项建议，迎合了武则天广撒耳目、获取天下信息的心理，因而得到采纳。据《隋唐嘉话》记载，投瓯制度刚刚执行时，有的人不投递实事，而是投递谩骂、戏谑之言，于是就设置理瓯使先阅读书奏，然后再行投递，瓯院从此成为正规机构。

垂拱三年（687）闰正月初二，皇太后武则天封唐睿宗李旦之子李成义为恒王，李隆基为楚王，李隆范为卫王，李隆业为赵王。表面上的母慈子孝、一团和气并不能掩盖武则天打击李唐宗室、巩固权势的决心，她只是徐徐图之，力图一举歼灭。三月，武则天初次在朝堂设置铜瓯，下令百官投递各种奏章，表面上广开言路，实际上鼓励密告和诬告，收集天下信息，甄别对自己怀有异心之人。四月初八，武则天追赠孝敬皇帝李弘的妃子裴氏为"哀皇后"，将其陪葬于恭陵。是年，对武则天临朝称制持有不同看法的中书舍人刘祎之被人诬告收受归诚州都督孙万荣的金钱贿赂，并与许敬宗的小妾有私情。武则天特令肃州刺史王本立推鞫该案。王本立向刘祎之宣敕，刘祎之说："不经过凤阁鸾台，怎能命名为敕？"武则天勃然大怒，以拒绝制使的罪名将刘祎之赐死于家。

垂拱四年（688）正月初五，皇太后武则天在都城长安增设祭祀武氏七代先祖的宗庙，又在神都洛阳建立祭祀唐高祖、唐太宗和唐高宗的祠庙。正月十一日，武则天下令废弃乾元殿，在其原址另建宣明政教、举行大典的明堂。负责明堂修建的，是武则天的男宠冯小宝。武则天为掩人耳目，特意让冯小宝出家为僧，并给他赐名薛怀义。四月，武则天的侄子武承嗣伪造吉祥之石，白石紫文，上面有文字曰"圣母临人，永昌帝业"，并命令雍州人唐同泰上表宣称此祥瑞之石是在洛水获得。皇太后武则天大喜，号其石曰"宝图"，提拔唐同泰为游击将军。《朝野佥载》记其石是在白石上凿字，用紫石末和药镶嵌。后来并州文水县山谷中也发现一块类似的石头，有"武兴"字样，于是武则天下令改文水县为武兴县。从此以后天下祥瑞之石频出，朝廷渐渐知道都系伪造，不再采用，此风乃止。五月十八日，皇太后武则天加尊号为"圣母神皇"。七月初一，武则天大赦天下，将"宝图"改名为"天授圣图"，将洛水改名为"永昌洛水"，封洛水神为显圣侯，加封号"特进"，禁止在此垂钓、捕鱼，并建立庙宇，在洛水之滨设置永昌县。武则天还将嵩山改名为神岳，封其神为天中王、太师、持使节、大都督，赐臣民聚饮五日。

神皇武则天原本计划在明堂修建完成后，召唤李姓宗室诸王与武氏族人齐集洛水举行祭神仪式以示庆祝，借机拉近李姓宗室与武氏族人之间的关系，平衡朝中的势力分布。但眼看着武则天大肆加封武姓亲属，强力打压李姓宗亲，李姓宗室王公贵族心底极为不安，害怕武则天借明堂建成之机将他们全部集中在洛水一网打尽，于是提前采取自救措施，仓促发动了叛乱。

垂拱四年（688）九月，越王李贞和他的儿子琅琊郡王李冲号召李氏诸王造反，韩王李元嘉、霍王李元轨、鲁王李灵夔、李元嘉的儿子黄国公李撰、李元轨的儿子江都郡王李绪、李灵夔的儿子范阳郡王李蔼、虢王李凤的儿子东莞郡公李融等宗室诸王都积极参与其中。这些李姓王在宗室中皆以才华、德行出众而享有美名，向来受到神皇武则天的忌惮。而李元嘉等人也对武则天肆意弄权非常不满，常常怀有匡复李唐社稷之志。李撰伪造唐睿宗李旦给李冲的诏书，称皇帝已被皇太后软禁，请求宗室前来勤王。李冲也伪造李旦给自己的诏书，说皇太后要取代李氏江山，建立武氏王朝。于是，在李姓诸王约定共同起兵的时间之前，九月十六日，李冲在他担任刺史的博州（今山东省聊城市）提前起兵反叛。他通知李贞、李元嘉、李元轨、李灵夔和纪王李慎，让他们同时起兵，但只有李贞如期起兵，其他诸王因准备不充分而迟疑不决，大都没有发兵。李贞只好又通知他的姑母常乐公主和姑父寿州刺史赵瑰，常乐公主夫妇表示支持李贞。

面对来势汹汹的李唐宗室诸王，武则天沉着冷静，她任命左豹韬卫大将军麴崇裕为中军大总管，夏官尚书岑长倩为后军大总管，凤阁侍郎张光辅为主帅，率10万大军讨伐李贞父子。李贞父子很快败下阵来，先是李冲兵败被部将所杀，接着李贞自尽而亡。随后的一段时间里，神皇武则天对李姓宗室诸王大开杀戒，先后杀掉了韩王李元嘉、鲁王李灵夔、范阳郡王李蔼、黄国公李撰、东莞郡公李融及常乐公主，将他们都改姓虺氏。十一月初六，神皇武则天又杀掉了济州刺史薛𫖮兄弟，薛𫖮的弟弟薛绍是武则天的爱女太平公主的丈夫，也未能幸免于难。十二月初一，神皇武则天继续大杀四方，接连杀掉了霍王李元轨、江都郡王李绪及殿中监裴承光。至此，李唐宗室成员几乎被屠杀殆尽，其中年幼者也被流放到岭南。十二月二十五日，神皇武则天祭拜洛水，接受"天授圣图"，此时由武则天的男宠薛怀义督造的明堂业已建成。二十七日，武则天诏令将明堂改名为"万象神宫"，施行大赦。次年正月初一，神皇武则天下令改元"永昌"。

永昌元年（689）正月，武则天身着衮冕，"搢大圭，执镇圭"，手执象征皇权的玉圭，担任祭祀典礼的初献，唐睿宗李旦担任亚献，太子李成器担任终献。二月十四日，武则天尊奉其父太师、魏忠孝王武士彟为周忠孝太皇，设置崇先府官员。十五日，武则天追赠其母杨氏谥号为周忠孝太后；改太原郡王为周安成王，其妻赵氏为王妃；改金城郡王为魏义康王，其妻宋氏为王妃；改北平郡王为赵肃恭王，其妻刘氏为王妃；封武氏前五代先祖鲁国公为太原靖王，其夫人裴氏为王妃。永昌元年十一月初一，神皇武则天依照周制立子月为正月，改年号为"载初"，改当月为载初元年正月，十二月为腊月，改旧正月为一月。

载初元年（689）正月十六，神皇武则天颁旨除去李唐宗室成员的皇族册籍。武则天亲自祭献明堂，大赦天下，给自己取名为"曌"字，此系新造字，同时改诏书为制书。是年七月，有 10 名和尚伪造《大云经》，表章上奏，极力称赞神皇承受天命之事，为武则天登基称帝制造舆论。武则天诏命颁布天下，命令各州都设置大云寺，总计度僧 1000 人。

载初二年（690）九月，文武百官及皇室宗亲、远近百姓、四夷酋长、沙门、道士等 6 万余人，请武则天改国号、称女帝。该月初九，武则天将国号改为"周"，改年号为"天授"，大赦天下。九月十二日，武则天加尊号为"圣神皇帝"，将庐陵王李哲立为皇位继承人并赐其武姓，将皇太子李旦降为皇孙。十三日，武则天在神都洛阳建立武氏七庙。武氏七庙的修建，缘于武承嗣的建议，武则天乐得应允，但遭到宰相裴炎等人激烈反对，武承嗣又劝说武则天大肆诛杀反对之人，群臣渐渐屈服。武氏七庙建成后，武则天追尊周文王为始祖文皇帝，周武王为睿祖康皇帝，将他们视为武氏先祖。又追赠五代祖太原靖王居常为严祖成皇帝，高祖赵肃恭王克己为肃祖章敬皇帝，曾祖魏康王俭为烈祖昭安皇帝，祖父周安成王华为显祖文穆皇帝，自己的父亲赠太尉、太原王武士彟为孝明高皇帝，母亲称为皇后。武则天还加封异母兄长武元庆为梁宪王，武元爽为魏德王，追封伯父及兄弟都为王，各位姑姊为长公主，堂姊妹为郡主。同时加封武元爽之子武承嗣为魏王，武元庆之子武三思为梁王，堂侄武攸宁为建昌王，武攸归为九江王，武重规为高平王，武载德为颍川王，武攸暨为千乘王，武懿宗为河内王，武嗣宗为临川王，武攸宜为建安王，武攸望为会稽王，武攸绪为安平王，武攸止为恒安王。又封武承嗣之子武延基为南阳王、武延秀为淮阳王，武三思之子武崇训为高阳王、武崇烈为新安王，武承业之子武延晖为嗣陈王、武延祚为咸安王。同年十月，武则天改并州文水县为武兴县，依照汉朝丰、沛两县旧例，武兴县的百姓世代免除徭役。中国历史，正式进入武周统治时期。

武周天授年间，武则天喜欢创造武周新字，但又有很多忌讳。《朝野金载》记载，有个幽州人寻如意上奏曰："國字中有'或'，或乱天象，请口中改'武'字镇住它。"武则天大喜，下制将"國"字中的"或"改成"武"。过了一个多月，又有人上奏称："'武'退在口中，与囚字无异，非常不吉利。"武则天愕然，马上又下诏改口中为"八方"。后来唐中宗李显即位，果然将武则天迁往上阳宫。武则天也喜欢利用祥瑞之说。《酉阳杂俎》有载，天授元年（690），有人向武则天进献了一只三足金乌，武则天认为这预示着周朝嘉瑞，但左右侍臣议论说其中有一足是假的。武则天笑着说："只管记入史册，何须辨别其真伪？"可见她对祥瑞的态度其实很功利，那就是不管真假，能利用就利用。

史载，文明元年（684）以来，天下诸州进献的母鸡，大多变为雄鸡，或者一半变化，另一半未变化。民间认为这是武则天正位之兆。不过，唐人对武则天与她建立的武周政权多持负面评价，譬如著名诗人李商隐认为武则天篡权既久，为人放纵，耽于内宠，不敬宗庙，四方多有叛逆，常常防御不暇。因此他虚构了一则《宜都内人传》的故事，寄托自己的想法：

宜都内人进谏，武则天与她坐而论事。宜都内人问："您知道自古女卑于男吗？"武则天答曰："知道。"宜都内人说："古有女娲，但不是天子，乃辅佐伏羲管理九州。后世襄姥，凡有越出房阁断天下事者，皆不得其正。多是辅佐昏主，或者怀抱小儿。惟独您革去天家之姓，改去钗钏，袭服冠冕，天降符瑞，大臣皆不敢动摇。您是真天子！但如今您后宫的弄臣狎人，朝夕侍奉，久久不去，我怀疑此非符合天意之举。"武则天问："如何处置？"宜都内人回答："女主阴，男主阳，阳尊而阴卑，虽然您以阴支持天下，但宜消除群阳，阳消之后阴才能得之。您如今狎弄男宠，是阴求阳之势，阳胜阴微，不可持久。如果您摒去男妾，独立天下，则有阳刚之气。如此一来就可以持续万万岁，男子益削，女子益专。这就是我的心愿。"武则天虽不能全部采纳宜都内人的建议，但即日就下令诛杀薛怀义。

这则故事的真实性虽然值得怀疑，但其中流露出唐朝士人阶层对武则天及其女主政权的看法，认为武则天凌驾于男子之上，阴盛阳衰，与自古以来男尊女卑的传统不相符。但他们也不得不承认，武则天革去李唐皇室之姓，创建武周政权，朝野内外无人敢反对她执政，她是真正意义上的天子。这是对武则天登基的客观评价。

五代时期，史官对武则天的评价持中立态度，褒贬兼有。《旧唐书》有云："武氏称制之年，英才接连折损，令人痛心疾首、扼腕叹息，感叹朝局艰危，竟然不能报答先帝之恩德，护卫仁君之爱子。但公平而论，武氏初虽牝鸡司晨，但终能传位于子，恢复李唐天下，她用良言为魏元忠脱罪，用善语宽慰狄仁杰之心，尊贤臣而抑幸臣，听忠言而诛酷吏。"北宋欧阳修、宋祁编撰的《新唐书》中称赞武则天赏罚均从己出、施政无需假借群臣，僭于上而治于下，所以能够临乱而不亡，最终得享天年。司马光等人在《资治通鉴》中对武则天也有中肯的评价，称她虽然通过滥封禄位收买人心，但不称职的人或被贬黜，或被处以刑罚；她挟刑赏之柄以驾驭天下，政由己出，明察善断，因而当时的英雄贤才全部为她所用。金元时期诗人杨果作《过狄仁杰墓》，其诗曰："牝鸡声里紫宸寒，神器都归窃弄间。一语唤回鹦鹉梦，九霄夺得凤雏还。荒坟寂寞临官道，清节孤高重泰山。为问模棱苏相国，当时相见果何颜。"诗人在追思狄仁杰的同时贬低武则天执政，"牝鸡声""窃弄""鹦鹉梦"等词汇反映了诗人对武则天的负面情绪。清人赵翼的《乾陵》一诗，是少有的正面评价武则天的诗歌："一番时局牝朝新，安坐妆台换紫宸。臣仆不妨居妾位，英雄何必在男身。林峦赩岂娲皇石，风雨阴疑妒妇津。同穴桥陵应话旧，曾经共辇洛阳春。"诗人认为"英雄何必在男身"，对武则天女主执政持肯定态度，同时回顾了唐高宗与武则天共辇游览洛阳春光的情景。可见五代以降知识分子群体对武则天及她建立的武周政权褒贬不一，但对她选贤用能、明察善断的执政能力大都持肯定态度。

五、羽翼渐丰的"巾帼宰相"

在武则天主政期间，对内积极劝课农桑，发展农业生产，唐朝经济得以迅猛发展；对外展示军事实力，稳定边疆形势，唐朝疆域得以巩固。从仪凤元年（676）至载初元年（690）的14年当中，上官婉儿一直作为武则天的忠诚陪侍、得力秘书在兢兢业业地工作，她认真负责的态度受到武则天的高度认可，也得到时人的赞叹，被誉为"巾帼宰相"或"内宰相"。但随着时间的推移，唐代墓志等新材料的公布，我们渐渐发现，承担"巾帼宰相"重任的并非仅有上官婉儿一人，为武则天立下特殊功劳的，也不只上官婉儿一个。

在武则天的秘书班子中，职务最高、地位最显赫的，当数太师裴行俭的妻子库狄氏。她的丈夫裴行俭、儿子裴光庭都身居要职，在两《唐书》中有传，并有墓志铭流传后世，所以她的相关信息就更丰富一些。库狄氏有"妊姒之德，班左之才"，故而在"二圣"临朝时，被武则天召入后宫并拜为御正，甚见亲宠，其子裴光庭也因此累迁太常丞。可见，库狄氏与武则天的关系十分亲厚。"御正"是北周、隋朝时期负责起草诏书的外朝职务，估计武则天是借此职务给予库狄氏丰厚的待遇，同时也说明库狄氏的职责是起草诏书。翻检史书，武则天执政时只有库狄氏一人担任过御正这一职务，足见武则天对她的信任。库狄氏入宫的时间是武则天称"天后"时，即上元元年（674），其时上官婉儿已入宫7年，库狄氏能够后来者居上，多半是因为她丈夫的身份贵重，她的出身明显高于掖庭女奴出身的上官婉儿。想必在为武则天起草诏书时，库狄氏能够与上官婉儿精诚合作，为武则天提供优质的服务。

另一位在上元元年（674）入宫的女官是引驾韦余庆之妻裴氏。据韦余庆墓志铭记载，上元元年，裴氏夫人进入后宫，成为协助武则天处理政务的女官。该墓志铭还提到，韦氏夫人入宫的原因，是她的儿子接连早逝，她伤心不已，正逢天后武则天延揽女官，她作为良家子入侍。不仅如此，韦氏夫人入宫的时候，还带着自己的女儿，"与女俱事官掖"，母女二人都成为天后武则天的女官，一起为武则天效力。从入宫时间看，裴氏夫人晚于上官婉儿，但在辅佐武则天处理政务时，她的工作与上官婉儿是有交集的。

还有一位杭州钱塘县丞殷履直之妻颜氏，号"真定"，琅琊临沂人，据考证是颜之推的后代。颜氏夫人本人有神道碑铭存世，其中提到入宫的时间，也是武则天称"天后"时期，她"以彤管之才，膺大家之选"。颜氏夫人才华出众，被选入武则天的秘书班子，负责抄写、记录等文字工作。毫无疑问，颜氏夫人也是上官婉儿的同僚。

入宫时间更晚一些的有左卫中郎将薛崇允的夫人、成纪县君李氏，8岁时就以宗室女的身份进入宫闱，陪伴在武则天身边。由于她兰心蕙质、进退得宜，颇受武则天器重。后来唐中宗即位，太平公主看重她的才华与德行，将她礼聘给自己的丈夫薛绍的侄子薛崇允作夫人。李氏的墓志披露，她于天宝五载（746）十一月二十九日在长安招国里的私人住宅去世，享年64岁。后于天宝七载（748）五月二十七日祔葬于咸阳洪渎原薛氏家族墓地。由此逆推，李氏进宫的时间是唐高宗永淳元年（682），其时上官婉儿已在武则天身边服侍15年之久。

武则天的女官队伍中，任职时间颇长、功劳极为显著的，当数梓州通泉县尉、上柱国司马慎微的妻子李氏。李氏出身于陇西官宦家庭，性格温和，不喜妆奁，熟读诗书，惟爱著文。载初年间，皇太后武则天遍寻天下女史，颍川郡王武载德引荐李氏，被武则天召入禁中，受到重用。据司马慎微的墓志记载，武周朝从载初元年（690）至长安二年（702）的墨敕制词，多为李氏夫人所作。李氏夫人进宫时，上官婉儿已在武则天身边服侍十几年，但她仍能获得武则天青睐，负责撰拟墨敕制词的重要工作，可见她的才华是不亚于上官婉儿的，甚至可能由于年龄和阅历的优势，处理政务时表现得比上官婉儿更加成熟稳重。长安二年（702），李氏夫人在大内逝世，上官婉儿才成为武则天身旁地位最显赫的女官，此前她一直是作为李氏夫人的同僚或者下属而存在。

此外，还有一位邓国夫人窦氏，她入宫的时间较晚，是武则天登基之后，即载初元年（690）之后她才进入武周朝担任后宫女官。窦氏夫人的墓志提供的信息很简单，对其丈夫、儿子的情况均未提及，只强调了她自己的女官身份。这位窦氏夫人，也和上官婉儿同时为武则天效力。

虽然武则天的"巾帼宰相"并非上官婉儿一人，但上官婉儿的学识和才华，还是令人瞩目的。万岁通天元年（696），上官婉儿始掌诏命，行文流畅，令人叹服。上官婉儿执掌机要以后，既积极参与政事，又开始大力整顿文坛，突出表现就是她致力于重振其祖父上官仪的"上官体"诗风。在重振其祖父诗风的过程中，上官婉儿与公开宣布反对上官仪诗风的著名诗人陈子昂等人矛盾激化，婉儿动用自己的人脉打压陈子昂，令陈子昂仕途受阻，他抑郁返乡，终老于乡间。

陈子昂发迹于武则天光宅元年（684），当时他24岁，趁游览东都时将自己的文章投到中书令薛元超等官员门下，试图寻求入仕门径，获封将仕郎。随后他连续上书拥戴武则天临朝称制，得到武则天的赏识，武则天亲自接见了他，将他提拔为秘书省正字，从此他名扬天下。受到武则天重用后，陈子昂投其所好，劝武则天兴明堂、强太学，成为武则天的御用文人。武则天弃唐改周后，陈子昂在第一时间献上《大周受命颂》四章，用来取悦武则天，此时他已30岁，虽数次上表获得武则天青睐，但政治上建树有限。为进一步捞取政治资本，陈子昂决定发挥自己的长处，在文坛上领导一次文风改革，他选取曾因主张唐高宗废黜武则天而被杀的上官仪作为攻击对象，撰写文章批判上官仪的诗风。陈子昂的好友卢藏用在《右拾遗陈子昂文集序》一文中指出，宋、齐之末，文风憔悴，"逶迤陵颓，流靡忘返"，天下斯文丧尽，后进诗人如上官仪之流，接续此种颓靡的文风，于是风雅之道不存。当时的著名诗人杨炯也是"上官体"诗风的批判者，他在《王勃集序》中批评龙朔初年的文体变革，把上官仪倡导的诗歌创作途径总结为"糅之金玉龙凤，乱之朱紫青黄，影带以徇其功，假对以称其美"，认为如此这般写出来的诗没有风骨，缺乏刚健之气。他们提出，应该改革文坛风气，树立新的诗歌典范。陈子昂等人如此发难，上官婉儿自然要寻找机会还击。

待到万岁通天元年（696）上官婉儿在政坛地位有所上升，陈子昂从此风光不再，他留在洛阳寻找升迁机会未果，一直闷闷不乐。是年九月，武则天的堂侄、右武威卫大将军武攸宜奉命去征讨契丹，在朝中招募幕府人员，于是陈子昂以文官右拾遗一职从军随行，身份是武攸宜的参谋。在征战途中，因武攸宜指挥不当造成前军败绩，陈子昂建议武攸宜严明军法、整顿军队，在边境布置重兵精甲，以己之长攻敌之短。但武攸宜认为陈子昂是书生谈兵，对他的反复建议不予采纳。陈子昂就此明白他与主帅气味不相投，不再建言献策。次年七月，武攸宜率军打败契丹军队，陈子昂随他一起返回洛阳，但未获得提拔，政治上依然没有起色。

从圣历元年（698）开始，上官婉儿更是大权在握，凡百司章奏，她都参与表决。陈子昂看到自己在政治上已无指望，以父亲年迈为借口，上表请求解官回乡，此后就一直住在乡间。《旧唐书》对他返乡一事记载极其简单，称其是听到县令段简欺侮他的父亲才急忙返乡的，段简将他下狱，他忧愤而死。他的好友、和他同期为官的卢藏用在《陈子昂别传》中记载的则是另一个版本。陈子昂归乡后仍领俸禄，受官府供养，过着深居简出的生活。四年后，也就是武周长安二年（702），县令段简贪暴残忍，听到陈子昂家中有钱，就想找理由迫害他。陈子昂非常害怕，派家人给段简送去 20 万缗钱，但段简贪得无厌，嫌弃送来的钱少，就把陈子昂抓起来下狱。陈子昂一向身体比较虚弱，又受到杖刑，恐怕自己难逃厄运，于是占卜一卦，结果卦象不吉，他仰天长叹："天命不佑，我要死了！"就此气绝而亡，终年 42 岁。《新唐书》所记与此几乎完全相同。

文献虽记载陈子昂是受县令段简迫害而死，但种种迹象表明，上官婉儿与陈子昂之死难脱干系。陈子昂等人对"上官体"诗风的批评与否定，引起了上官婉儿的强烈不满，所以当她在政治上能够独当一面后就对陈子昂进行了报复。陈子昂的死，很可能是上官婉儿借武氏集团之力所为。从当时的形势分析，上官婉儿是借助武三思的力量对陈子昂进行了打击和报复。万岁通天元年（696）到圣历元年（698）期间，正是武则天的两位侄子武承嗣和武三思积极谋取皇嗣之位的时候，上官婉儿与武三思关系亲密，在政治上互通有无、互相依靠，武三思出手相助上官婉儿也是情理之中的事情。后来在唐宪宗时期担任秘书正字的沈亚之写了一篇《上九江郑使君书》，其中提到武三思迫害陈子昂一事："自从乔知之、陈子昂受命开通西北两塞，封锁玉门关，契丹逃避，国朝不用再受奔波劳碌之苦……然而乔知之死于谗言陷害，陈子昂死于被冤屈，这都是武三思因嫉妒而心生嫌恶之情、有意迫害的。乔知之被夺取侍妾而加害，陈子昂被家乡的县令折辱而去世，二人都死于非命。"沈亚之的文章中明确交代了陈子昂的死因，较为可信。当代史学家岑仲勉先生认为，陈子昂归乡之后，肯定有反抗武则天的举动或文字被县令段简发现，段简才敢将陈子昂逮捕入狱，最终导致陈子昂死亡。

上官婉儿凭借政治手腕打击异己、重振其祖父上官仪的诗风，渐渐成为文坛领袖，受到读书人的追捧。久视元年（700）之后，上官婉儿更发挥她的文学才能，与武则天共同推进武周政权的文坛建设，选拔有文学天赋的人充实修文馆，推广崇尚文学、歌颂盛世之优雅风气。武则天每次游览宫观、行幸河山，都令众臣写诗赋词，大臣也争相展露文学修养，以没有文采为耻。

作为武则天秘书班子的重要成员，上官婉儿羽翼渐丰，她的独特性日益显露，为她后来进一步参政积累了充分的条件。

六、亲历"二张之乱"

武周政权建立不久，女皇武则天已逾古稀之年，虽然她的内心依旧燃烧着熊熊火焰，她觉得自己仍然精力充沛，但美人迟暮的寂寥之情还是如期而至。偌大的后宫，除了上官婉儿等几个亲近的人陪侍，她已很难找到可以逗她欢笑、为她解忧的新鲜血液了。她的儿子们死的死，外贬的外贬，唯一的女儿太平公主也不能日日进宫陪伴。晨昏转移间，女皇感觉生命在无意义地流逝，她不能忍受这种寂寥、惆怅的死水一般的生活，她向往的是烈火烹油般的极致生命体验，追求的是花团锦簇、万众瞩目的热烈生活。女皇开始拥有一个又一个男宠，并放纵他们祸乱宫闱。

女皇武则天的第一位男宠薛怀义，此时正在为她兴建气势更加雄伟的佛堂。证圣元年（695），薛怀义在原有的明堂以北建造了一座气势宏伟的功德堂，其中的大佛像高达900尺。是年元宵节，薛怀义在朝堂举行无遮大会，为了虚张声势，他令人掘地5丈，搭建宫殿台阁，又密造金刚大像，假称是从地下涌出来的。他还刺牛血画作金刚大像头，高达200尺，假称是用自己膝盖上的血所画，吸引城里的民众聚集围观。薛怀义为聚集更多观众，命人向人群抛撒钱币，引起民众哄抢，百姓们相互踩踏，死伤甚众。第二天，画好的大像头被张贴于天津桥南，并设斋会。不料到了正月十七凌晨，功德堂突然起火且殃及明堂，火焰冲天，洛阳城亮如白昼。大火绵延至金银库，铁汁流液，四散开来，不慎误入的人很快就被烤得焦烂。面对如此严重的火灾，薛怀义竟然无动于衷，天亮之后，他还想继续举行无遮大会，结果暴风骤起，将天津桥上的大像吹成数百段，他才不得不取消无遮大会。《资治通鉴》在描述此事时，将明堂失火的原因记作薛怀义由于争风吃醋而自己放火。其中提到，薛怀义飞黄腾达后渐渐骄纵起来，他讨厌入宫陪伴年老色衰的武则天，多数时间居住在白马寺，度僧1000余名。武则天寂寞难耐，就宠幸了御医沈南璆。薛怀义对此心怀嫉妒，就在夜晚秘密放火企图烧毁天堂，火势蔓延至明堂。武则天心下惭愧，故而她为薛怀义隐瞒事实，说是由于明堂内的工徒失误才发生火灾，火势凶猛，烧到了佛像，这才引起明堂失火。因此武则天在洛阳城举行大酺，并命薛怀义重造明堂。同年九月，武则天加号"天册金轮大圣皇帝"，改元"天册万岁"。天册万岁二年（696）三月，明堂再次被建成，号曰"通天神宫"，武则天大赦天下，改元"万岁通天"。

　　薛怀义刚愎自用不好控制，沈南璆年纪较大不够新鲜，女皇武则天的后宫生活渐渐乏味起来。好在知母莫若女，太平公主对女皇还是很贴心的，她经过千挑万选，为女皇送来一味延年益寿、永葆青春的灵丹妙药——一个风华绝代的翩翩美少年。

这个美少年名叫张昌宗，他身材魁梧，擅长药石，懂得养生、调理之术。万岁通天二年（697），张昌宗受太平公主举荐入宫，服侍于武则天身侧，他知情识趣、才艺过人，还能传授女皇养生之术，因而备受武则天宠爱。张昌宗又向武则天推荐他的兄长张易之，称其有卓越的才华，而且擅长冶炼药石。武则天当时正四处寻求延年益寿的良药，听闻张易之有才华还懂得调理之术，非常感兴趣，就命人将张易之宣进宫来看看。

张易之和张昌宗两兄弟与市井无赖起家的薛怀义截然不同，他们家世良好，祖父张行成是拥戴唐高宗李治即位的宰相，父亲张希臧曾担任雍州司户参军，兄弟二人从小就受到家里的精心栽培，他们熟读诗书，多才多艺，年纪轻轻就名声在外。张易之初以门荫入仕，后升迁为尚乘奉御，20多岁时，他长成了一位皮肤白皙、姿容出众的俊俏小生，且精于音律、擅于歌赋，他的作品流传下来的不多，目前可见四首诗和一篇《秋日宴石淙序》。《秋日宴石淙序》中既有"平临襄野，童儿牧马之场，斜瞰茨山，野老休牛之地"等描写实景的句子，亦有"群公松竹其心，芝兰其性，馨忠而事明主，投分而接神交"等托物言志的神来之笔，能够展现张易之的诗赋才华。武三思也能写诗文，有三首诗流传下来，其中最有名的就是《少年行》："少年不识事，落魄游韩魏。珠轩流水车，玉勒浮云骑。纵横意不一，然诺心无二。白璧赠穰苴，黄金奉毛遂。妙舞飘龙管，清歌吟凤吹。三春小苑游，千日中山醉。直言身可沉，谁论名与利。依倚孟尝君，自知能市义。"这首五言律诗格律整齐，语言清新，遣词讲究，用典巧妙，质量也属上乘。

张易之被自己的弟弟张昌宗举荐给武则天，受命进宫面圣。他容貌秀美，礼仪周全，且通晓音乐，一看就是风雅之士。武则天一见到他便眼前一亮，龙颜大悦，马上将他留在宫中服侍自己。从此以后，张易之、张昌宗兄弟二人涂脂抹粉，穿着刺绣彩衣，成为武则天后宫中最受宠的面首，也成为朝臣们鄙夷唾弃的奸佞。但二张兄弟并不以此为耻，他们把这视作接近皇权、青云直上的捷径，因此他们挖空心思取悦女皇，得到了他们渴望的权力和泼天的富贵。武承嗣、武三思、武懿宗等武氏权贵也投女皇所好，对二张兄弟礼让三分。

二张兄弟的陪伴，使日渐老迈的女皇重新焕发生机。为了掩人耳目，也为了让这兄弟二人有更显赫的地位，武则天封张昌宗为云麾将军，封张易之为司卫少卿，并赐给他住宅一处，绢帛500段，还赏赐大量的男仆女婢、骆驼、牛马等供他使用。不久，武则天加封张昌宗为银青光禄大夫，赐予他警卫，让他同其他京官一样每月初一、十五上朝参拜。不久，张昌宗被加封为左散骑常侍。张昌宗以惊人的升迁速度一路攀爬，很快就权倾朝野，吸引了一大批心怀叵测的追随者。武家宗室子弟如武承嗣、武三思等不惜自降身份在他家门庭中站立等候，而且抢着为他执鞭辔，一副谄媚逢迎的嘴脸。其余宗楚客、宗晋卿等没有骨气的官员也都纷纷巴结他，试图通过他获得晋升的机会。当时朝廷内外都称呼张易之为"五郎"，张昌宗为"六郎"。整个张氏家族也荣耀一时，二张兄弟的父亲张希臧被追封为襄州刺史，他们的母亲韦氏阿臧受封为太夫人。二张兄弟对母亲很孝顺，张易之曾为阿臧建造过一座七宝帐，上面缀满金银、珠玉等奇珍异宝，奢华程度旷古未闻。史载阿臧当时"铺象牙床，织犀角簟，罽貂之褥，蚤氉之毯，汾晋之龙须、河中之凤翮以为席"，生活富足程度令人咋舌。张易之还派遣宫中女官每日到府中探视、问候，并命尚书李迥秀私下为阿臧服务。

圣历二年（699），女皇武则天为给自己越来越乏味的老年生活增添些许乐趣，特地设置了控鹤府，拣选许多年轻、英俊的少年充实其中，让他们陪自己读书、饮酒、奏乐、赏舞，尽情享受人生。她任命张易之为控鹤监、内供奉，掌管府内其他官员。久视元年（700），武则天把控鹤府改为奉宸府，令张易之担任奉宸令，并将诗人阎朝隐、薛稷、员半千提拔为奉宸供奉。宋人叶适的《习学记言》中也记载，张易之深受圣恩，大肆招揽文士，房融、崔神庆、崔融、李峤、宋之问、杜审言、沈佺期、阎朝隐等文士都是奉宸府成员，受张易之管辖。

为了打发宫中的无聊时光，武则天常常命令奉宸府举行宴会和雅集，并让众人以嘲笑公卿为乐。有时，她也在内殿大开宴席，让张易之、张昌宗二兄弟和武氏诸人陪侍左右，掷骰赌博，笑骂公卿，从而获得丰厚的赏赐。武则天的侄子、梁王武三思阿谀奉承，说张昌宗是周灵王之子、仙人王子晋转世，于是武则天就让张昌宗披着羽毛做成的衣服，乘坐木鹤吹箫，在大庭广众面前奏乐，模仿王子晋升仙时的样子。当时在场的文人都赋诗赞美张昌宗，中书舍人崔融最为谄媚，特意为其作诗《和梁王众传张光禄是王子晋后身》，其文曰："闻有冲天客，披云下帝畿。三年上宾去，千载忽来归。昔偶浮丘伯，今同丁令威。中郎才貌是，柱史姓名非。祗召趋龙阙，承恩拜虎闱。丹成金鼎献，酒至玉杯挥。天仗分旄节，朝容间羽衣。旧坛何处所，新庙坐光辉。汉主存仙要，淮南爱道机。朝朝缑氏鹤，长向洛城飞。"崔融为了讨好武则天，将张昌宗等人聚众胡闹、游戏取乐的场景描绘得威严神圣，武则天读了非常开心。每当武则天召集奉宸府诸人纵情作乐时，上官婉儿往往陪伴左右并参与其中，目睹了女皇的穷奢极欲。

武则天耽于享乐日久，未能觉察朝中风气已经腐朽败坏到不可收拾的地步，她还想再拣选一些俊美少年担任左右奉宸供奉，扩充奉宸府的规模。右补阙朱敬则进谏说，志不可满，乐不可极，纵欲之情，智者和愚人都有，但贤者能够有所节制而不过度纵欲，陛下现在已有薛怀义、张易之、张昌宗几位内宠，理应足够；近日听说上舍奉御柳模夸他的儿子洁白俊美，左监门卫长史侯祥说自己健硕无比，都想自荐进入奉宸府供奉陛下，这种流言蜚语礼仪全无，充斥朝廷，令人不齿。武则天听完朱敬则的话，深感朝中一片乌烟瘴气，长此以往局面将难以控制，于是赐予他丝绸百段，以奖励他的勇敢直谏。

因张昌宗丑闻在外，武则天想用一件风雅的事情掩盖他的污名，于是就下诏令张昌宗编撰《三教珠英》。为使编撰工作顺利进行，武则天特意引进文学之士李峤、阎朝隐、徐彦伯、张说、宋之问、崔湜、富嘉谟等 26 人，分门别类进行编纂，众人最后编纂成书 1300 卷，进呈武则天。武则天对此很满意，升迁张昌宗为司仆卿，并加封邺国公；升迁张易之为麟台监，加封他为恒国公，各赏赐实封 300 户。过了不久，武则天又把张昌宗晋封为春官侍郎。女皇垂垂老矣，她已不再顾忌朝中大臣的眼光，只是放肆地宠爱能给自己带来欢愉的二张兄弟。

二张兄弟虽然都通晓文墨，但并非佳作迭出之人，有时应召和诗，就请宋之问、阎朝隐等知名诗人代为写作。而武则天举行的雅集和聚会，上官婉儿又常常充任裁判官，故而她和二张兄弟也颇多交集。他们虽然身份有别，但实际上地位有相似之处，都是陪伴武则天寂寞晚年生活的年轻人，彼此之间多少能够相互理解。上官婉儿不会忘记，女皇武则天是杀害她祖父和父亲的仇人，但也是宣她进宫、赐予她体面身份和显赫权力的恩人，恩仇交错的复杂情绪，始终萦绕在她的心间。在漫长的宫廷岁月中，上官婉儿按捺下心底的旧日仇怨，兢兢业业，恪尽职守，当好女皇的侍女、伙伴、秘书和幕僚，和女皇荣辱与共。她的隐忍和奉献，也赢得了女皇的接纳、喜爱、信任和倚重。

随着武则天年事渐高，很多政事交给张易之、张昌宗兄弟处理，这二人愈发嚣张起来，整日横行朝廷，朝中许多大臣也趋炎附势，惟二张兄弟马首是瞻。当时，张易之、张昌宗盛宠正隆，有人预言他们会被封王，一些阴险浅薄的人也纷纷附和。但也有一些正直之臣对二张兄弟颇为蔑视，不肯和他们站在同一阵营。譬如御史中丞宋璟就不肯买他们的账。《旧唐书·宋璟传》记载，群臣侍宴朝堂时，张易之起立给宋璟让座，口称："公第一人，何乃下坐？"宋璟还击："才劣品卑，张卿以为第一人。"当时张易之是三品官，宋璟是六品官，但宋璟不仅对张易之的殷勤礼让毫不领情，反而当面直斥他才劣品卑，可见宋璟对张易之的轻视。除了宋璟，右补阙朱敬则也对二张兄弟的拉拢不为所动。为收买人心、拉拢同盟军，张易之、张昌宗曾经命画工给梁王武三思、纳言李峤、凤阁侍郎苏味道、夏官侍郎李迥秀、麟台少监王绍宗等18人画肖像，号为"高士图"。他们几次想拉朱敬则参与，朱敬则都坚辞不受。

二张兄弟也明白自己在朝中树敌太多，恐怕下场悲凉，于是向当时深受武则天信任的宰相狄仁杰请教脱身之计。武则天对狄仁杰的信任，旁人莫及，武则天常常称狄仁杰为"国老"，狄仁杰每每面折廷诤，即使他说的话不合武则天心意，武则天也能屈从。武则天曾向狄仁杰询问朝中哪些人可以担任宰相，狄仁杰向武则天举荐年迈的张柬之，称他人虽已老，但沉稳有谋、能断大事，能为国尽忠。武则天果然提拔张柬之做了宰相。狄仁杰还向武则天推荐过夏官侍郎姚元崇、监察御史桓彦范、太州刺史敬晖等几十人，皆成为朝廷可用的贤能之臣，提前为唐中宗李显执政储备了栋梁之材。

狄仁杰虽然内心很讨厌二张兄弟，但他城府很深，与二张兄弟维持了表面上的和睦。《集异记》有载，南海郡向武则天进献了一件集翠裘，华丽无比。因张昌宗侍奉在侧，武则天就把它赐给了张昌宗，命他披上这件裘袍，与自己玩双陆棋作消遣。正逢宰相狄仁杰入内奏事，武则天就令狄仁杰上座，命他与张昌宗对弈。狄仁杰谢恩后坐在棋局前。武则天问："两位爱卿以何物作赌注？"狄仁杰说："我力争三筹，赌昌宗所穿的毛裘。"武则天问他："卿以何物对赌？"狄仁杰指着自己穿的紫色官服回答："我以此物作赌。"武则天笑着说："卿可能不知道，这件裘袍价值超过千金，你的赌注价值不对等。"狄仁杰正色说："我的官服，是大臣觐见奏对之衣；昌宗的裘袍，是嬖倖宠遇之服。真要把官服给人，我还舍不得呢。"武则天同意他的说法。张昌宗受到狄仁杰的蔑视，他内心羞赧、神情沮丧，气势上已然落了下风，故而接连败北。狄仁杰很轻松地赢了棋，就脱下张昌宗所穿裘袍，谢恩出宫。当他走到光范门，就把裘袍给家奴穿上，自己骑快马而去。这个故事充分显示了狄仁杰对二张兄弟的真实态度。

二张兄弟向狄仁杰讨教日后安身立命的方法，狄仁杰也想借机通过二张兄弟之口说服武则天迎回庐陵王李哲，进而光复李唐天下。于是狄仁杰对二张兄弟说，只有劝服皇上迎接庐陵王返回京师，你们才能免祸。听了狄仁杰的建议，二张兄弟向武则天进言，力主让庐陵王李哲回京当太子。武则天经过深思熟虑，同意让李哲返回洛阳。圣历元年（698）三月初九，久经风霜的李哲回到洛阳，再次被武则天立为太子，且复其旧名李显。唐人张祜在《观狄梁公传》一诗中高度评价了狄仁杰劝谏武则天、保护皇储的功勋。其诗曰："失运庐陵厄，乘时武后尊。五丁扶造化，一柱正乾坤。上保储皇位，深然国老勋。圣朝虽百代，长合问王孙。"

圣历二年（699）二月，女皇武则天担心自己离世后太子与诸武水火不容，命令太子李显、相王李旦、太平公主与驸马武攸暨等人盟誓，承诺同心团结、互不背弃。于是李显、李旦与太平公主夫妇在明堂祭拜，将誓言告知天地，武则天令人在铁券上镌刻铭文，藏于史馆作为存证。武则天维护自己亲族与儿女关系的举动，可谓用心良苦。五月，武则天率领文武百官巡幸了嵩山石淙边的三阳宫，并改年号为"久视"。当月十九日，武则天召集文臣与学士们在石淙会饮，参加者有太子李显、相王李旦、梁王武三思以及当时受武则天信任的宰相狄仁杰、内宠张易之和张昌宗兄弟，还有李峤、苏味道、姚崇、阎朝隐、崔融、薛曜、徐彦伯、杨敬述、于季子、沈佺期等知名文士。在这次文学盛宴上，女皇武则天心情大好，令众臣赋诗唱和，命上官婉儿品评诗文水平高下，婉儿和文士们都欣然响应，最后成诗16首。武则天命令薛曜书丹，并命工匠刻在嵩山北面临水的崖壁上，以作永久纪念。石淙会饮既是一次文学聚会，又是一次政治结盟，二张兄弟位列众多知名文臣、学士之间，显示出他们在女皇心目中的特殊地位。

关于武则天宠幸二张兄弟一事，清人赵翼有如下评价："武后极其淫恶，但其知人纳谏，也自有别人不可及的地方……薛怀义、张易之等人在床笫之间，说些中伤贤良之人的话，但武则天不为所动，她能够辨别人才，主持国是，大大超过了一般人。她视怀义、易之等不过如面首之类。天子富有四海，妃嫔动辄千百人，武后既然身为女主，而所宠幸不过数人，因此不值得深怪。"在赵翼看来，二张兄弟不过是武则天的面首，他们并不能妨碍武则天明察秋毫、知人善任。他还将武则天与其他男性帝王进行比较，认为武则天并没有像一些昏君那样动辄广纳妃嫔、大肆宣淫，他的看法颇有为武则天正名的意味。

久视元年（700），武则天命太监胡超将一枚黄金铸成的金简投在中岳嵩山中，为自己赎罪消灾。金简正面用楷书铭文写道："大周国主武曌好乐真道，长生神仙，谨诣中岳嵩高山门，投金简一通，乞三官九府，除武曌罪名。太岁庚子七月甲寅，小使臣胡超稽首再拜谨奏。"这枚金简现被收藏于河南省博物院，向我们展示了女皇武则天晚年的内心世界。

七、山雨欲来前的选择

张易之、张昌宗兄弟二人长期在朝中作威作福，引起朝臣们的强烈不满。当时二张兄弟每次在内宴侍奉，都态度倨傲、不行人臣之礼，礼部尚书王及善屡次向武则天奏报，武则天心里不悦，但隐忍不发。久视元年（700）的一次宴会中，张易之将四川商人宋霸子等几人带入宴会一起喝酒取乐，宰相韦安石跪奏说，商贾是贱民，不应该参加这种宴会，命左右将宋霸子等人逐出宫廷，武则天只好称赞他忠言直谏并奖赏他。御史大夫魏元忠多次向武则天奏报二张兄弟的罪行，他称自己受先帝重恩却未能尽忠，使小人出现在武则天身侧，魏元忠直接用"小人"一词指代二张兄弟。大足元年（701）八月，博学苏安恒上疏劝武则天禅位于太子，并罢黜武氏诸王，将他们改封为公侯，同时分封皇孙。武则天收到奏疏，特意召见苏安恒，赐给他美食佳肴，对他温言劝慰，但并未采纳他的建议。

太子李显虽然位主东宫，但羽翼未丰，深受二张兄弟欺压。大足元年九月，李显的长子邵王李重润、女儿永泰郡主及驸马都尉武延基等私下议论张易之、张昌宗兄弟祸乱后宫，武则天听到张易之密报，下令处置他们，李重润等三人因此死于非命。关于李重润兄妹之死，史书记载颇为详细，《旧唐书·则天皇后纪》记作武则天令他们自杀；《旧唐书·懿德太子传》记作武则天下令将他们杖杀；《旧唐书·张易之传》则记作武则天让李显自行处置，李显为了表达对母亲的忠贞不贰，竟然狠心缢杀了自己的一双儿女！《旧唐书·武延基传》与《资治通鉴》都记作武则天逼令他们自杀。这些记载大同小异，但史家都认为李重润、永泰郡主与武延基之死与张易之、张昌宗兄弟直接相关，皆因秘议二张兄弟而被武则天逼杀。邵王李重润死时年仅19岁，永泰郡主当时已有身孕，也未能逃脱，在权势与亲情之间，李显无情地抛弃了自己的儿女，果断地选择了屈服与苟安。时人皆认为李重润死得冤屈，对他的死满怀痛惜之情；后世史书对李重润之死也充满同情，评价他风神俊朗、早以孝友知名。直到李显登上皇位，才追赠李重润为皇太子，谥号"懿德"，将其陪葬乾陵，并聘国子监丞裴粹之亡女与其结为冥婚，将二人合葬。

长安元年（701）十月，女皇武则天率文武百官还都长安。长安二年（702）正月，李旦的两位妃子窦氏和刘氏进宫拜谒武则天，退出时一同被杀，再无消息。是年五月，博学苏安恒再次上疏劝武则天传位于太子李显，这次他一反常态，用激烈的言辞指责武则天贪恋皇位而忘却母子之恩，将来必定无言面对李家宗庙，无以拜谒唐高宗皇陵。他甚至提出愿意以死明志，敦促武则天让位于太子。对于苏安恒的过激言行，武则天的态度是按下奏疏、不予理会，并未因此治他的不敬之罪。同年张易之贪赃枉法事发，御史台秉公弹劾，诏令宗晋卿、李承嘉、桓彦范和袁恕己几位官员协同审查。司刑正贾敬言揣度武则天心意，想要避重就轻，于是以张昌宗强行购买他人货物的罪名上奏，按律当判为赔偿财物，武则天也就顺势答应了。李承嘉、桓彦范觉得判得太轻，进谏说："张昌宗贪占赃款400万，按律应该罢官。"张昌宗不服，公开宣称自己为国家立下赫赫功劳，不应该被罢官。武则天有些为难，向宰相们征求意见。内史令杨再思认为，张昌宗主持炼制药物之事，女皇吞服后很有保健功效，因此他是个对社稷功劳最大的人。武则天很满意杨再思的说法，立即诏令释放张昌宗，同时为了平息众怒，把罪行推到他的两位兄长司府少卿张昌仪和司礼少卿张同休身上，将此二人都予以贬职。

长安三年（703），曾多次向武则天奏报张易之、张昌宗兄弟不轨言行的御史大夫魏元忠受到"二张"诬陷，张昌宗谎称魏元忠与司礼丞高戬私下议论："太后已老，不如挟太子作长久打算。"魏元忠与太子李显关系亲近，高戬是太平公主的亲信，因此武则天对张昌宗的告发极为重视。她问张昌宗如何得知此事，张昌宗回答说，凤阁舍人张说可以作证人。于是，武则天盛怒之下将魏元忠、高戬下狱，命令二人与张昌宗进行廷辩，并宣诏张说前来作证。张说来到御前，矢口否认魏元忠谋反，坚称这件事是受张易之诬陷。双方反复论辩，难以形成定论。但武则天素来对太子李显怀有芥蒂，一味偏袒二张兄弟，她指责张说为反复小人，应该一并治罪。廷辩结束后，武则天贬黜魏元忠为高要尉，将高戬、张说流放岭表。魏元忠离开京城时，太子仆崔贞慎等八人到郊外为其饯行，张易之又指使人诬告这八人与魏元忠一同谋反。对于此等明目张胆的诬告，武则天不仅没有斥止，反而命令监察御史马怀素加速审理这件所谓的谋反案，且接连派宦官前去催问审理进度，质问马怀素为何羁留不发。马怀素要求告密者出来对质，武则天竟然说只根据诉状审理即可，无须鞫问告密者。马怀素据实禀告案情，认为魏元忠等人谋反一事不符合事实，武则天却愤怒谴责马怀素纵容谋反者、欲为他们脱罪。马怀素无可奈何地答复："陛下掌握生杀大权，欲加之罪，何患无辞？但假如命令臣认真推鞫，臣不敢不据实告知。"在马怀素的据理力争下，魏元忠等人被诬告谋反一事不了了之。

有女皇当靠山，二张兄弟等人更加放肆，他们作奸犯科，多行不义，激起了强烈的民愤，但迫于"二张"淫威，满朝文武大都敢怒不敢言。惟有博学苏安恒呈上奏疏抨击二张兄弟乱政，他说："自从魏元忠下狱，我见长安城内的街谈巷议，都在议论陛下委任奸宄、斥逐贤良，所以魏元忠肯定没有犯上作乱的言论，而张易之必然有犯上作乱的想法。百姓们相逢偶语，人心不安。"长安三年（703）十月，武则天从长安返回洛阳，与大唐旧都长安相比，她还是待在自己的神都洛阳更安心。十一月，突厥派遣使者入朝感谢武则天许婚，武则天设宴款待来使，太子李显出席了这次宴会。曾担任太子右庶子的刑部尚书崔神庆上疏，称太子是国本，自古以来征召太子皆用玉契，昨日因为突厥遣使而来，太子接受朝参，只收到文符，并未收到墨敕和玉契。随后他请求武则天降下墨敕及玉契，武则天承认他说的有道理。但经由此事，也能看出武则天并不想树立太子李显的权威，未授予太子墨敕和玉契，恐怕不是失误，而是女皇有意为之。

长安四年（704）末，女皇武则天因病在长生院休养，宰相们都不能觐见，只有张易之和张昌宗兄弟在身边服侍。二张兄弟担心女皇百年后祸及己身，于是勾结朋党，日夜谋划，企图犯上作乱。他们的狼子野心，就连民间百姓都知悉了，长安右卫西街贴出榜文："易之兄弟、长孙汲、裴安立等谋反。"左台御史中丞宋璟收到报告，奏请审理此事。武则天表面上佯装答应，不久就派宋璟出使幽州，名义上是派他去审查幽州都督屈突仲翔，实际上是不想让他继续插手二张兄弟的事情，同时改派司礼卿崔神庆审查二张作乱一事。崔神庆一味地讨好武则天，想为张昌宗兄弟平反，主张免掉张昌宗的罪责。宋璟坚决反对，坚持禀奏曰："张昌宗依照法律应当斩首。"武则天舍不得杀张昌宗，迟迟不肯同意。左拾遗李邕虽职位不高，但也秉公劝谏道："宋璟的话，完全是为江山社稷考虑，希望陛下批准。"武则天见朝臣们意见一致，所以没有处罚犯颜直谏的宋璟，但也没有答应他的要求。女皇的偏袒，令群臣对二张兄弟深恶痛绝，宋璟表现得尤为气愤，他情绪激动地说:"不先击小子的脑袋,我深负此恨。"

神龙元年(705)正月,女皇武则天病情加重。当月二十二日,凤阁侍郎张柬之、鸾台侍郎崔玄暐、中台右丞敬晖、司刑少卿桓彦范和相王府司马袁恕己等率领羽林军迎接皇太子李显进宫,变相逼迫女皇禅位。生性懦弱的李显被部将裹挟着走上逼宫之路。众将士到玄武门时,斩杀守兵而入,他们乘胜来到迎仙宫,处死了毫无准备的张易之和张昌宗兄弟二人,并将二人枭首于天津桥南。名满天下的"五郎""六郎",就此人头落地,狼狈地告别了历史的舞台。张易之的兄弟张昌期,历任岐州、汝州二州刺史,在任上横征暴敛,于同一天被砍头。他的另一位兄弟张同休和堂弟张瞡雄也一同掉了脑袋。天津桥,成为二张兄弟和张氏族人的断魂桥!

张易之和张昌宗生前作奸犯科,"竞为豪侈"。据《朝野佥载》记录,张易之曾铸一只大铁笼,把鹅、鸭关在其中,将炭火放在铁笼中央,用铜盆盛五味汁,鹅、鸭绕火走,渴了就喝汁液,被火烤伤就迂回而走,慢慢地表里都被烤熟了,羽毛也落尽,肉赤烘烘而死。张昌宗曾将活驴关在小屋内,起炭火,置五味汁,和张易之的方法如出一辙。张易之还从骑行的马上直接破腹取马肠,马良久才死。他们的兄弟张昌仪和张昌期也同样残酷暴虐,欺男霸女,为害一方。张昌仪将铁橛钉入土地,再将狗的四肢绑在橛上，放鹰、鹞啄食狗肉，肉尽而狗未死，嚎叫声酸楚凄厉，闻者不忍卒听。张昌期在万年县街上行走，遇到一位妇女与自己的丈夫和儿子追逐嬉戏，张昌期用马鞭拨开妇女的头巾公然调戏，妇女忍不住骂他。张昌期于是命令仆人将这个妇女拖到马上，横驮着抢走了。妇女的丈夫三四次到衙门投匦，都未能将其救出。张昌宗得知消息后，就把他抓到万年县，用其他罪名诬告他，将他判处死刑。多行不义必自毙，故而张易之、张昌宗兄弟在天津桥被诛后，简直大快人心，百姓蜂拥而上分割他们的肉，只见肥白如猪肉，百姓将他们的肉煎烤而食。张昌仪被打折双脚，剖取心肝而死，百姓将其头颅斩下送到城中。当时有谚语曰"走马报"，暗讽张氏兄弟倒行逆施的凄凉下场。

上官婉儿亲历"二张之乱"，眼看着张氏兄弟及其族人被血腥屠戮，山雨欲来风满楼，她预感到武周政权大厦将倾。机敏睿智如她，定然不肯坐以待毙，她迅速转变思路，加强同太子李显及太子妃韦氏的联系，与太平公主往来更加密切，为自己权益的平稳过渡做好了准备。唐中宗时代即将到来，上官婉儿满怀期待地展望一个全新的政权。此时的她还没有意识到，她即将拥有更显赫的身份和地位，并即将迎来自己的权力鼎盛时期！

第三章

擢升昭容　位高权重

一、两位传奇女子的亲与疏

麟德元年（664）十二月，武则天以离间"二圣"、无人臣之礼的罪名下令诛杀了上官仪及其子上官庭芝，将上官仪尚在襁褓中的孙女婉儿及她的母亲籍没入宫，成为卑贱的掖庭宫女。然而，谁也不会想到，十数年后，这个身囿掖庭却才华横溢的女孩，竟然成为杀害自己祖父和父亲的仇敌武则天所器重的人，她为武则天效力，辅佐武则天成就丰功伟业。但当武则天年老体弱、太子李显发动神龙政变时，上官婉儿又毅然决然地站在了她的对立面！因此，武则天和上官婉儿之间的关系变化是值得探讨的。

关于武则天与上官婉儿的关系，两唐书记载得很简略，上官婉儿的墓志更是对其在武则天执政时期的履历和她们二人之间的关系讳莫如深。上官仪是因为阻碍武则天成为皇后而被杀的，按常理推测，上官婉儿应该对武则天充满仇恨。可是在有关上官婉儿人生经历的史籍记载中，并没有发现她对武则天表现出仇恨的情绪或者试图报复的心理和行为。

仪凤元年（676），上官婉儿 13 岁时，她的才华终于被武则天得知，武则天召见上官婉儿，当场对她进行了考试，对她的表现非常满意，故而将她封为五品女官才人，把她调到自己身边服侍。但在唐高宗时期，上官婉儿究竟有哪些重要任务，经历了哪些特别的事情，史籍都没有提供答案。究其原因，大概是由于此时上官婉儿在武则天身边并不是高阶的参政女官，只是一名陪伴在女皇身边细心服侍、帮女皇做些文字工作的低阶女官，此时她与武则天的心理距离还比较遥远，尚未形成相互信任、相互依赖的亲密关系。因此武则天对上官婉儿还有些猜忌，对她的约束也很严格。

前文提到过《北户录》记载的上官婉儿《乞拔刀子诗》的来历，事情发生在"二圣"临朝时期，当时武则天对朝政抓得很紧，她既要频繁接触以宰相为首的大臣们，通过他们掌握朝中动态，又要安排人秘密监视大臣，记下他们的一言一行。上官婉儿就承担了为武则天监视大臣的任务。在武则天接见宰相时，上官婉儿只能藏在床下将大臣所奏的事记录下来，并无权以公开身份光明正大地与武则天讨论朝政，更遑论参与政治决策。更多的时候，上官婉儿只是做做文字记录、保管文件等基础工作而已。

调露二年（680），上官婉儿十七八岁，武则天的第二个儿子李贤与武则天的矛盾激化，据传李贤造反是上官婉儿密报给武则天的。那么此时，在武则天废黜李贤、权力得到巩固时，自然对上官婉儿更加器重。通过这类事件，上官婉儿与武则天的关系有所增进，她们之间变得比以前亲密。

武周时期，据《旧唐书》和《资治通鉴》记载，上官婉儿在圣历年间以来为武则天参决百司奏议，在万岁通天年间以来"内掌诏命"，她这时才开始真正走进权力中心，执掌机要之事。此时，上官婉儿已经30多岁了。在此期间，她凭借谨慎细心的做事态度、才气逼人的文字素养和机敏周到的应对能力，逐步走近女皇武则天，并日渐成为女皇信任、依赖的对象，她在情感上也对女皇越来越敬重，越来越依赖，二人之间建立起难以分割的亲密关系。

到神龙政变之前，上官婉儿已经辅佐武则天 27 年，她与女皇武则天之间已经建立起亲密无间、胜似亲人的关系。但此时女皇已垂垂老矣，她无心处理政务，醉心于与控鹤府诸人寻欢作乐，朝中一片乌烟瘴气。有识之士对此多有诟病，女皇虽然表面上虚心听取他们对朝政的看法、接受他们的批评和建议，但事实上，她已经无心也无力控制局面、扭转风气了。看到女皇已日近西山，看到政权被二张兄弟、武三思等宵小把持，上官婉儿忧心忡忡，她陷入对女皇的深情厚谊与对自己前途命运的朝夕警惕中，苦思解困良方。正当她郁郁寡欢的时候，太平公主向她伸出援手，动员她和自己合作，与太子李显互通消息，发动突然袭击，消灭二张兄弟，变相逼迫女皇让位于太子。上官婉儿深知这是一着险棋，成功则可以继续拥有权势甚至能够获得更显赫的地位，失败则可能性命不保并且留下恶名。但她转念一想，与其无动于衷、坐而待毙，不如积极行动、险中求胜。她打定主意，接受了太平公主的延揽，一方面帮助太平公主组织宫女为政变提供便利，另一方面对女皇武则天三缄其口，防止政变消息提前泄露。

神龙政变后，唐中宗李显即位，上官婉儿被封为婕妤，很快又被提拔为昭容。这一时期，她与武则天的关系又恢复到普通的君臣关系，或者曰主仆关系。武则天跌下神坛，上官婉儿并未因为昔日仇怨而刻意疏远她，更没有挟私报复她。无论是武则天还是上官婉儿，她们都是清醒的政治家，不会将个人恩怨凌驾于政事之上。

武则天看到上官婉儿的才华可以为己所用而不思考个人恩怨，是一种宽阔的政治眼光。而上官婉儿在逐渐受到武则天的重用时，也明白只有这样才能更好地施展自己的过人才华，故而没有选择报仇雪恨。当上官婉儿看到武则天老年的昏庸时，也明白只有支持唐中宗复位才是更好的政治选择，故而她坚定地选择了支持李显复位，后来果然受到唐中宗的爱重，权力和地位进一步提升，这也显示出她睿智的头脑和出色的政治眼光。

自上官婉儿被武则天从掖庭中选拔出来，到神龙政变女皇被迫禅让，武则天与上官婉儿这两位杰出的大唐女子之间，关系经历了从逐渐亲密到走向疏离的变化过程。然而，史籍中仅存的零星记载展现出来的二人关系，与后世的演绎有所不同。作为两位杰出的政治家，上官婉儿与武则天之间的关系也许并不像后世演绎的那样复杂而感性，更多的是各自在正确的时间做出了正确的选择。上官婉儿果然不负武则天的识人之察，逐渐成长为一位优秀的政治家和文学家，而在武则天晚年昏聩的时候，上官婉儿也转而选择支持李显复位，这些都是理性思考之后的选择。

不过，今天我们可以看到很多非正史记载的故事和传说，通过渲染，把两位传奇女子之间的故事描绘得非常生动。主创人员将武则天视为上官婉儿的教母，把女皇重用上官婉儿时的心态写得特别豁达，同时将上官婉儿从一开始想要复仇到逐渐被武则天的政治才能所折服的心理变化刻画得尤为婉转动人，但这些都是无据可考的。

其实，由于武则天对上官家族的无情迫害，后世对武则天和上官婉儿的关系展开了无限遐想，尤其二人在当代的很多文学作品和影视剧中的形象，更是经历了戏剧化的改造与人为的加工和臆测。也许在真实的历史中，上官婉儿就是一个颇有才华的女孩，一步步凭借才能走到武则天身边，而武则天也没有对上官婉儿产生过多的情愫，只是重用一个有才能的女官辅佐自己而已。至于上官婉儿对武则天心存怨恨或伺机报复，更是天方夜谭般的奇怪言论。上官婉儿在掖庭中生活了 13 年，又担任女官长达 27 年，如此漫长的宫廷生活，经历过一次又一次疾风骤雨，她焉能不知，以她的力量要报复武则天，机会是微乎其微的。

况且，从上官婉儿的整个人生经历来看，她在唐中宗复位后被封为昭容，权力进一步扩大，似乎这才是上官婉儿人生的至高点。我们从史籍记载中有迹可循，上官婉儿在唐中宗时期参与了几次重要的政治活动，在政治事件的走向中甚至起着举足轻重的作用，婉儿的墓志对此也进行了细致入微的书写。当时的著名文士武平一在《景龙文馆记》中，也认真刻画了上官婉儿在景龙年间参政议政、操弄权柄、掌管文士、为人张扬的形象。他在文末对上官婉儿颇有微词，称婉儿晚年外通朋党，轻弄权势，朝廷众臣都对她心存畏惧。这段记载表明，上官婉儿在唐中宗朝的确获得了高度重视，此时她掌握的权势远超过她在武则天统治期间所有。因此，除却"巾帼宰相""内宰相"一类的光环和帽子，或许在唐人眼中，唐中宗时期的上官婉儿才是最值得记载和书写的，其余只不过是后人的演绎罢了。

二、参与神龙政变

长安四年（704），武周政权的神都洛阳城中危机四伏，女皇武则天已进入暮年，身边有张易之、张昌宗兄弟为首的奸佞小人蛊惑圣听，朝中有各怀心思的文武大臣阳奉阴违，太子李显跟她也不太亲近，东宫官员整日进进出出地谋划，试图恢复李唐天下。这一切，年迈的女皇都看在眼里、记在心里，她认为是时候好好进行一番整治了！武则天将长期兼任东宫官职的宰相韦安石贬为扬州大都督府长史，兼任太子右庶子的宰相唐休璟被外放到东北边境，东宫官员接连被贬，反映出女皇对太子势力的忌惮与防范。唐休璟出发前提醒太子李显："张易之兄弟深受皇上宠幸，在宫廷宴会上纵情失礼，绝非人臣之道，将来一定会犯上作乱，请您务必多加小心，提前做好准备。"李显重回储君之位后，尚未有所作为，他的左膀右臂就被女皇武则天给剪除了。

神龙元年（705）正月，女皇武则天身体抱恙，张易之、张昌宗兄弟二人近身服侍，他们大肆操弄武周政权，朝政一片混乱。凤阁侍郎张柬之、鸾台侍郎崔玄暐、中台右丞敬晖、司刑少卿桓彦范和相王府司马袁恕己等五人私下联络，密谋诛杀二张兄弟。这五位大臣除崔玄暐外，其余四人都是武则天信任的宰相狄仁杰推荐的。崔玄暐上奏说，皇太子和相王"仁明孝友"，足以侍奉汤药，况且宫禁事重，希望不许异姓出入。张柬之劝说右羽林卫大将军李多祚发动政变，他说："如今大帝之子被两个竖子危害，您难道不想报大帝的恩德吗？"李多祚对二张兄弟把持朝政也难以忍受，欣然同意与张柬之等人起事。商议完毕，敬晖和桓彦范前往位于宫城北门附近的太子府拜谒，向皇太子李显坦陈他们的计划，李显听完后表示同意合作。正月二十二日凌晨，张柬之等人派遣李多祚、李义府之子李湛和驸马都尉王同皎一起去东宫迎接太子。太子李显这时却后悔了，他踯躅不出，并且劝阻众人道："张易之、张昌宗等奸人的确应该被诛灭，但现在皇上身体欠安，不宜受到惊扰。各位还是停止行动，以后再图大事吧！"但众将已陈兵迎仙宫，直逼集仙殿，怎肯半途而废？王同皎言辞恳切地劝说李显："先帝把政权交给殿下，您不幸横遭幽废，此乃人神共愤之事，想来已有23年。我们立誓要诛杀奸佞，光复李唐社稷。

惟愿您能至玄武门接受众将士的拥戴，这样才能不负众望啊！"李显终于被打动，出宫面见众人。王同皎知道李显意志不坚定，就半扶半抱地把他扶持上马，随大军前往玄武门，又至迎仙宫。

此时的迎仙宫内，张易之、张昌宗兄弟已经被杀，众将士又冲进女皇武则天的寝殿集仙殿。武则天见众将士冲进来，惊讶地起身质问他们何人作乱、意欲何为。张柬之回答道："陛下，张易之、张昌宗谋反，我们奉太子之命诛杀他们。恐怕消息泄露，所以未敢提前禀报。现在陈兵于陛下宫禁，实在是罪该万死！"李湛也回答："臣等奉命诛杀张易之、张昌宗，恐怕消息泄露，故此没有提前上奏。"武则天闻言，盯着太子李显说："原来是你带头呀！二张兄弟既已被诛，你可以返回东宫了。"继而她有些失望地对李湛说："你也是诛杀张易之的人吗？我一向待你父子不薄，没想到会有今日！"李湛羞惭，无言以对。随后她环顾四周，在队伍中发现了崔玄暐，更是难掩伤感之情："竟然也有你？其他人都是靠推荐才得以升迁的，只有你是我亲自擢选的，怎么也会在此？"崔玄暐回答："这就是我回报陛下的方式。"关于崔玄暐，《酉阳杂俎》还记一件轶事：武则天称"天后"时，任用酷吏罗织罪名，大臣们职位稍高者每日上朝时都要和妻子儿女告别。博陵崔玄暐口碑很好，他的母亲担忧他被酷吏陷害，就找了当地一个 20 多岁、懂谶纬的僧人万回帮他来查看吉凶。万回到崔家后，崔母递上银筷银匙，万回将银筷银匙扔到堂屋顶上，不发一言而去。全家都认为这是不祥之兆。过了一天，崔家人在万回提醒下到屋顶取银筷银匙，发现银筷银匙下面压着一卷书。崔家人一看，原来是谶纬书，赶快将其焚毁。数日后，有司突然造访崔家，搜查图谶之书，没有收获，崔玄暐逃过一劫。原来当时酷吏常常指使盗贼夜里埋蛊，用谶纬之书陷害大臣。因崔母提前请人消灾，崔玄暐才不致落入圈套。

桓彦范等人明确提出，希望武则天传位给太子李显，恢复李唐天下。桓彦范说："太子不可能返回东宫了，昔日天皇舍弃群臣，以爱子托付陛下。如今太子久居东宫，群臣思念天皇的仁德，兵不血刃，就清理了内奸，这是天意要将政权归还李氏。我们谨奉天意行事，陛下只有传位于太子，天下才能万世不绝，这也是普天之下的幸运！"82岁的女皇武则天，纵然头脑清醒、英明睿智，但面对群情激愤的众将士，她深感自己已经众叛亲离，再无回天之力。

政变发生时，武则天的另一个儿子相王李旦正在宫外率领南衙禁兵加强警卫，配合宫内的行动；她最宠爱的女儿太平公主也选择与两位兄长联合起来匡复李唐政权。太平公主从小就深受唐高宗和武则天爱护，平日里可以自由出入宫禁，因此她对后宫情况烂熟于心，能够在短期内聚集、动员后宫诸人支持这次由太子领导的政变。太平公主团结的重点是后宫女官和宫女们，她们日夜陪侍在武则天身边，如果能够说服她们配合政变，就既可以阻止政变消息提前泄露，又能在政变军队到来时里应外合，发挥关键性的作用。

　　在太平公主发动的后宫女官中，作为武则天机要秘书的上官婉儿，无疑是作用非常显著的一位。武周政权后期，上官婉儿受到武则天重用，她屡屡批复大臣奏章，帮助女皇制定政令，常常谋划军国大事、掌握生杀大权。在此生死存亡的关键时刻，上官婉儿迅速接受了太平公主的合作建议，配合太平公主顺利完成了阻隔信息传递、组织宫女参与政变的任务。上官婉儿一直深受女皇信任，在后宫诸人心目中地位崇高，由她出面联络、劝说宫女们隐瞒消息，为政变提供方便，显然事半功倍。这也是武则天竟然被蒙在鼓里、对突发的政变丝毫不知情的原因。近年来考古学界发现大量神龙年间的宫女墓志，其中就有不少关于政变的内容，这些墓志揭示的信息，亦从侧面提供了上官婉儿曾组织宫女参与神龙政变、加速武周政权覆灭的证据。

三、一代女皇黯然归西

　　《唐代墓志汇编》和《隋唐五代墓志汇编》当中收录的 12 方

宫人墓志，都涉及神龙政变相关内容。这些宫女都没有留下姓名，她们的墓志书写也很程式化，几乎都写作"昔以令德，纳于王宫"，肯定她们品德出众。在提到神龙政变时，表述也几乎相同："弼谐帝道，复我唐业；畴庸比德，莫之与京。方当开国承家，大君有命"，即太子李显联合其弟、妹李旦与太平公主发动政变，匡复李唐家业。另有两方神龙年间的宫女墓志，写法略有不同："在昔以悠闲著代，婉嬺光时，选贤与能，恭备职以翼……遂使有唐复命，我皇登极"。这两方墓志更明确提到恢复唐朝、唐中宗登基一事，当为宫女参与神龙政变的实证。

回顾此次政变，宫内宫外互通消息，宫中人员积极策应，成为政变取得胜利的关键因素。上官婉儿利用自己的特殊身份和便利条件，组织大量宫女参与到政变中来，为"复国五王"策划的政变取得胜利创造了先决条件，也为李显、李旦和太平公主恢复李唐天下提供了极大的助力。

当时宫中人员支持政变者成为主流，但也有例外。政变当日，在宫内掌管千骑队伍的武官田归道断然拒绝参与其中，政变后，敬晖想杀掉他，田归道据理力争，说明自己未参与行动的理由。唐中宗听后觉得言之有理，不仅没有责罚他，反而将他提升为殿中少监、右金吾将军。一年多以后，田归道去世，唐中宗追赠他为辅国大将军，追封他为太原国公，为他提供丰厚的葬资，还亲自撰写祭文追悼他。

此次由张柬之等五人发动的名为清君侧、实则意在扶植李显复位的政变，史称"神龙政变"，又因张柬之等五人后续都被封王，故而又被称作"五王政变"。"五王政变"宣告了武周政权的覆灭，也宣告了大唐中宗时代的到来。

政变发生次日，即神龙元年（705）正月二十三日，武则天下诏命太子李显监国；二十四日，武则天下诏传位于李显；二十五日，李显正式恢复大唐皇帝身份，仍称唐中宗。二十六日，一代女皇武则天神情落寞地离开迎仙宫，移至偏僻冷清的上阳宫居住，唐中宗为她上尊号"则天大圣皇帝"。武则天迁到上阳宫后，王公以下大臣皆欢呼雀跃，拍手称庆。唯独相王府长史、兼知夏官尚书事、同凤阁鸾台三品姚崇呜咽流涕，显得十分悲伤。桓彦范、张柬之对姚崇说："今日岂是哭泣的时候？恐怕您从此要遭遇祸事了！"姚崇回答："我为则天皇帝服务已久，乍一告辞，衷心觉得难过，这种情绪无法忍耐。昨天我参与你们的诛凶行动，此为臣子之道，不敢言功；今日辞别旧主悲泣，也是臣子的礼节，无需掩饰。假如要因此获罪，那我心甘情愿。"其后姚崇果然被贬为亳州刺史。宋元之际史学家胡三省对此事的看法是，此乃姚崇多智的表现。清代王夫之更进一步指出：武则天迁往上阳宫，姚崇涕泪纵横，因此被贬为亳州刺史，张柬之、敬晖等人能够洞察姚崇的智术吗？武则天还政于李唐，张易之、张昌宗兄弟伏诛，但武氏诸人安如磐石；唐中宗昏聩，忧患颇多，天下必然不能河清海晏。众人对此懵然无知，但有智慧的人可以提前预料，避开祸端。姚崇足够聪慧，百忧千虑，周览微察，早就知道张柬之等五人之命悬于诸武之手，所以不想以身犯险，故而以一哭昭示诸武，虽然被贬外州，却能够保证自身安全。

据史籍记载，武则天入住上阳宫后，唐中宗李显每10日前往探视一次，问候她的生活起居情况。李显看到昔日神采飞扬、妆容整齐、风姿出众的女皇竟然变得风烛残年、面容憔悴、衣冠不整，对母亲的迅速衰老大感吃惊。武则天也一反往日的威严，她对儿子哭诉道："我把你从房陵迎回来，原本就是要把天下传给你的，然而这些乱臣贼子贪功，不仅发动叛乱，还惊扰我到这种程度。"李显见状也深感悲戚，哭着参拜武则天，口中连称死罪。此后，武三思等武氏族人获准进入上阳宫请安问候，实则听凭武则天差遣，伺机争夺权力。武三思获得参政机会后，马上召集魏元忠、韦安石、杨再思、唐休璟等武周政权旧人从旁协助，企图恢复武周统治。

神龙元年（705）二月初四，李显复国号为"唐"，郊庙、社稷、陵寝、百官、旗帜、服色和文字皆恢复为唐朝旧制，唐中宗重回权力之巅。他下令天下诸州各置一所寺观，都以"大唐中兴"为名，从此天下遍布中兴寺。从神龙元年三月起，唐中宗李显开始对政变中拥戴他的有功之臣大加奖赏。他的弟弟相王李旦和妹妹太平公主在政变中功劳卓著，最早获得封赏，相王加号"安国相王"，晋封太尉、同凤阁鸾台三品；太平公主加号"镇国太平公主"，唐中宗还颁布《加太平公主实封制》，赐予太平公主的实封数增加至 5000 户，对她的功劳大加褒奖。不仅如此，唐中宗还下诏宣布，从今往后安国相王和镇国太平公主无须再拜见魏王李重俊兄弟及长宁公主姐妹，意即相王李旦与太平公主无须再向唐中宗的子女行礼，这是李显为了显示自己敦睦亲族的举措。唐中宗还追复司空、英国公李勣的官爵，命有司为其起坟改葬。他规定皇室宗亲中自文明年间被没收官籍者，皆恢复其子孙的属籍，仍按品级授予官爵，但徐敬业、裴炎不在赦免之列；武周时期的酷吏周兴、来俊臣等人，已死者追夺官爵，在世者皆流放岭南一类环境恶劣之地。

在神龙政变中立下卓越功勋的五位功臣，更是得到唐中宗李显的高规格褒奖，受到隆重的封赏和表彰。张柬之被晋升为夏官尚书、同凤阁鸾台三品，受封汉阳郡王；崔玄暐被提拔为守内史，受封博陵郡王；袁恕己被晋升为凤阁鸾台三品，受封南阳郡王；敬晖升职为纳言，受封平阳郡王；桓彦范亦升职为纳言，受封扶阳郡王。五王都加授银青光禄大夫，赐食实封 500 户。其余在政变中有功劳者，也都按功领赏。李多祚进封辽阳郡王，赐实封 600 户；王同皎晋升为云麾将军、右千牛将军、琅琊郡公，赐实封 500 户。唐中宗这次封赏，既是对功臣的奖掖和感谢，又是对功臣权力的重新分配和限制。

论功行赏之余，唐中宗李显也对政局进行了清理，他不仅着力肃清"二张"余孽，提升李氏皇族的地位，而且对武周政权的积弊进行了整饬，将一些效忠武则天的臣子调离了权力中枢。首先，李显大赦天下，但张易之、张昌宗的党羽不在赦免之列。其次，李显为武周政权中蒙冤受难的官民平反，特别是为武则天重用的周兴、来俊臣等酷吏冤枉的人昭雪、免罪。再次，李显开始排挤武则天统治时期的忠贞不贰之臣，树立自己的威望。一些拥戴武则天的朝臣和文士，如凤阁侍郎韦承庆、正谏大夫房融、司礼卿崔神庆等皆获罪贬官，崔融、李峤、宋之问、杜审言、沈佺期、阎朝隐等几十位文士皆被贬官或者流放南方。

除上述举措外，唐中宗李显还格外封赏自己的皇后韦氏一族及武则天的近亲武氏族人。他下诏追封韦皇后的父亲韦玄贞为上洛郡王，母亲崔氏为上洛郡王妃。他下诏称，官员奏事时不可犯武氏三代以下的名讳，此乃对待皇族的规格。他还数次微服驾幸武则天的侄子、梁王武三思宅第，封武三思为司空、同中书门下三品，加食实封 500 户；封太平公主的丈夫、驸马都尉武攸暨为定王，晋升为司徒，加食实封 400 户。按说昔日武氏一族对李显并不友好，武三思更有意夺取皇嗣地位，将李显视为竞争对手，对他严加防范。那么为何李显登基后还要处处维护武氏一族的利益呢？这显然是由李显当时根基不稳、内心不安的现实状况决定的。李显借群臣发动政变之机侥幸登上皇位，他担心张柬之等人功高盖主，在朝中处处刁难自己。而武三思等人在朝中尚有余威，可以对张柬之等人形成约束，实现权力制衡。再加上武氏一族毕竟是武则天的娘家人，从道义上也应当获得优待。故而唐中宗李显登基后武三思等人的地位不降反升，继续保持荣宠待遇。

神龙元年（705）十一月，武则天崩逝于上阳宫，享年 82 岁。按其遗命，唐中宗去其帝号，改称她为"则天大圣皇后"，将她以大唐皇后的身份入葬唐高宗的乾陵。在遗书中，武则天下令为王皇后、萧淑妃及褚遂良、韩瑗、柳奭等人平反并赦免他们的族人；她还恢复了一些大臣被她削减的实封数。至此，前无古人、后无来者的千古女帝武则天，终于走完了她波澜壮阔而又精彩纷呈的一生，她抹去武周政权的所有痕迹，还政于李唐天下，留下千古功过，任凭后人言说。

在武则天入葬乾陵前，朝中有大臣提出异议。《新唐书》记载，给事中严善思认为，尊贵者先葬，位卑者不得入陵，唐高宗已经下葬，乾陵已经封闭，如今再开启，是以卑动尊，此乃葬术大忌。况且乾陵之门为"玄阙石门，冶金锢隙"，非攻凿不能打开，神道幽静，若硬性攻凿，恐对神灵多有惊扰。若从别处挖隧道葬入，则会破坏以往葬者的神位，更是不妥。先前开启乾陵，国有大难，易姓建国20余年，如今再开启，就很难恢复了。他提出，合葬并非古礼，无须一味遵循，汉代皇后一直另起陵墓，魏晋时期才开始合葬，两汉统治400余年，魏晋延续不长，这都是合葬与否导致的。如今若是靠近乾陵另择吉地，取从葬之义，神灵有知，也是会庇佑的。为何非得合葬？山川、星辰自有灵气，葬得其所，神灵安宁而后嗣昌盛；葬失其宜，神灵不安而后嗣折损。他希望唐中宗割舍私爱，确保社稷长久。以严善思为代表的大臣们对武则天袝葬乾陵持反对意见，是因为他们长期以来受到女主政权的压制，对武则天去世后武氏族人继续把持政权充满忧虑，故而试图通过阻止武则天袝葬乾陵来强调李唐天下的正统性。唐中宗李显欲将此事交予群臣商议，以武三思为首的武姓后人极力反对，他们通过上官婉儿和韦后向唐中宗进谏，唐中宗于是下定决心，将武则天按制袝葬乾陵。

　　关于武周政权的覆灭，还有一则充满预言意味的故事，出自《朝野金载》。武则天时，曾将猫与鹦鹉放到同一食器前，起初猫与鹦鹉相安无事，武则天命御史彭先觉监管，向百官展示。百官还未传看完毕，猫饿了，于是咬死鹦鹉吃了下去。武则天非常羞愧。"鹉"通"武"，是武周政权的国姓，这大概就是不祥之兆吧。

四、李唐宫妃参政

神龙元年（705）二月，唐中宗李显第二次即位不久，政局混乱，百废待兴。其时武则天还在上阳宫居住，梁王武三思等人对恢复武周政权尚抱有幻想。监察御史崔皎就曾向唐中宗秘密上疏曰："国朝初复，则天皇帝居于西宫，朝中有人仍然依附于她；武周的那些旧臣，依旧位列朝廷，陛下有些轻敌，未能察觉这其中的隐患。"崔皎的看法代表了朝中一部分大臣对武则天复辟称帝的担忧。唐中宗刚刚登基，对朝政尚不熟悉，急需得力人才辅佐，因此长期在武则天身边从事秘书工作的上官婉儿进入了唐中宗的视线。

上官婉儿机智从容，能够撰拟制诰、执掌机要，经过长期锻炼，她有着丰富的宫廷斗争经验，能够应对很多突发事件。唐中宗欣赏上官婉儿出色的行政能力，因此对她委以重任，将她由五品女官才人晋升为三品宫妃婕妤。从此，上官婉儿正式成为唐中宗的皇妃，自然而然地进入了朝廷的权力核心。同年五月，唐中宗又晋封上官婉儿为二品宫妃昭容。此时上官婉儿已经42岁，早已过了花样年华，她能在短短三个月内连续获得晋封，可见她为妃、为臣都非常胜任，获得了唐中宗和韦后的高度信任。上官婉儿地位的提升，也为上官家族带来了荣耀，她的祖父上官仪被追赠为中书令、秦州都督，封号楚国公；她的父亲上官庭芝被追赠为黄门侍郎、岐州刺史，封号天水郡公。唐中宗下令将上官仪父子以礼改葬，上官婉儿的母亲郑氏也被封为沛国夫人。

唐中宗李显在政治上比较平庸，早在他担任太子之时，唐高宗就考虑过册立皇太孙，提前确定接替他的人选。永淳元年（682）三月十五日，唐高宗册立刚刚出生两个月的皇孙李重照为皇太孙，并召集官员讨论为他建立僚属之事。虽然后来唐高宗有别的顾虑，未能真正设置皇太孙的属官，但这足以说明唐高宗对李显的期望值远不及他对李弘和李贤那么高。李显青年时期并无突出建树且长期受到母亲武则天的打压，他携妻子、儿女远离京城十数载，备受煎熬，几乎等不到出头之日。所以他复位后对后宫诸人格外宽容，尤其对长期以来与自己共患难的皇后韦氏格外倚重。昔日二人困守房州时，精神苦闷，还得提防来自京城的明枪暗箭。李显情感比较脆弱，每每听到宫中来人都惶恐不已，生怕母亲降旨除掉自己，过重的心理压力导致他好几次想要自杀。好在他的妻子韦氏性格坚毅，常常勉励李显要振作，见李显有自杀的想法，就阻止他说："人生祸福无常，你何至于此？"李显对韦氏的同甘共苦、不离不弃非常感佩，他曾对韦氏许愿："有朝一日我们发达了，我一定让你随心所欲地生活，对你不加任何限制。"他们夫妻二人在房州苦苦坚持了 15 年，终于苦尽甘来，得以重返京城。待到李显重登帝位，他果然信守诺言，对韦后给予全盘信任和无限宽容。上官婉儿敏锐地发现了李显这一性格特点，她果断地依附于韦后，为韦后出谋划策，与帝后结成了牢固的利益共同体。得到韦后的接纳和认可，是上官婉儿能够在唐中宗后宫顺利生存且渐渐如鱼得水最为关键的一招棋。

上官婉儿机敏过人的同时又善解人意，她的情商很高，能够用巧妙的方式取悦韦后，在政治上与唐中宗和韦后结成同盟。《资治通鉴》有载，被晋封为昭容后，上官婉儿常常给韦后讲武则天治国理政的故事，奉劝韦后效仿武则天的处事方法。韦后采纳了上官婉儿的建议，于神龙元年（705）五月上表请求允许天下百姓为母亲服丧三年，又请求规定百姓 23 岁为丁，59 岁即可免徭役。唐朝原本规定 21 岁成丁、60 岁免徭役，如此一改，百姓为母亲守孝的时间延长了，服徭役的期限缩短了，朝廷能够收获良好的声望。景龙二年（708），韦后又奏请唐中宗同意，五品以上官员的母亲和妻子受封赏不必凭借丈夫和儿子的功劳，丧礼仪仗可以使用鼓吹礼。鼓吹礼是军礼，一般人不得使用。当时唐令规定，五品官员的婚丧无权使用鼓吹礼，只能借四品官的鼓吹仪式。韦后的建议使五品以上官员的母亲和妻子获得了超过官员自身所能享有的丧仪规格，因此遭到太常博士唐绍的反对，他上书称此举越过是非伦常、不可施行。但唐中宗驳回了他的意见。同年，韦后再次上表，请求为不因丈夫、儿子加封号的妇女保留封号并荫及子孙，进一步提升女性的地位。韦后这些建议都是希望通过改易制度来收服人心，唐中宗全部从其所请，下令所涉官僚机构执行。

唐中宗在朝堂局面稳定后，担心扶植自己上位的"复国五王"功高震主，不好管束，想借助韦后的力量制衡他们。韦后欣然应允，对朝政的干预程度恍若武则天在唐高宗之世。唐中宗临朝，韦后坐在帷幔之后干预政事。因韦后过多干预朝政，"复国五王"之一的扶阳郡王桓彦范上书唐中宗，他引经据典地列举古代妇人干政导致国破政亡的事例，希望唐中宗限制皇后的权力，让皇后集中精力管理后宫事宜，不要干预外朝国政。唐中宗对此建议置若罔闻，不予采纳。在唐中宗的默许和纵容之下，韦后大规模地结党营私、打压异己，不断扩充自己的政治势力。神龙元年五月，桓彦范被赐姓韦氏，此前从未有过忠臣良将被赐皇后之姓的先例，故而朝廷内外群议纷然。这次非比寻常的赐封活动，开启了韦后一党与"复国五王"之间的权力拉锯战。

张柬之等人也担心唐中宗李显因顾念亲戚之情而包庇武氏诸人，几次劝说唐中宗铲除诸武势力，唐中宗都不予理会。张柬之等人苦口婆心地规劝道："武周革命之时，李姓宗室几乎被屠杀殆尽，如今幸亏天地显灵，陛下才能登基，然而武氏诸人多任高官显爵，权势依旧牢固，这岂是我们所期望的？希望陛下贬损武氏诸人的官职和爵位，从而告慰天下万民。"敬晖上表请求削去武氏诸人王爵，唐中宗降敕回复他不予采纳的原因，《全唐文》收录唐中宗《答敬晖请削武氏王爵表敕》，其中提到："则天大圣皇帝对内辅政、对外临朝，已将近50年，她对我而言是慈母，于士庶而言是明君。昔日垂拱年间，嗣皇李旦临政，李姓诸王作乱，神皇心怀大义，无奈诛灭乱臣。周唐革命，实乃权宜之计；子侄封王，亦是国之常典。你们上表称'天授之际，武家封建，唐家藩屏'，难道不是武、李两姓并封吗？后来神皇还政李家，全依旧制，这难道不是善恶分明、逆顺有别吗？如今圣上驾鹤西去，我接续天下，武攸暨等人屡次请求削封，是我坚持不允。昔日汉高祖以布衣身份夺取天下，仍然分封异姓为王，何况我承继圣业，岂能削封外族？你们以天无二日、土无二王为由，言辞恳切；但依据赏罚之典、经国大纲，武攸暨、武三思等皆预告凶徒，虽没有亲自杀贼，但也早献忠诚之意。今日欲除去旧封，与他们的功劳不符。"在唐中宗看来，武氏诸人毕竟是自己母亲武则天的家人，对他们多少带有怜悯之意；而张柬之等人虽帮助自己登上皇帝宝座，但毕竟是外姓大臣，故而对他们情感疏远，对他们的担忧也未能感同身受。

上官婉儿凭借唐中宗的信任，充分利用自身执掌政令的优势，使韦后一党的势力迅速壮大，同时她还促成韦后与武三思等武氏族人的联合，有力地打击了"五王集团"。神龙二年（706）正月，武三思对敬晖、桓彦范、袁恕己都在京师任职一事颇为忌惮，设法将此三人贬为滑州、洺州、豫州三州刺史。驸马都尉王同皎见武三思擅权专断、谋为逆乱，于是召集勇士，计划在武则天灵驾前发动攻势，劫杀武三思。但同谋者中的抚州司仓冉祖雍提前倒戈，将计划全盘告知武三思。武三思先下手为强，派遣校书郎李悛向唐中宗告发王同皎等人，称王同皎等密谋杀掉武三思后再拥兵入宫废黜韦后。唐中宗听信了谗言，下令斩杀王同皎，籍没其家属。武三思还指使中书舍人郑愔诬告五王与王同皎暗中结为同谋，试图一并清除五王势力。

神龙二年（706）三月，前朝宰相魏元忠从端州回到京城，再次拜为宰相，他对朝中局势保持观望态度，没有极力劝谏唐中宗遏制韦后一党势力，朝廷内外大臣都对他感到非常失望。酸枣县尉袁楚客写信给魏元忠，指出朝政面临的十大弊病：一是没有早立太子，择良师而教之；二是开创公主开府置僚属的先河；三是大兴佛教，使僧侣与权贵结党营私；四是亲近小人，滥设官职；五是选拔贤才，以财富和权势为选择标准；六是宠信宦官，为将来留下祸患；七是王公贵戚，赏赐无度，竞为奢靡；八是广置员外官，伤财害民；九是先朝宫女，居外自便，出入不受限制；十是旁门左道之人，迷惑圣听，盗窃禄位。魏元忠读完信后，感到羞愧难当。袁楚客信中提到的第九条弊病，就是指上官婉儿、贺娄尚宫等前朝女官与韦后一党同流合污，造成政局混乱的情形。同年五月十八日，唐中宗安葬则天大圣皇后于乾陵。六月，敬晖被贬为崖州司马，桓彦范被贬为龙州司马，袁恕己被贬为窦州司马，崔玄暐被贬为白州司马，张柬之被贬为新州司马，五王变成五司马，旧日的显赫官爵一朝被褫夺。与敬晖等同时在神龙政变中立功的人都被视作党羽，遭到贬黜。

唐中宗巧妙地利用韦、武两派势力和"复国五王"相抗衡，依靠韦后与武氏两大集团的力量，将五王驱赶出权力中枢，实现了权力的集中，巩固了自己在朝中的权势。从某种程度而言，正是依靠韦后与武氏的政治联盟，唐中宗才能取得权力斗争的胜利。在韦后与武氏结盟的过程中，上官婉儿左右斡旋，施展其出色的社交能力，促成了韦后与武三思的密切合作。

武三思原本就是上官婉儿的亲密朋友，二人在共同辅佐女皇武则天时建立了牢固的统一战线，史书多记载他们二人有私情，甚至称他们淫乱后宫。其实，这也可视作上官婉儿在武周政权中的政治投资，当时女皇重用自己的娘家人，上官婉儿与武三思交好，可以在政治上获得更多的权益，也更有利于她在宫廷中安全生存。唐中宗李显执政后，上官婉儿因与武三思私交甚笃，每每在撰拟制诰时维护武氏集团的利益而排挤李氏皇族诸人，为朝臣所诟病。神龙初年，侍中敬晖等人以李贞、李冲父子"翼戴皇家，义存社稷"为由，请求唐中宗恢复二人官爵，但武三思令上官婉儿代唐中宗手诏，称"不许"，驳回了敬晖等人的请求。上官婉儿能够代唐中宗手诏，说明她权势正隆，她的政治倾向也强烈地影响了唐中宗的决策。

当时朝中有大臣不满武氏一族横行朝野，想找机会肃清武氏诸人。武三思深感不安，故而接近上官婉儿以图自保。上官婉儿顾念昔年旧情，就向韦后引荐了武三思。在上官婉儿的推荐下，唐中宗和韦后允许武三思进入后宫寝殿，与帝后一起游戏取乐。武三思与韦后下带有赌博性质的双陆棋，唐中宗在旁边为他们点筹，棋局间欢声笑语不断，一派其乐融融的景象。但如此罔顾君臣、内外礼节，传到朝堂，就成为一桩丑闻，为士大夫所不齿。这桩丑闻被载入史册，后世史臣对此多有非议，认为唐中宗昏聩不堪，韦后祸乱后宫，甚至连上官婉儿也受到株连，留下种种污名。

其实，在上官婉儿为武三思斡旋之前，唐中宗、韦后与武三思就已经建立了亲密的联系。长安三年（703）十一月，当时李显还是太子，就将韦后和自己所生的小女儿安乐郡主下嫁给武三思的儿子武崇训，与武三思结成了儿女亲家。婚礼当日，武三思让武崇训到位于重光门内的东宫行亲迎礼，迎娶安乐郡主到天津桥南自己的宅第，又令宰臣李峤、苏味道，词人沈佺期、宋之问、徐彦伯、张说、阎朝隐、崔融、崔湜、郑愔等赋诗来赞美这场高规格的婚礼。其中张说所作的《安乐郡主花烛行》一诗流传后世，让后人了解到这场奢华婚礼的种种细节。开篇"青宫朱邸翊皇闱，玉叶琼蕤发紫微。姬姜本来舅甥国，卜筮俱道凤凰飞。"这几句就点明这是一桩皇家婚礼，新郎武崇训与其岳丈李显之间是甥舅关系。中间"平台火树连上阳，紫炬红轮十二行。丹炉飞铁驰炎焰，炎霞烁电吐明光"几句描述的是婚礼当晚火树银花不夜天的壮观景象。"五方观者聚中京，四合尘烟涨洛城"一句描述了京城人家全员出动围观婚礼的拥挤场面，"商女香车珠结网，天人宝马玉繁缨"一句展示了迎亲仪仗队香车宝马浩浩荡荡、迤逦而来的震撼声势。收尾"黄金两印双花绶，富贵婚姻古无有。清歌棠棣美王姬，流化邦人正夫妇"几句再次强调这是一场前所未有、富贵无极的皇室奢华婚礼。

武三思靠着裙带关系进入内廷，与唐中宗商议政事，在朝堂节制张柬之等人。神龙元年（705）五月，武三思建议唐中宗封张柬之等五人为王，但罢免他们参知政事之权，如此既能赢得尊宠功臣的美名，又能在实际上夺取五人的权力。唐中宗深以为然，遂照此办理。与此同时，唐中宗令百官修复武则天时期的政策，打击不肯依附武氏一族的大臣，召回被张柬之等人驱逐的武则天时期旧人。一时之间，朝中大权尽归武三思，以致唐中宗朝还有人为武周政权复辟制造舆论。神龙二年（706），中书令魏元忠等人开始撰写《则天实录》，其中肯定武则天时期的各项制度，以赞扬武周政权为主要基调。接着刘知己修订《武后实录》，对其中的一些内容有所改正，武三思等人把持朝政，竟然不允许修改。其后武三思又靠上官婉儿引荐获得韦后的宠信，自此常常秘密入宫为韦后谋划，借助韦后的力量扩大武氏一族的政治权势。武三思还在朝堂上游说百官为唐中宗和韦后上尊号，在他推动之下，唐中宗被上尊号为"应天皇帝"，韦后获得尊号"顺天皇后"。唐中宗对韦后及武三思的过度宠信，为太子李重俊发动政变埋下了祸根。

上官婉儿美丽聪慧又富有婉约才情，颇受唐中宗喜爱，故而受命掌管重要文书的草拟及保管事宜。这一重任，历来是由饱学之士身兼的。唐高祖武德年间，温大雅、魏徵、李百药、岑文本、褚遂良都曾掌管过文书；唐高宗时期，许敬宗、上官仪等也曾承担同样的任务，当时这一职务并未确立名目，大臣们都是临时接到诏令进宫草拟制诰；乾封年间，天后武则天设置"北门学士"一职，刘懿之、刘祎之兄弟，周思茂、元万顷、范履冰等人曾担任此职；武周时期，苏味道、韦承庆等人亦担任此职。到唐中宗朝，上官婉儿以昭容名号单独负责此项业务，可见上官婉儿当时如日中天、大权在握的政治地位。

唐中宗对上官婉儿政事方面给予充分信任，生活方面也给予优厚的赏赐。《新唐书·上官婉儿传》记载，唐中宗命人在上官婉儿的住处穿凿池沼，垒筑山石，装饰各种名胜景观，并常常带领修文馆学士在上官婉儿住处举行宴会。《唐诗纪事》提到诗人郑愔曾陪侍唐中宗驾幸昭容院并献诗四首。每当宴会进行时，上官婉儿宫中有职务的人都借机外出，门卫都不予阻拦。不仅如此，由于得到唐中宗和韦后的特殊礼遇，上官婉儿还被允许在宫外营建私人宅第，出入宫掖不受限制。上官婉儿思想活跃，生活作风也较为开放，一些心怀叵测的人就争先恐后献媚于她，跟随她出宫游玩，试图通过结交她谋得一官半职。上官婉儿也就怀着游戏人生的态度，与这些心怀不轨的人恣意狎游，为合乎自己心意的人谋取重要职位。朝中一些正直端庄的大臣看不惯上官婉儿如此操弄权柄，就将她与韦后和武三思淫乱、与外臣相处行为不检点的事情传得沸沸扬扬。堂堂昭容，竟然留下如此种种荒诞、轻浮的名声，这也从另一个侧面说明上官婉儿当时受到唐中宗的高度信任，她有机会也有能力建立自己的社交圈，从而扩张自己在朝中的政治权势。

唐朝宰相张说所撰《唐昭容上官氏文集序》云："昭容两朝

专美，一日万机，顾问不遗，应接如响……"，这些语言准确概括出上官婉儿在她人生巅峰时期的工作状态。用"两朝专美"一词形容上官婉儿在武则天和唐中宗两朝的荣宠地位，实不为过。武则天执政，上官婉儿深受女皇信任，她草拟制诰、处理政务，是女皇的得力助手，享有"巾帼宰相"之美名；唐中宗继位后，上官婉儿以昭容身份参政，她代唐中宗草拟手诏，为韦后多方谋划，与武三思等人深涉朝政，是唐中宗一朝杰出的女性政治家。

五、横遭太子谋逆

唐中宗李显刚登上皇位时，为感谢弟弟相王李旦从旁协助，他没有马上册立太子，而是提出要册立李旦为皇太弟。相王李旦感到很不安，他先坚决辞去太尉及知政事职位，接着又拒绝了皇太弟身份。李旦的拒绝是非常明智的，因为这只不过是李显的一场政治试探，实际上他对李姓诸王是充满猜忌的。他派遣卫士长期宿卫相王李旦、卫王李重俊、成王李千里的宅第，十步设置一个仗舍，让士兵们手持兵器巡逻，宿卫等级与宫禁相似，此举表面上看是对李姓诸王的特殊恩遇，实际上是对他们的密切监视。李旦拒绝出任皇太弟后，李显才开始在自己的儿子中物色合适的储君人选。

　　唐中宗李显共有四子，嫡长子李重润早在李显即位前就因私下议论"二张"专政而被李显亲自处死。李显登基后，次子李重福本应被立为太子，但韦后控诉他与二张兄弟构陷李重润，于是李重福被贬为淮州员外刺史，后又转迁均州，只让他负责防守，不允许他插手政务。神龙二年（706）七月，唐中宗立自己的第三子卫王李重俊为太子，李重俊的生母是一个地位低下的宫女，韦后虽然不喜欢他，但暂时没有找到打压他的理由。可令人惊讶的是，唐中宗对册立李重俊为太子之事极不重视，竟然没有为他举行储君册立仪式，可见唐中宗对他也不甚满意。

　　李重俊当上太子后，身边缺少得力的能臣辅佐，他又信任驸马都尉杨慎交和武崇训等不学无术的太子宾客，整天和他们一起嬉笑玩乐、骑马击鞠，不务正业。太子能力不突出就地位不稳固，这正中韦后下怀。不久，武三思经上官婉儿引荐与韦后结成同盟，开始联合排挤太子李重俊。武三思图谋不轨，担心李重俊成为自己夺权的障碍；武崇训是武三思的儿子，也是安乐公主的丈夫，经常挑唆公主羞辱李重俊；安乐公主也仗着父母的宠爱瞧不起她这位异母兄长，直呼李重俊为奴，甚至几次建议唐中宗废掉李重俊，自己取代储君之位。

　　神龙三年（707）正月，天气干旱，唐中宗派太平公主的丈夫武攸暨和自己的亲家武三思前往乾陵祈雨。武攸暨和武三思祈雨之后天降甘霖，唐中宗大感欣慰，令郑愔撰写《圣感颂》，以备勒石铭记。此时的乾陵广场上，整齐排列着象征万邦来朝的 61 尊番夷酋长的雕像，在雕像两侧，各竖立一块巨大的石碑，一块镌刻着武则天亲自撰写的《乾陵述圣纪》，称赞唐高宗的丰功伟业，内有"圣谟天断，独出群心，朝廷上下，谋臣若雨，猛将如云"等语；另一块是预备镌刻郑愔所写《圣感颂》的空碑。此后，唐中宗对武氏诸人的丧葬待遇也有所提高。二月，唐中宗下诏恢复武氏崇恩庙和昊陵、顺陵的待遇，让他们依旧例享受祭祀，仍然设置五品令、七品丞。同月，唐中宗驾幸安乐公主宅第，赏赐丰厚，驸马都尉武崇训怀有野心，教唆公主敦促唐中宗废掉太子李重俊，改立公主为皇太女。此举遭到尚书左仆射魏元忠的公然反对，向唐中宗直接进谏曰"绝不可行"。安乐公主不知天高地厚，竟然反驳说："魏元忠这个山东乡野村夫懂得什么国事？阿武（武则天）尚且可以当天子，我贵为皇上的亲生女儿，为何不可当皇太女？"魏元忠对安乐公主的狂妄言论无言以对。面对不可一世、刁蛮放纵的安乐公主，唐中宗的态度竟然是虽然不从，但也不加谴责。考古工作者在 2013 年发现的上官婉儿墓志铭《大唐故婕妤上官氏墓志铭并序》中也记载，唐中宗确实有立安乐公主为储君的想法，只是不够坚定。

　　安乐公主夫妇的举动让太子李重俊承受着巨大的压力，唐中宗的骑墙态度也令他心怀忧惧。神龙三年（707）七月初六，长期处在高压之下的李重俊不堪忍受韦后、安乐公主等人的欺侮，他与魏元忠秘密商议之后，又与左羽林大将军李多祚、右羽林大将军李思冲、李承况、独孤祎之、沙吒忠义等人联合起来，假传圣旨发动左右羽林兵及千骑300余人，愤而仓促起兵。太子李重俊率军攻入武三思的府第，杀掉毫无准备的武三思及其子武崇训，并杀掉武氏党羽十余人。然后他派左金吾大将军、成王李千里及其子天水王李禧带兵守卫宫城诸门，自己率军杀到素章门，斩了守门军将进入城内，搜查韦后和安乐公主的藏身之所。李重俊素来仇恨武三思，又思忖上官婉儿与武三思关系亲厚，遂一并搜寻上官婉儿。

李重俊仓促之下起兵，缺乏全盘计划，他一心只想抓获安乐公主和上官婉儿，但并不想对唐中宗形成威胁。上官婉儿生怕唐中宗和韦后将自己交出去做替罪羊，为求自保，她对唐中宗和韦后说：“如果我被擒受死的话，接下来就该轮到皇后和皇上了！”唐中宗听后大受刺激，于是就携韦后、安乐公主与上官婉儿一起登上玄武门避难，又派遣右羽林大将军刘景仁率领骑兵100多骑驻扎在门下守卫。因宫闱令杨思勖及千骑奋力抵抗，叛兵被阻隔于玄武门外，李重俊等人犹豫不前，唐中宗趁势在玄武门城楼上向叛军喊话：“你们都是我的爪牙，为何要叛逆？如果能归顺朝廷，斩掉李多祚等人，我就让你们享受荣华富贵。”于是许多军官临阵倒戈，队伍乱作一团，李多祚、李承况、独孤祎之、沙吒忠义等将领在混乱中被斩杀，余众溃不成军。李千里与李禧率部下进攻右延明门，企图杀死韦后的亲信宗楚客等人，但也战败而死。李重俊见大势已去，率领百余骑士兵从素章门逃出长安城，向终南山一带逃亡。唐中宗下令追击，宗楚客派遣果毅将军赵思慎带领骑兵追赶，太子李重俊逃到鄠县40余里之处时被部将所杀，部将斩下他的头颅交予赵思慎，赵思慎还朝将之献给唐中宗。

政变结束后，一切归于平静，唐中宗、韦后、安乐公主及上官婉儿都幸免于难，只在乾陵留下一座无字空碑。那座碑，原本是计划刻上《圣感颂》，与刻着《乾陵述圣纪》的另一块碑相对。但在准备刻字时，宫廷政变爆发，武三思、武崇训等人被皇太子李重俊和李多祚率兵诛杀。覆巢之下，刻碑的任务被搁置起来，最终留下了这块巨大的"无字碑"。考古学者还发现，这块"无字碑"表面划有细格，应当是已经预备好了要镌刻的内容，但因某种原因未能刻上字。

政变结束后，韦后一党展开反攻倒算，大肆报复政变相关人员。太子李重俊曝尸于野，唐中宗下令将李重俊的首级献于太庙，以此祭祀武三思和武崇训。李重俊生前不受重视，死后还被斩首献祭，唐中宗对自己的儿子何其残忍！紧接着唐中宗又命人将李重俊的首级悬挂起来示众，东宫僚属没有一人敢接近太子的首级，只有永和县丞宁嘉勖解下衣服裹住太子的头颅大声号哭，被韦后贬为兴平丞。安乐公主建议将自己的亡夫武崇训的墓升级为陵，给事中卢粲因反驳这一建议而被贬为陈州刺史。

景龙元年（707）八月，右台大夫苏珦奉命追查太子李重俊党羽，有被捕的人招供相王李旦参与其中，苏珦秘密审理此事，唐中宗未曾干预。韦后和安乐公主等人将矛头指向相王与太平公主，安乐公主勾结兵部尚书宗楚客密谋诬告相王，指使侍御史冉祖雍等上奏唐中宗，称相王和太平公主与李重俊谋逆，请求唐中宗将二人收押审讯。唐中宗宣诏吏部侍郎兼御史中丞萧至忠鞫问相王与太平公主。萧至忠哭泣对曰："陛下富有四海，难道就不能容得下一弟一妹，竟然使人罗织罪名迫害他们吗？昔日相王曾为皇嗣，他一再请求则天皇上立您为嗣，将天下拱手让给您，为表决心，他数日不进食。这是天下共知的事情，为何因为冉祖雍一人之言就怀疑他呢？"唐中宗听后内心受到震撼，加之他与相王和太平公主素来友爱，于是就将这件事抛诸脑后。右补阙吴兢也上书说："皇上复位以来，加恩于亲人，皇上和相王是亲兄弟，骨肉情深。现在有奸臣日夜策划，一定要把他害死。相王仁慈忠孝，屡遭荼毒中伤，和陛下您相依为命，把自己的安危托付给手足兄弟。陛下如果相信奸臣，把相王杀掉，就会损害您的恩德，令天下人失望。历来骨肉相残、任用不同姓的人，就没有不灭亡的。希望皇上能保全兄弟情谊，安慰被奸臣伤害的弟弟，这就是天下的幸运！"萧至忠、吴兢等人对相王李旦和太平公主的态度表明，当时朝中大臣非常不满韦后集团祸乱朝政，政治天平开始向李氏皇族倾斜。八月二十一日，唐中宗加尊号为"应天神龙皇帝"，韦后加尊号为"顺天翊圣皇后"，向天下昭告他们平乱胜利。

太子李重俊政变失败后，上官婉儿一度与韦后和安乐公主心生嫌隙，由昭容降为婕妤。上官婉儿这次位分被降的具体缘由，史书并无明确记载。但在太子李重俊叛乱时遭受的惊惧，促使上官婉儿开始思考自己今后该何去何从。上官婉儿有一位表弟王昱，是她姨母的儿子，神龙年间担任左拾遗一职。当时上官婉儿依附韦后，又与武三思私通，朝中风评对她不利。王昱对上官婉儿的母亲郑氏夫人说："皇上昔日在房州，武氏一族才能小人得志，如今皇上享有天命，所以才能振兴朝纲，一朝不可能有二主。武三思心怀异志，天下人皆知，他的野心必然不会实现。昭容深受皇上信任却依附武三思，此是家破人亡的征兆。希望姨母深思。"郑氏夫人觉得王昱言之有理，就用这番话劝诫婉儿。上官婉儿听了恼羞成怒曰："王昱一派胡言，不足取信。"后来神龙政变发生，武三思被诛杀，李多祚等举兵玄武门下索取韦后和上官婉儿等人首级。上官婉儿遭此大难，不禁想起王昱的话，于是开始认真思考自己今后的走向，是继续依附韦后一党，还是倒向李唐宗族？她陷入艰难的抉择中。

六、两大阵营间的取舍

景龙二年（708），上官婉儿和韦后一党还存在根深蒂固的利益捆绑关系。据《朝野佥载》可知，太子李重俊兵败遇害后，韦后向唐中宗奉上《圣威神武颂》，中宗命人刻在石碑上以纪念这件事，称为"颂台"，还将公卿姓名刻于石上，极力维护韦后在朝中的威望。这篇《圣威神武颂》据说就出自上官婉儿之手。《旧唐书·中宗本纪》记载，景龙元年冬十月十八日，彗星出现在西方，一个多月才熄灭。韦后奉上《圣威神武颂》，唐中宗命令东、西两京四大都督都将此异象雕刻在石碑上。《新唐书·中宗本纪》亦记载，景龙二年，皇后、妃子、昭容、公主公然卖官，不合法定程序的手书墨敕斜封盛行。《资治通鉴》更是把这个卖官鬻爵集团的重点成员都披露出来，分别有韦后所生的长宁、安乐两位公主，韦后的妹妹郕国夫人，上官婉儿以及她的母亲沛国夫人郑氏，尚宫柴氏、贺娄氏，女巫第五英儿，陇西夫人赵氏等。她们都凭借权势收取贿赂，买官者无论身份高低贵贱，只要肯花费30万钱，她们就手书封官的墨敕，斜着封上交给中书，于宫门侧门发放，当时人都称之为"斜封官"。这个花钱买来的斜封官群体数量庞大，包括员外、同正、试、摄、检校、判、知官等几千人；西京和东都各设置两位吏部侍郎，是为"四铨"，每年有数万人参加吏部铨选。由于斜封官数量日益增加，导致唐朝官吏人数激增，给国家财政带来了负担；而且斜封官与通过科举考试入仕的正官之间矛盾频仍，朝堂上经常乱作一团，引起了政局的动荡。后宫集团还私下将人度为僧尼，当时出钱3万即可度为僧尼。由此可以得出结论，上官婉儿与韦后及其家人存在共同经济利益，短期内不会分道扬镳。

如果说上官婉儿尚且能够凭借与韦后的利益关系暂时自保的话，朝中其他大臣已越来越面临韦后一党的迫害。历任唐高宗与武则天两朝宰相的魏元忠，因参与李重俊政变，成为韦后一党迫害的目标人物。魏元忠一向反对武三思擅权，当李重俊起兵时，他参与其中。政变失败后，魏元忠公开为李重俊叫屈，引起韦后一党的忌恨，兵部尚书宗楚客和太府卿纪处讷以魏元忠与太子合谋为罪名，奏请唐中宗灭掉魏元忠三族。唐中宗顾念魏元忠是两朝元老，不仅没有处罚他，还让他以特进、齐国公致仕，初一、十五仍入朝请安。韦后一党不服，宗楚客与姚廷筠第二次弹劾魏元忠，唐中宗只好把魏元忠贬为渠州司马。韦后一党继续弹劾，由给事中冉祖雍再奏，唐中宗这次不予理睬。韦后、宗楚客一腔怒火无处发泄，指使监察御史袁守一对魏元忠进行新一轮弹劾，唐中宗无奈把魏元忠贬为忠务川尉。韦后一党仍不罢休，宗楚客又令袁守一上奏，请求处罚魏元忠。魏元忠连续五次遭到迫害，终于激怒唐中宗，他明确申斥韦后一党："人臣事主，必须一心一意。岂可因为皇上有点儿小病就请太子处理朝政？这是狄仁杰想树立他的个人威望，并未见魏元忠有什么过失。袁守一想借前朝往事陷害魏元忠，岂有此理？"韦后一党对魏元忠的屡次打击，也可视为韦氏一族与李姓皇族之间矛盾的爆发。唐中宗想对韦、李两族之间的矛盾保持中立，但举步维艰。唐中宗对李姓族人的维护和包容，也使上官婉儿明白必须早日做出抉择，她渐渐脱离韦后一党，开始向以相王李旦和太平公主为首的李氏皇族势力靠拢。

景龙三年（709），上官婉儿的母亲郑氏夫人去世，谥号"节义夫人"。婉儿为表哀思，请求唐中宗降低自己的品秩为母亲服丧。是年十一月二十九日，唐中宗将上官婉儿降为三品婕妤，但很快就将她起复为二品昭容。《全唐文》卷十六存有唐中宗批复门下省的《起复上官氏为婕妤制》，开篇即提到："前昭容上官氏，相门积善，儒宗雅训，文学冠时，柔嘉顺则。"此可对应《新唐书》上官婉儿本传的记载。上官婉儿此时已与昔日盟友韦后及其党羽渐行渐远，为寻求新的靠山，她与太平公主加强联系，站到了韦后与安乐公主的对立面。

韦后在朝中飞扬跋扈，意欲立爱女安乐公主为储君，安乐公主为人骄横，多方培植亲信，宰相以下官员多出其门。太平公主也不遑多让，凭借强大的经济实力延揽人才，不仅推荐文士入朝为官，还出资救济生活窘迫的读书人，在知识分子群体中赢得了极佳的口碑。面对作风张扬的妻女和妹妹，唐中宗李显再也难以保持制衡局面，一场充满腥风血雨的宫廷斗争在所难免。安乐公主多次请求唐中宗立自己为皇太女，唐中宗都不置可否，安乐公主对父亲的暧昧态度非常不满，她竟然鼓动韦后效仿武则天临朝称制，这样自己就能平稳过渡为皇太女。朝臣们对韦后母女俩的肆意妄为极为反感，纷纷上书表示强烈反对。景龙四年（710）五月十七日，前许州司兵参军燕钦融上书，直指皇后干预国政，安乐公主、武延秀、宗楚客等人同流合污，危害社稷。燕钦融向唐中宗上书后遭到武后一党报复，被残忍杀害。对燕钦融之死，唐中宗虽隐忍不发、未加多问，但一直怏怏不乐。唐中宗的表现让韦后及其党羽开始忧惧，他们担心唐中宗借题发挥，对自己不利。

上官婉儿忧心社稷安危，屡次进谏，寄希望于唐中宗能够挽大厦将倾之势。上官婉儿的墓志铭《大唐故婕妤上官氏墓志铭并序》中详细记载，她先是揭发韦后与安乐公主等人的罪状，因唐中宗包庇妻女而未予采纳；接着她自请辞职但未被允准；然后她又请求落发出家，也未能获得首肯；最后，无计可施的她饮下毒酒，差点儿一命呜呼。唐中宗爱惜上官婉儿的才能，且为她的忠诚之心所感动，广求名医，才将她从死亡的边缘抢救回来。上官婉儿再三上表请求退位为婕妤，唐中宗见她态度坚决，只好答应了她。上官婉儿自请降职，既是一种以退为进、保全自己的方式，同时也借此向唐中宗表明自己的立场，她与韦后、安乐公主一党已经完全决裂，背道而驰。此后，上官婉儿与太平公主越走越近，在打击韦后集团、册立储君等重大事件中保持精诚合作，取得了意想不到的效果。

上官婉儿在韦后、安乐公主与太平公主两大阵营间的选择以及她与太平公主珠联璧合般的配合，都凸显其深谋远虑的睿智头脑与胆识过人的英勇气概，将宫妃参政的优势发挥得淋漓尽致，为唐睿宗李旦及唐玄宗李隆基夺取政权、建立新政创造了条件，奠定了基础。

七、"称量天下文士"

上官婉儿的出生充满传奇色彩，流传所谓"称量天下"的故事。据《旧唐书》记载，上官婉儿的母亲郑氏夫人在生产前做了一个奇特的梦，梦到有人赠给她一杆大秤，占卜的人说："您肯定会生一位贵子，能够掌管国家大事。"孩子生下来，却是个女孩，听闻这个梦的人都议论此梦不灵验，等到后来上官婉儿把持朝政，占卜者的话果然得到应验。《新唐书》的记载略有不同。郑氏怀孕不久，梦到一位巨人赠给她一杆大秤，说："拿这杆秤可以称量天下。"上官婉儿出生满月后，郑氏开玩笑说："称量天下的难道是你吗？"婴儿咿咿呀呀地回应。宋人笔记小说对此事多有转述，内容大同小异，例如《唐语林》《南部新书》和《刘禹锡佳话》对故事情节的描述并无二致。郑氏生产前梦到有人赠给她一杆大秤，并对她说："拿这杆秤可以称量天下。"郑氏因此盼望自己生个男孩。等孩子生下来，却是个女孩。郑氏看着孩子说："称量天下，说的难道是你？"小婴儿口中咿咿呀呀，仿佛在回答"是"。唯一不同的是，《唐语林》和《南部新书》记作"称量天下文士"，而《刘禹锡佳话》记作"称量天下"。估计是宋人在传抄故事时有所更改，这倒也与上官婉儿后来主管政令、草拟诏书、品评文士诗文水准的历史事实更相符。

上官婉儿自武周万岁通天到唐中宗景龙年间之前，既执掌宫中文事，又手握生杀大权，实现了她"称量天下"的人生目标。这 20 多年间，她弘扬祖父上官仪的绮丽诗风，引领大唐词藻改革潮流。在她的影响之下，国有勤学好文之士，朝无不学无术之臣，为朝廷延揽了一批具有真才实学的文臣。

上官婉儿的诗歌写作和诗文鉴赏水平，更是卓尔不群，得到武则天的高度评价。久视元年（700），武则天曾经到洛阳龙门游览，下令群臣赋诗唱和助兴，并命上官婉儿评定他们的诗文水准高下，规定先完成者赐给锦袍。当时，左史东方虬率先成诗，遥遥领先于众臣，行礼之后，武则天将锦袍赐予东方虬。东方虬获得御赐锦袍还未坐稳，宋之问的诗也写好了。宋之问的《龙门应制》虽篇幅冗长、辞藻堆砌，但语言华美、气势磅礴，其中"先王定鼎山河固，宝命乘周万物新。吾皇不事瑶池乐，时雨来观农扈春"几句更能讨得女皇欢心。上官婉儿读后觉得宋之问的诗文理兼美，艺术水准方面更胜一筹，其他人读了也觉得宋之问的诗更好。于是，武则天就将锦袍改赐予宋之问。可见，当时上官婉儿的诗文鉴赏水平，代表了官方的最高评判标准。

景龙二年（708）四月，上官婉儿建议唐中宗扩大书馆、增设学士，从大臣、名儒中选拔才华出众的人担任。于是唐中宗命令上官婉儿改革唐高祖时设立，唐太宗、武则天时有所增补的修文馆。修文馆最早设置于唐高祖武德四年（621），主要职责是整理图书，教授生徒。凡是朝廷中涉及制度沿革、礼仪轻重的事务，修文馆都有参议权。由于唐高祖文学修养一般，修文馆在创建初期未能引起大的反响。武德九年（626）唐太宗继位后接手了修文馆，修文馆逐渐得到重视，唐太宗选拔虞世南、上官仪等人执掌修文馆事务。武则天时期，修文馆得到进一步的发展，武则天培养了北门学士和珠英学士在修文馆任职，出现了许多知名学者，包括宋之问、沈佺期等名噪一时的大诗人。

受唐中宗委派，上官婉儿开始对修文馆进行全方位改革。经过精心设计，婉儿在修文馆增设大学士四员、学士八员、直学士十二员，象征四时、八节、十二月，全部由公卿以下擅写诗文的读书人充任。《新唐书·李适传》详细列举这份名单，分别为大学士李峤、宗楚客、赵彦昭、韦嗣立，学士李适、刘宪、崔湜、郑愔、卢藏用、李乂、岑羲、刘子玄，直学士薛稷、马怀素、宋之问、武平一、杜审言、沈佺期、阎朝隐、徐坚、韦元旦、徐彦伯、刘允济等。在上官婉儿谋划下，大学士由三品以上重臣担任，显然提高了修文馆的政治地位。增选的学士、直学士不问出身，唯以文学才能作为选拔的唯一标准，神龙年间遭到贬谪的一批文臣得以借机重返朝堂。从此，唐中宗每次游幸禁苑或举行宴饮集会，宰相和修文馆众学士都全体出动陪侍，奉命赋诗酬唱。他们春天游览梨园，在渭水之畔祭祀，唐中宗赏赐他们细柳编成的圆环驱邪；夏天在葡萄园设宴，唐中宗赐予他们美丽的樱花；秋天登临慈恩寺，献菊花酒为唐中宗贺寿；冬天游历新丰县，过白鹿观，登骊山，唐中宗赐他们汤泉沐浴、香粉兰泽，官员每人赐予黄衣一件，随从赐予翔麟马。唐中宗经常有感而发写下诗文，修文馆学士纷纷唱和。当时君臣联句成为文坛佳话，却也有狎昵不端、违背君臣礼法的嫌疑。唐中宗还让上官婉儿评判修文馆学士们的诗文水准高下，优胜者赏赐给金帛。当时修文馆内群贤毕至、人才济济，宫中有人称"奥主"的上官昭容，唐中宗的游宴活动又精彩纷呈，众学士争先赋诗吟诵，都想获得上官昭容的垂青，从而赢得皇帝赏赐的彩头。有唐一代的诗歌盛行之风，源自上官婉儿对修文馆的改革与扩张。

上官婉儿为修文馆的改革和扩张殚精竭虑，她唯才是举，延揽了一批文辞出众的学士。然而，她所延揽的学士中，有人口碑不佳，为世人指摘。譬如宋之问和阎朝隐。宋之问才华出众，曾跟从武则天游龙门，奉诏作诗夺得武则天所赐锦袍。阎朝隐生性滑稽，属辞奇诡，曾以自己为牺牲替武则天祈祷祛病，得到武则天厚爱。武则天晚年，张易之、张昌宗兄弟秽乱宫廷，宋之问、阎朝隐、沈佺期、刘允济等纷纷媚附张氏兄弟，宋之问、阎朝隐为张易之代写诗作，甚至为张易之手捧尿壶。张氏兄弟被诛，宋之问与阎朝隐分别被贬到泷州和崖州。宋之问逃归洛阳，藏匿在朋友张仲之家中，等到武三思得势，张仲之与王同皎密谋刺杀武三思，宋之问获取消息，派侄子和冉祖雍向武三思报信，由此投靠武三思，为天下人不齿。唐中宗时，宋之问因依附太平公主而被起用，看到安乐公主权势盛大，他又急忙去结交安乐公主，从而与太平公主结怨，仕途受阻。

在上官婉儿的积极作为之下，修文馆的设立对唐朝诗歌的发展起到了明显的推动作用，诗歌唱和之风在宫廷盛行开来，虽然涌现出大量浮夸奢靡之作，但亦有水准可观者。可以毫不夸张地说，上官婉儿凭一己之力兴起了唐中宗朝的诗歌创作之风，为七言律诗的发展和盛唐诗坛的卓越成就奠定了基础。唐中宗的宴会视规模大小邀请不同身份的人参加，小型宴会只邀请中书、门下两省官员及王公、亲贵数人参加；大型宴会则邀请八座、九列、诸司五品以上官员出席。由于唐中宗重视臣下的诗文才华，天下人都争着写诗作赋，展露自己的文学才能，那些一味熟读儒家经典的学者往往难以获得入仕途径。

上官婉儿自出生起就有"称量天下"的传说伴随她左右，但直至唐中宗即位，她才真正开始为朝廷称量天下文士。《唐诗纪事》记载，唐中宗曾于景龙三年（709）正月三十日游览昆明池，令群臣赋诗，群臣作应制诗百余首。唐中宗在殿前设彩楼，命上官婉儿登彩楼选择其中一首最佳者谱写为御制曲。上官婉儿登楼，群臣聚集在楼下等候。不一会儿，写满诗文的纸张纷纷落下，大臣们各自认领自己的诗作揣于怀中。唯独沈佺期与宋之问的诗文未被抛落。又过了一会儿，一张纸从楼上飘下，大家争相抢过来查看，乃是沈佺期的诗。谜底就此揭开，上官婉儿评判宋之问的诗作夺魁，即将被谱为御制曲。宋之问夺魁的诗是《奉和晦日幸昆明池应制》，其诗曰："春豫临池会，沧波帐殿开。舟凌石鲸度，槎拂斗牛回。节晦冥全落，春迟柳暗催。象溟看浴景，烧劫辨沉灰。镐钦周文乐，汾歌汉武才。不愁明月尽，自有夜珠来。"沈佺期参赛的是同名诗，其诗曰："法驾乘春转，神池象汉回。双星移旧石，孤月隐残灰。战鹢逢时去，恩鱼望幸来。山花缇骑绕，堤柳幔城开。思逸横汾唱，欢留宴镐杯。微臣雕朽质，羞睹豫章材。"上官婉儿对着唐中宗和群臣朗声发表评论，她认为沈佺期与宋之问的诗水平相当，但沈佺期诗中"微臣雕朽质，羞睹豫章材"一句气势落了下风，而宋之问诗中"不愁明月尽，自有夜珠来"一句气势雄健，令人称赞。沈佺期对上官婉儿的评价心悦诚服，不敢申辩。沈佺期与宋之问两人都是当时的文坛领袖，两首诗作水平难分伯仲，上官婉儿经过仔细品鉴，认为宋之问的诗更胜一筹，她的评判有理有据，能够服众。经过上官婉儿点评的这两首诗传于后世，成为唐中宗一朝的诗作佳品。

在唐中宗赏赐的酒宴中，上官婉儿经常扈从，她时而应制赋诗，时而组织、引领群臣集体联句，展现出非凡的组织能力，唐中宗携韦后和长宁、安乐两位公主也兴致勃勃地参与其中。长安城中有一座佛寺名为"慈恩寺"，景龙二年（708）九月九日，唐中宗率领群臣游览慈恩寺，上官婉儿献上《九月九日上幸慈恩寺登浮图群臣上菊花寿酒》，其词曰："帝里重阳节，香园万乘来。却邪茱入佩，献寿菊传杯。塔类承天涌，门疑待佛开。睿词悬日月，长得仰昭回。"唐中宗令群臣作诗应和，与上官婉儿一同作诗的学士有李峤、赵彦昭、郑愔、刘宪、李乂、宋之问等。同年十月三日，唐中宗驾临长安的另一座佛寺"三会寺"，与群臣赋诗，上官婉儿又赋诗一首："释子谈经处，轩臣刻字留。故台遗老识，残简圣皇求。驻跸怀千古，开襟望九州。四山缘塞合，二水夹城流。宸翰陪瞻仰，天杯接献酬。太平辞藻盛，长愿纪鸿休。"受到唐中宗与众臣的赞许。景龙三年（709）十二月十二日，唐中宗摆驾新丰温泉宫，敕令蒲州刺史徐彦伯入内陪同，与学士们联句。著名诗人武平一等五人现场献诗，上官婉儿一人献上三首七言绝句，分别为《三冬》："三冬季月景龙年，万乘观风出灞川。遥看电跃龙为马，回瞩霜原玉作田。"《鸾旗》："鸾旗掣电拂空回，羽骑骖䮂蹋景来。隐隐骊山云外耸，迢迢御帐日边开。"《翠幕》："翠幕珠帏敞月营，金罍玉斝泛兰英。岁岁年年常扈跸，长长久久乐升平。"景龙四年（710）正月初八为立春日，唐中宗率后宫诸人和学士们游御苑，上官婉儿作应制诗一首，题目为《奉和圣制立春日侍宴内殿出剪彩花应制》。其诗曰："密叶因裁吐，新花逐翦舒。攀条虽不谬，摘蕊讵知虚。春至由来发，秋还未肯疏。借问桃将李，相乱欲何如？"上官婉儿这首对仗工整的五言诗，完美继承了她祖父上官仪的"上官体"风格，用轻快的笔触写出立春日宫廷设宴、宫女们聚在一起剪彩纸的生动景象。宫女们用纤纤巧手剪出春日生机勃勃的景象，女诗人上官婉儿则用文字将此景象跃然纸上，充分展现出女诗人敏感细腻、丰富多彩的内心世界。李峤、赵彦昭、沈佺期、宋之问、刘宪等著名诗人同场应制作诗。

唐中宗曾多次召集群臣、后妃、公主等作柏梁体诗歌互相唱和。柏梁体诗歌是汉武帝以来流行于男性君臣之间的诗歌唱和形式，唐中宗竟然允许韦后、上官婉儿等女性参与，可见他对婉儿诗歌水准的高度认可。唐中宗君臣联句而成的诗作有两首广为人知。其一为景龙二年（708）唐中宗寿诞时与众臣共同所作的《十月诞辰内殿宴群臣效柏梁体联句》："润色鸿业寄贤才（李显），叨居右弼愧盐梅（中书令李峤）。运筹帷幄荷时来（中书令宗楚客），职掌图籍滥蓬莱（太子詹事刘宪）。两司谬忝谢钟裴（兵部侍郎崔湜），礼乐铨管效涓埃（著作郎郑愔）。陈师振旅清九垓（中书侍郎赵彦昭），欣承顾问侍天杯（中书舍人李适）。衔恩献寿柏梁台（中书舍人苏颋），黄缣青简奉康哉（吏部侍郎卢藏用）。鲰生侍从忝王枚（中书舍人李乂），右掖司言实不才（中书舍人马怀素）。宗伯秩礼天地开（中书舍人薛稷），帝歌难续仰昭回（考功员外郎宋之问）。微臣捧日变寒灰（中书侍郎陆景初），远惭班左愧游陪（上官婕妤）。"这首诗由 16 位作者集体创作，成为唐中宗寿诞日君臣同乐的风雅之作，一时传为佳话。

另一首为景龙四年（710）唐中宗于蓬莱宫大宴吐蕃使者时所作的《景龙四年正月五日移仗蓬莱宫御大明殿会吐蕃骑马之戏因重为柏梁体联句》。该诗的创作背景是唐朝与吐蕃第二次和亲，吐蕃派出千余人组成的迎亲队伍来迎娶金城公主，唐中宗亲自设宴为金城公主送嫁，命令群臣赋诗为公主饯行。这首诗由14位作者联句而成："大明御宇临万方（李显），顾惭内政翊陶唐（韦后）。鸾鸣凤舞向平阳（长宁公主），秦楼鲁馆沐恩光（安乐公主）。无心为子辄求郎（太平公主），雄才七步谢陈王（温王李重茂）。当熊让辇愧前芳（上官昭容），再司铨筦恩可忘（吏部侍郎崔湜）。文江学海思济航（著作郎郑愔），万邦考绩臣所详（考功员外郎武平一）。著作不休出中肠（著作郎阎朝隐），权豪屏迹肃严霜（御史大夫窦从一）。铸鼎开岳造明堂（将作大匠宗晋卿），玉醴由来献寿觞（吐蕃舍人明悉猎）。"

上述两首柏梁体联句诗都由唐中宗李显开篇，群臣认为水平极高、无人可及，但据传这两句诗都是上官婉儿代唐中宗所作。考虑到上官婉儿代替皇帝、皇后、公主作诗早已是司空见惯的事情，这两首柏梁体诗歌的开首句也极有可能是由她代为创作的。

上官婉儿继承她祖父上官仪的诗风，将"上官体"诗歌发扬光大，她不仅本人写出精致、细腻的诗句，还以高深的诗歌理论作依据，凭借自己良好的文学品味评鉴众多诗人的作品，为唐中宗君臣遴选出真正值得赏析、流传的诗坛佳作，为唐朝诗歌的发展做出了重要的贡献。

上官婉儿的学识、风度、才能皆为当朝文士所赞叹。《历代名画记》有载，长安安定坊另有佛寺名为"千福寺"，其寺额由上官昭容手书。诗坛翘楚宋之问更是为上官婉儿的才华所折服，连写两首诗称颂上官家族的诗歌遗风，即《故赵王属赠黄门侍郎上官公挽词两首》。其一曰："韦门旌旧德，班氏业前书。谪去因丞相，归来为婕妤。周原乌相冢，越岭雁随车。冥漠辞昭代，空怜赋子虚。"其二曰："绿车随帝子，青琐翊宸机。昔柱朝歌骑，今虚夕拜闱。柳河凄挽曲，薤露湿灵衣。一厝穷泉闭，双鸾遂不飞。"另外，宰相曾文本之孙岑羲也很仰慕上官家族的家风，他曾著录《沛国节义夫人郑氏塔碑》，可见他与上官家交情匪浅。能够得到当朝名士的高度赞扬，上官婉儿行使"称量天下文士"之权时就更加自信，更有底气了。

后世文人多盛赞上官婉儿的腹有诗书气自华，对上官家的绮丽诗风多有借鉴，《朝野金载》称上官婉儿"博涉经史，研精文笔"，认为她的才华可与汉代的班婕妤、晋朝的左嫔相媲美。但也有士大夫认为，假如上官婉儿能够稍知义理、谨守妇德，恪守宫妃的本分，保持贞洁的品格，那她就能够成为贤良妇人，进而成为天下女子的表率，"称量天下文士"时就更加名正言顺、理直气壮。

第四章

结交盟友　纵横捭阖

一、团结武姓宗室

上官婉儿虽先后以女官才人、宫妃昭容身份参政，但她的才能并非仅在后宫诸人中出类拔萃，她广泛结交朝臣、缔结盟友，施展纵横捭阖的政治才能，对武周政权及唐中宗朝的政局都产生了重大影响。

上官婉儿因受到武则天认可而进入后宫，陪伴在武则天身边时，她与武则天的子女及侄子自然而然产生了交集。武承嗣、武三思等武姓宗室子弟也乐于结交上官婉儿，获取对他们有用的消息，久而久之，他们在武则天身边结成了牢固的同盟。

武氏家族的兴起源自武则天的父亲武士彟，他因拥戴唐高祖李渊登基而受到重用，为武氏族人入朝做官提供了可能。武士彟共有四子三女，四个儿子都是他的原配相里氏夫人所生，其中两名年幼时就患重病早夭了，剩余两名是武元庆和武元爽。三个女儿出自他续娶的杨氏夫人，长女嫁给了越王府功曹贺兰越石，次女是武则天，幼女嫁给了郭孝慎。杨氏夫人虽然出身高贵且在唐高祖李渊亲自主婚下嫁与武士彟为妻，但她在武氏家族并没有受到重视，尤其武元庆和武元爽兄弟二人对她并不恭敬。贞观九年（635）武士彟去世之后，武则天跟随母亲杨氏夫人和两名异母兄长武元庆和武元爽护送父亲的灵柩回归故乡文水，原本希望可以得到武氏族人的照拂，结果却受到武士彟兄长的儿子武惟良、武怀运以及武元庆、武元爽等人的百般刁难和欺侮。杨氏夫人无奈带领武则天又回到都城长安。贞观十一年（637），唐太宗听说武士彟的女儿才貌双全，召入宫中，封为才人。入宫之前，武则天留下一句名言"见天子焉知非福"，然后义无反顾地迈入大唐宫廷，开启了崭新的人生。

身为五品才人，武则天在唐太宗朝建树一般，只留下驯服"狮子骢"之类彰显她性格坚毅、果敢的宫廷故事。但在唐太宗身边生活的 12 年间，她从唐太宗身上学习到很多为君者的优秀品质，如知人善任、虚心纳谏、从善如流等。唐太宗驾崩后，武则天与后宫中其他年轻的嫔妃一起出家为尼，直到唐高宗继位，她才获得机遇重新进宫，经过残酷激烈的宫廷斗争，她最终成为唐高宗的皇后。当上皇后伊始，武则天就大范围封赏武氏族人，一方面为了扬眉吐气，另一方面也在用此方式培植家族势力。她首先追赠自己的父亲武士彟为司徒、周忠孝王，封母亲杨氏为代国夫人。此时姐夫贺兰越石、妹妹及妹夫郭孝慎都已去世，武则天就封姐姐为韩国夫人，不久又加赠父亲为太尉，改封母亲为荣国夫人。她的两位同父异母兄长也获得升迁，武元庆由右卫郎将升为宗正少卿，武元爽由安州户曹升至少府少监。此外，她的两位堂兄也被破格提拔，武惟良由始州长史升为司卫少卿，武怀运由瀛州长史迁为淄州刺史。正当武则天企图通过加封、拉拢武氏族人建立自己的权力网络时，武氏族人内部的矛盾逐渐显现出来。

当时武则天虽已贵为皇后，但她的异母兄长和堂兄对她的母亲荣国夫人并未给予足够的尊重，甚至表现得有些轻慢。据正史记载，荣国夫人曾大摆筵席招待武氏族人，意在帮助武则天团结武姓兄弟、子侄。荣国夫人试图忆苦思甜，她对武惟良等人感叹："你们还记得以前的事情吗？看到今天的荣华富贵你们有何感想？"谁知武惟良等人并不领情，回敬她说："我们是以功臣子弟身份早就登上官籍之人，大家各施其才，谨守本分，不求显达；没想到今日因为皇后的缘故蒙受朝廷重恩，为此我们夙夜忧惧，并不以此为荣。"荣国夫人大为不悦，劝武则天将武氏诸子外派。武则天上疏唐高宗，请求将武惟良等人调到外州任职。于是，武惟良被降为始州刺史，武元庆被降为龙州刺史，武元爽被降为濠州刺史。武元庆到龙州任上不久就病死了，武元爽后又被从濠州流放至振州。武则天团结诸武的第一次尝试未能取得预期效果。

乾封年间，武惟良、武怀运等集结泰山之下。韩国夫人的女儿贺兰氏在宫中深受唐高宗喜爱，被封为魏国夫人。贺兰氏仗着自己年轻貌美，企图分走皇后武则天的恩宠。武则天忌恨她，欲除之而后快，于是引导唐高宗驾幸贺兰氏的母亲韩国夫人生前的住处，武惟良等人进贡食物，武皇后谨慎未食，贺兰氏食之，当场暴毙。武则天将贺兰氏之死归罪于武惟良等人，她处死武惟良，命有司将其改为"蝮"姓，除去其属籍。武元爽受此事株连而死，家属被流放岭外。武怀运的哥哥武怀亮死得早，他的妻子善氏一向对荣国夫人不太恭敬，此次受武惟良株连被没入掖庭。荣国夫人让武则天找机会处罚善氏，武则天就找了个理由将她处以鞭刑，善氏被打得皮开肉绽，极度痛苦而死。至此，武则天母女与武士彟子侄间的血海深仇已无可挽回。

武元庆、武元爽等人死后，韩国夫人的儿子贺兰敏之吸引了武则天的注意力，成为她新的拉拢对象。武则天将贺兰敏之嗣于武士彟之后，改姓武，先后升任他为左侍极、兰台太史，并袭爵周国公。但贺兰敏之性格轻佻，行为莽撞，给武则天添了很多麻烦。贺兰敏之与外祖母荣国夫人杨氏相处时举止轻浮、不遵守祖孙之间应有的礼仪。荣国夫人去世，武则天拨珍币为荣国夫人建佛寺祈福，贺兰敏之竟然挪用这笔钱供他自己享用。司卫少卿杨思俭之女被选为太子李弘的未婚妻，在婚期已经公布的情况下，贺兰敏之竟然强抢杨氏女。荣国夫人的葬礼还未结束，贺兰敏之就脱掉丧服、聚众奏乐。后来他竟然发展到对往来外祖母家的太平公主及其侍女出言轻侮，甚至试图轻薄太平公主。贺兰敏之的种种恶行，令武则天忍无可忍，上表唐高宗将其流放到雷州，并恢复其本姓。咸亨二年（671）六月，贺兰敏之行至韶州，被押送他的士卒用马缰绞死。朝中之士与他交游频繁者，大都被流放岭南。另据贺兰敏之的墓志《大唐故贺兰都督墓志并序》记载，贺兰敏之于咸亨二年（671）八月六日死于他在韶州的官第，享年29岁。

贺兰敏之因何如此轻狂、多有悖逆举动？大抵是由于他的妹妹魏国夫人死于非命。《资治通鉴》记载，魏国夫人死后，唐高宗悲痛不已，他哭着对贺兰敏之说："我上朝之前见她还安然无恙，我退朝之后她就无法救治，怎会如此仓促？"贺兰敏之号啕大哭，无以应对。武则天听说后，沉思道："这小子怀疑我！"从此开始厌恶贺兰敏之。贺兰敏之的墓志中也隐晦提到，他的死与武则天有关。

贺兰敏之之死，使武则天失去原本计划加以重点培养的后备力量。为平衡李、武两姓的关系，她只好把武元爽之子武承嗣从岭南召回，擢升他为尚辇奉御，令他承袭武士彟的爵位周国公，并升任秘书监。上元元年（674），唐高宗改称"天皇"，武则天改称"天后"，二人同时临朝，改元并大赦天下，唐朝历史进入"二圣"统治时期。受到武则天重用的武承嗣一路飞黄腾达，屡屡被擢升。嗣圣元年（684），武承嗣被提拔为礼部尚书，不久又担任太常卿、同中书门下三品；垂拱年间（685—688），武承嗣担任春官尚书，依旧保留参知政事之权；载初元年（689），武承嗣代替苏良嗣成为文昌左相，兼任同凤阁鸾台平章事，兼知内史事。天授元年（690），武则天改唐为周，武氏诸人悉数获得封赏，武承嗣受封为魏王，担任夏官尚书一职的武元庆之子武三思受封为梁王，一时之间，武氏诸人权倾朝野，举国震惊。

在武氏诸人中，武承嗣地位最为尊贵，因此为人处事最骄横跋扈。《旧唐书》记载，武承嗣对不肯依附武氏一党的朝臣横加构陷，大行残害忠良之事。曾在徐敬业叛乱时率军平叛、为武则天立下大功的左豹韬卫大将军、吴国公李孝逸，因被武承嗣等人妒忌，屡次受到诋毁和弹劾。垂拱二年（686），李孝逸被贬为施州刺史，很快又因为武承嗣指使人诬告他而被迁往益州。武承嗣还曲解李孝逸名字中的"逸"字为"走绕兔者，常在月中。月既近天，合有天分"，意在附会李孝逸的名字有帝王之义。武则天念在李孝逸常立军功，免去他的死罪，将他流放到儋州，李孝逸最终死于儋州。还有武则天统治初期就担任鸾台侍郎、地官尚书、同凤阁鸾台平章事的孙方质，曾为武则天修改《垂拱格式》，受到武则天和朝野内外一片好评。武承嗣与武三思当道，其他宰相都趋炎附势，只有孙方质称病在家，不肯阿附。武承嗣去他府上探视，孙方质也不下床施礼。武承嗣指使酷吏构陷他，将他流放到儋州，家属被没入官府。

《朝野佥载》收录一则故事，足以说明武承嗣当时是如何作威作福的。武则天垂拱年间，左司郎中乔知之家中有一个美丽的侍婢名唤窈娘，能歌善舞，又富有文采，乔知之对她甚是喜爱，竟然因为她没有娶妻。魏王武承嗣听说后，假意向乔知之借窈娘去自己府上教习姬妾们梳妆，乘机将她据为己有，不再归还乔知之。乔知之于是做一首《绿珠怨》送给窈娘，其词曰："石家金谷重新声，明珠十斛买娉婷。此日可怜偏自许，此时歌舞得人情。君家闺阁不曾观，好将歌舞借人看。意气雄豪非分理，骄矜势力横相干。辞君去君终不忍，徒劳掩袂伤铅粉。百年离恨在高楼，一代容颜为君尽。"窃娘读完后十分难过，她绝食三日，投井自尽。武承嗣在她尸体裙带上发现了乔知之写的诗，幡然大怒，指使酷吏罗织罪名诬告乔知之，乔知之最后被斩于南市，全族被没入官府，落得个家破人亡的结局。这则故事被其他唐人笔记广为传抄，用以展现武承嗣的性情暴虐，处事残忍，后又被载入正史，《旧唐书》《新唐书》和《资治通鉴》都记载了这则故事，只是将婢女的名字记作"碧玉"，基本情节被完整保留。

《朝野佥载》还记载另一则故事，说明武承嗣贪图美色、无视法纪的卑劣行径。武则天统治时期，太常博士吉顼的父亲吉晳担任易州刺史，因贪赃被判死刑。吉顼于是到天津桥南求见魏王武承嗣，行跪拜大礼，口称死罪。武承嗣问他所求何事，吉顼回答说，自己有两个妹妹，可以服侍武承嗣。武承嗣欣然接纳，用牛车载入府中。这两位美女受到武承嗣宠幸，三日没有讲话，武承嗣觉得很奇怪，就问她们二人原因。两位美女说自己的父亲犯了国法，她们非常担忧但没有解决的办法。武承嗣就免去吉晳的死刑，并将吉顼提拔为笼马监，很快又升迁为中丞、吏部侍郎。吉顼的升迁，并非由于自己才华出众，乃是由于两个妹妹受到武承嗣宠爱之故。

随着权力、地位的大幅提升，武氏一族对权势的渴望更加炽热，对权势的追逐更加急切。武承嗣曾建议武则天将李唐皇室中不肯阿附他们的诸王和公卿中不肯加入他们阵营的朝臣全部诛杀，武三思大力称赞武承嗣的计划，欲全力打压李唐皇室与朝臣中的异己分子。在两个侄子怂恿之下，武则天一边打压李唐宗室子弟，一边对武氏子侄大封官爵，她赐给武承嗣实封千户，仍命其监修国史。天授元年（690）九月，武则天将国号"唐"改为"周"，加尊号"圣神皇帝"，改唐太庙为享德庙，以武氏七庙为太庙。天授二年（691）正月，武则天又改置社稷，以红色旗帜为尊。通过武则天十余年的苦心经营，武家子侄"咸树封建"，荣耀无边。

虽然武承嗣、武三思等武氏子弟全部依附武则天，对她感恩戴德、忠心报效，但在政治上素来机警的女皇也并非全盘信任自己的侄子们。天授二年，武承嗣令凤阁舍人张嘉福组织百姓上表请封自己为太子，由洛阳人王庆之率领几百名流氓恶少上表逼迫武则天。文昌右相岑长倩认为，李氏子孙当为皇嗣且没有大的过错，因此没有理由立武承嗣为皇嗣。在他的强烈反对之下，武则天没有同意张嘉福、王庆之等人的请求。武承嗣指使王庆之继续请求，武则天于是令凤阁侍郎李昭德去责备、驱散这批人，李昭德将王庆之杖杀，一帮乌合之众就此作鸟兽散。武承嗣组织人请封自己为皇嗣一事令武则天心生不快，她决定对武承嗣加以制衡，以儆效尤。如意元年（692），武承嗣被授特进，地位仅次于三公，很快又拜太子太保，身份似乎更加贵重了。但与此同时，武则天又罢免他知政事的权力，去掉了他的实职，暗中对他进行了打压。

长寿二年（693），武则天莅临万象神宫举行祭祀典礼，她未宣太子李旦陪侍，而是以魏王武承嗣为亚献，梁王武三思为终献。这一举动在朝臣和百姓看来，似乎透露了一个信号，即武则天去世之后，武氏子侄有可能继承皇位。这个信号激励了武承嗣，他自忖可为皇储，但朝中重臣对此非常警觉，他们都极力反对此事，尤其是岑长倩、格辅元、李昭德、狄仁杰等人的反对声浪最高。李昭德明确上书称："我听说文武之道，取决于方策，天下岂有侄子为姑母立庙的道理？以亲属关系而论，天皇是陛下的夫君，皇嗣是陛下的儿子，陛下正可传位于子孙，才能千秋万代传承下去。况且陛下受天皇托付，若立武承嗣，恐怕天皇泉下难安。"面对朝臣的反对，武承嗣也加大了巴结武则天的力度，用以敦促武则天早做决断。长寿三年（694）五月，武承嗣组织 2.6 万余人给武则天上"越古金轮圣神皇帝"的尊号，吹捧武则天超越古代的帝王获得转轮王的称号。同年七月，武则天在上阳宫大宴群臣，众臣奉诏赋诗，诗人宋之问整理众人的诗作并作《早秋上阳宫侍宴序》，其中以华丽的语言描述宴会盛况，并对金轮圣神皇帝武则天大加称颂。证圣元年（695）一月，武则天又加尊号"慈氏越古金轮圣神皇帝"。在一年之内为武则天加两个具有浓厚佛教意味的尊号，足以表明武承嗣等人鼓吹武则天登基、执政合法性的意图相当强烈。天册万岁二年（696）腊月，女皇武则天登上嵩山，封嵩山为神岳，改元"万岁登封"。武承嗣充任封神岳大使，陪同武则天完成了这次极尽隆重之能事的封禅大典，这也是武承嗣为自己成为储君所做的最后努力。

武承嗣为谋取皇嗣之位处心积虑、残害忠良，岑长倩、格辅元等大臣都因阻止他而被贬黜、下狱、处死，沦为政治牺牲品。但武则天已决意将皇位传给自己的儿子，武承嗣的皇位之梦，最终成为泡影。圣历元年（698）三月，庐陵王李哲被武则天召回，继而被册立为太子。同年七月，久慕储君之位而不得的武承嗣伤感地告别了人世。为安抚武氏族人，也为表彰武承嗣对武周政权的突出贡献，武则天下令营缮大匠刘仁景负责武承嗣的丧事，并命雍州司马苏珦从旁辅助，同时提出，丧事所用一切物资都由皇室提供，赐予武承嗣东园秘器、一袭朝服，派遣内史吊祭。为显示哀荣，武则天亲自撰写祭文，并赋悼亡诗一首，还下令武三思与崔融为武承嗣撰写墓志。在墓志中，武三思与崔融对武承嗣进行了美化，把他塑造成了才能出众的辅国良臣形象。

在武则天团结、利用武承嗣等人的过程中，上官婉儿是否为其出谋划策、立下功勋呢？史书对此并无明确记载。但武承嗣获得重用始于嗣圣元年（684），其时上官婉儿已在武则天身边服侍7年，对武则天有足够的了解，且上官婉儿长期负责起草制诰、诏令，应该间接参与了武则天对武氏诸人的起用与派遣之事。

二、迎接庐陵王还朝

武周政权中，既有对皇位虎视眈眈、梦想继承大统的武氏族人，又有心系李唐皇室、图谋匡复旧时基业的忠臣。武则天格外倚重的宰相狄仁杰，就是一心想恢复李唐天下的代表人物。狄仁杰当时被武则天称呼为"国老"，足见他在朝中的地位。为了劝说女皇将皇位传给自己的儿子，狄仁杰殚精竭虑，人前人后都对武则天展开言语攻势，催促武则天早下决心。

《资治通鉴》记载，圣历元年（698）二月，武承嗣、武三思营求太子之位，几次派人劝说武则天："自古天子没有以异姓为皇嗣的。"武则天有些拿不定主意。狄仁杰对武则天直言道："大帝（唐高宗）将二子托付给陛下，陛下如今却要将太子之位赋予他姓之人，这是违背天意的！况且姑侄亲还是母子亲？陛下立自己的儿子为储君，则千秋万代后可以配享太庙、承继无穷；立侄子为储君，普天之下从未听过侄子当皇帝却在太庙祭祀姑母的先例。"《太平广记》收录一则有趣的故事：圣历元年的一天晚上，武则天做了一个梦，梦见一只羽毛丰美的鹦鹉，两翅俱折，匍匐在地上飞不起来。武则天对此梦疑惑不解，就想找人来为她释梦。宰臣们听后都沉默不语，狄仁杰听闻，马上解释说："鹉（武）是陛下的姓氏，两翅就是陛下的两个儿子庐陵王和相王。陛下重用您的两个儿子，鹦鹉的翅膀自然就恢复了，它就可以重新飞起来了。"武承嗣和武三思听后羞臊得连脖子都红了。其时庐陵王李哲被贬，相王李旦遭到幽禁，狄仁杰巧舌如簧为武则天释梦，乃是抓住机会劝说武则天将皇位传给自己的亲生儿子。还有一次，武则天梦到自己和天女下棋，自己棋局中只要有棋子，很快就会被打落，不得其位，因此频频输给天女。武则天又请狄仁杰释梦。狄仁杰说："您下棋不能取胜，乃是由于宫中无子，这是上天对您的警示，不能长期没有储君啊！"

狄仁杰的意图，武则天岂能不懂？但她觉得立储是自己的家事，对狄仁杰的屡次进谏颇为不满。狄仁杰却认为："王者以四海为家，四海之内，都是您的家事。国君为一国之首，臣为一国股肱，君臣本是一体。何况我是宰相，岂能不干预政事？"因此，每每论及立储之事，他都劝说武则天顾念母子情谊、立自己的儿子为太子。在狄仁杰等人的反复劝说之下，武则天经过深思熟虑，认为众臣所言有理，为自己身后事考量，她确实应该传位于亲生儿子而非侄子。

武周万岁通天元年（696）五月，契丹松漠都督李尽忠、刺史孙万荣举兵反周，围攻幽州，向唐廷发出檄文，内中提到"还我庐陵王、相王来！"武则天忆起狄仁杰之言，对他说："卿曾为我占梦，今日应验了。我想立太子，您看何人可得？"狄仁杰回答："陛下内有贤子，外有贤侄，取舍选择，全在您的心意。"武则天说："我自有圣子，武承嗣、武三思之流，是何疥癣？"武承嗣等人听闻大为惊惧，只好狼狈跑开。随后武则天以庐陵王李哲患疾为由，发敕文召庐陵王及王妃、诸子回京疗养，庐陵王就此回到神都洛阳。武则天将庐陵王藏在宫中的帷帐之后，故意召狄仁杰进宫商量庐陵王之事。狄仁杰慷慨上奏，说话间涕泪交流，言辞恳切地陈述庐陵王还京的必要性。这时，武则天才把庐陵王请出帐外，对狄仁杰说："把储君还给你。"狄仁杰喜出望外，哭着叩拜武则天和庐陵王。同年九月，东突厥可汗默啜遣使入朝，请求武周政权出兵增援他们讨伐契丹。武则天甚为高兴，颁册授予默啜左卫大将军一职，并派兵增援他与契丹交战。默啜率军大胜契丹军队，俘获李尽忠、孙万荣妻子和辎重而归，武则天于是加封默啜为颉跌利施大单于及立功报国可汗。

圣历元年（698），武则天命淮阳王武延秀出使突厥并纳默啜的女儿为妃，以示施恩。武延秀行至黑沙南庭，默啜却说："我想把女儿嫁给李氏，怎么派来的是武氏儿郎？这难道是天子之子吗？我突厥世受李氏恩惠，听闻李氏皆被灭，只有两个皇子仍在，我要率兵辅佐他们。"默啜把武延秀拘于别所，开始发兵袭击静难、平狄、清夷等武周军队。此后默啜还上书，历数武周朝廷的过失，他称可汗女当嫁天子儿，武氏不过是小姓，门不当户不对，企图罔冒为婚，他因此才起兵欲取河北。默啜此举，反映出当时边疆少数民族政权对李唐皇室的遵从和对武周政权的不认可，这也是促使武则天最后下定决心还政于李氏子孙的关键因素之一。

同年九月，武则天命太子李显出任河北道元帅征讨突厥。朝廷刚开始招募士兵时，民众积极性很低，月余才募集到不足千人，后来听闻太子担任元帅，来应征的兵员挤满山头，很快就募集到超过 5 万人。左武卫将军薛讷对武则天说，太子虽已册立，但外界仍然怀疑没有确立，假如这次不任用太子，突厥也不能平定。武则天深以为然。太子李显的威望日隆，反映出李唐皇室正统地位的不可撼动，武则天经过仔细权衡，最终放弃了立武氏子孙为储君的想法，还是把大唐基业还给了自己的儿子。

武则天虽对储君人选做出选择，但这并不意味着她就完全将朝政寄托在李显身上，此时武则天的想法是，平衡武氏与李氏两大阵营的权力，由自己统管全局。以此想法为宗旨，武则天命李显、李旦、太平公主与武攸暨立下盟约并刻于铁券。不久，武则天亲自撰写《升仙太子庙碑》，赞颂先贤不贪恋权势的美德，意在告诫自己的子女和睦相处。此外，武则天还想利用政治联姻维系武、李两族的关系，她三次将李显的女儿嫁入武氏家族，一次把永泰郡主下嫁给武承嗣之子武延基，一次将安乐郡主下嫁给武三思的儿子武崇训，另一次将新都郡主下嫁于自己的堂侄、陈王武承业之子武延晖。凡此种种，都表明武则天极力维护武氏集团与李唐集团力量平衡的决心。

为了维系武、李两家所剩不多的情谊，武则天费心安排了一次两大家族的聚会，即文学史上广受好评的"石淙会饮"。久视元年（700）七月，武则天率领皇室成员和文武百官到达嵩山石淙河畔，随行人员中有太子李显、相王李旦、梁王武三思、张易之、张昌宗、狄仁杰等，还有李峤、苏味道、阎朝隐等文人学士以及她身边兢兢业业、忠心耿耿的得力助手上官婉儿。女皇武则天兴致勃勃地写下《石淙》诗："三山十洞光玄篆，玉峤金銮镇紫微。均露均霜标胜壤，交风交雨列皇畿。万仞高岩藏日色，千寻幽涧浴云衣。且驻欢筵赏仁智，雕鞍薄晚杂尘飞。"并命令随行人员奉和赋诗，"各题四韵，咸赋七言"。李显、李旦、武三思、狄仁杰、张易之、张昌宗、李峤、苏味道、姚崇、阎朝隐、崔融、薛曜、徐彦伯、杨敬述、于季子、沈佺期等 16 人都奉命各自作《奉和圣制夏日游石淙山》一首。武则天还作《夏日游石淙诗并序》，命薛曜书写，让工匠刻于崖壁之上。"石淙会饮"一事因此流传后世，被视为武周君臣和睦的写照。

久视元年九月，备受女皇武则天信任的"阁老"狄仁杰因病去世，武则天难掩悲痛之情，感叹"朝堂空也"，她追赠狄仁杰为文昌右相，谥号"文惠"。宋人笔记《松窗杂录》记载，狄仁杰担任宰相时曾对他的堂姨卢氏说："我现在贵为宰相，表弟有何想要的，我愿意尽量满足他的要求。"堂姨却回答："宰相您自己享受富贵就好，我只有一个儿子，不想让他侍奉女主。"狄仁杰惭愧而退。狄仁杰一生心系李唐天下，他在担任武周政权宰相期间不遗余力地为庐陵王还朝之事出谋划策，却仍然无法避免落入被人视作甘为女主之臣的尴尬处境，这也足以说明当时民众对李唐皇室回归的向往之情。

三、亲近梁王武三思

若论武氏诸人中与上官婉儿过从甚密的，当数梁王武三思。武三思与上官婉儿相识多年，都是女皇武则天倚重的心腹。长寿三年到延载元年（694），武三思率领胡僧修建"大周万国颂德天枢"，强化武周废黜唐朝取而代之的神圣性及合理性。《大唐新语》记载，长寿三年，武则天征调天下铜50万余斤，铁330余万斤，钱2.7万贯，于定鼎门内铸造八棱铜柱，高90尺，直径1丈2尺，上面题"大周万国颂德天枢"，用来纪念武周革命之功，贬李唐皇室之德。又在天枢下设置铁山、铜龙负载，以狮子、麒麟围绕，上面有云盖，盖上有盘龙托火珠，火珠高1丈、周长3丈，金彩辉煌，光耀如日月。武三思撰文，朝中文士献诗者不可胜记，李峤的诗拔得头筹。证圣元年（695），武三思受命转任春官尚书，监修国史。武承嗣去世之后，武三思成为武氏子侄中最受武则天器重之人。圣历元年（698），武三思担任检校内史；圣历二年（699），武三思拜特进、太子宾客，依旧监修国史。武三思的所作所为，对武周政局及未来的唐中宗朝都影响深远。史载武三思性格圆滑，擅于迎合武则天心意，武则天对他也格外信任，多次莅临他的府第，对他赏赐丰厚。

　　史书对上官婉儿与武三思二人之间的暧昧关系多有描述。但实际上，武三思不仅是上官婉儿的密友，他与武则天的男宠薛怀义、张易之和张昌宗也能融洽相处。为讨好武则天，武三思不惜自降身份为薛怀义牵马，并鼓吹张昌宗是仙人王子晋转世，还集合一批御用文人写诗称颂二张兄弟。武则天荒废朝政、热衷于享乐时，武三思不仅不加以劝诫，反而挖空心思为武则天享乐提供种种便利。譬如他曾胁迫地方官在嵩山上营建三阳宫，在万寿山上营建兴泰宫，请武则天每年临幸，他自己与二张兄弟扈从消遣，且在营建过程中大肆揽钱，全然不顾所费资财、人力繁重，更不在意百姓怨叹。

神龙政变中，二张兄弟伏诛，政变结束后女皇武则天辞世，唐中宗李显继位。户部侍郎薛季昶等人主张除去以武三思为首的武氏族人，薛季昶指出，"二张"虽然已被除去，但武三思等犹在，这就像拔草不除根，必然会死而复生。这一言论引起举朝响应，武三思深感不安，他亟须寻求政治同盟，才能在朝堂安然立足。好在新政权刚刚建立，唐中宗尚需平衡各方关系，暂时未对武氏亲族加以清算，还在一定限度内尽量安抚。神龙元年（705）二月，梁王武三思由太子宾客升为司空、同中书门下三品，并加食实封 500 户。武三思假意推辞，进而担任开府仪同三司。他的儿子武崇训因娶中宗之女安乐公主为妻，成为驸马都尉、太常卿兼左卫将军，后又被封为镐国公。父子皆为唐中宗臂膀，备受荣宠。太平公主的丈夫武攸暨也被封为定王，官至司徒，加食实封 400 户。

此时上官婉儿也受到唐中宗重用，先晋封为三品婕妤，继而又擢升为二品昭容。在唐中宗新建立的政权中，武三思与上官婉儿这一对盟友，又有机会并肩作战了。在武三思授意下，上官婉儿在起草制诰、撰拟政令时，常常打压李唐皇室诸人而维护武氏集团利益，且上官婉儿有代中宗手书的权力，更能发挥决策作用。武三思受到上官婉儿的推荐，加上唐中宗登基前他曾担任过太子宾客，与唐中宗关系还算融洽，因此逐渐取得唐中宗信任。更有甚者，上官婉儿还将武三思引荐给韦后，为他进一步上位提供便利条件。武三思进入内廷，与韦后产生了私情，唐中宗对此竟然无动于衷。武、韦两大政治集团就此建立联系，他们掌控了唐中宗一朝的政局。

在武三思和韦后挑唆之下，帮助唐中宗铲除二张兄弟的"复国五王"遭到排挤，全部远离京城。神龙二年（706）五月，为诬陷五王，武三思指使人书写韦后的丑恶行径张贴在洛阳天津桥上，并呼吁废黜韦后。这起由武三思策划的"废后事件"引起广泛传播，唐中宗听到流言大怒，派御史大夫李承嘉追查此事。武三思授意李承嘉上奏唐中宗，说这件事是张柬之等五人所为，声称五王名为废后实则谋逆。武三思还指使安乐公主在宫里告发五王，侍御史郑愔在外朝奏报配合，意欲将张柬之等彻底消灭。在武三思等人一再构陷之下，张柬之等五人被流放外州，子弟年16岁以上都流放岭外，诬陷他们的李承嘉得以晋升，而主张按律审问的李朝隐却被贬官。武三思试图将"复国五王"全部杀害，唐中宗提及往事，称五王都曾获赐免死铁券，武三思这才作罢。武三思又请求太子李重俊上表进谏，建议唐中宗灭掉敬晖等人三族，唐中宗此时还不想对五王斩尽杀绝，没有采纳他的建议。

武三思其人阴狠毒辣，是非标准模糊，毫无道德高下的观念。他常常说："我不知道世间何谓善何谓恶，对我好的就是善人，对我不好的就是恶人。"他在朝中结党营私、广树党羽，培植了大批亲信为他所驱使，其中侍御史周利贞、冉祖雍，太仆丞李悛，光禄丞宋之逊，监察御史姚绍之等五人与他关系最为亲近，时人称他们为"三思五狗"。武三思为巩固自己的权势，令百官修复武则天时期的政策，排斥不依附武氏的人，起复任用被"复国五王"驱逐的人，将朝中权力集中在自己手中。曾有人问浮休子："武三思可称得上名王吗？"浮休子答曰："武三思凭借自己是皇亲国戚，位高权重，表面上看起来很恭敬，内心却极其残忍。他外示公直，内结阴谋，耍弄王法以报私仇，假借朝权而为害。他最终会被封为德靖王，是顶级贼人，不可以善终。"神龙初年，武三思果然被改封为德靖王，当时就有有识之士说："'德靖'，'鼎贼'也"，猜测武三思有窥鼎之志。待到神龙三年（707）节愍太子李重俊发动政变，武三思果然被诛杀，不得善终。

武三思还干涉唐中宗朝的宗庙之事。神龙二年（706），武三思建议唐中宗遵循武则天时期的制度，他提出，唐高宗时封泰山，武则天时建明堂、封嵩岳，二圣之美德不可废置。唐中宗采纳了他的建议。景龙元年（707），武三思与武攸暨奉唐中宗之命前往乾陵祈雨，大雨如约而至，武三思借机请求恢复武氏崇恩庙及昊、顺二陵的待遇，唐中宗从其所请，置令、丞管辖武氏崇恩庙和昊、顺二陵相关事宜。武三思的党羽郑愔还进献《圣感颂》，唐中宗下令为之刻石。右补阙张景源建议唐中宗将颁布的诏书中之"中兴"二字去除，唐中宗首肯，于是各地的祠庙都改称"应兴""龙兴"，一时之间天下去"中兴"二字。右补阙权若讷呈上《请复天后所造诸字疏》，建议撰拟制诰时沿袭武则天时期的旧例，恢复武周时期所创"天、地、日、月"等字，唐中宗都予以采纳，并由上官婉儿撰拟、唐中宗亲自书写《答权若讷手制》。由此可见当时唐中宗和上官婉儿都愿意遵奉武则天时期的制度和例行法则，希望将武周政权中有益的制度延续下来，为新政权所用。张景源、权若讷建议去"中兴"、遵循武周旧制，表明在朝臣们心目中，武周政权只是唐朝的延续，而非新建立的政权，朝臣们长期以来维护和坚持的，始终是李唐皇室的正统地位；他们愿意辅佐的，也是李唐皇室子弟。

　　诚如《资治通鉴》所载，上官婉儿因与武三思有私情才倒向武氏集团，又将武三思推荐给韦后，将其引入禁中，唐中宗才开始与武三思商议政事，武氏集团也因此复兴，与韦氏联合，形成新的政治势力——武韦集团。武韦集团与李唐皇室存在巨大的利益冲突，上官婉儿周旋于此两股政治势力之间，企图凭借她的聪明才智自保。不过也有学者对此持反对意见，例如著名唐史专家黄永年先生曾说："武三思本是武承嗣死后武氏家族的首席代表人物，在李武政权中自有掌握大权的资格，并非由于他和韦后或上官婉儿淫乱才能窃取权力，更不是由于惧怕敬晖等宰相危害自己才要窃取权力。"

四、引荐宰相崔湜

上官婉儿的政治盟友，除梁王武三思外，还有宰相崔湜。据史书记载，上官婉儿不仅为唐中宗引荐崔湜，还与他有亲密关系。

崔湜生于咸亨二年（671），子澄澜，安州安喜（今河北省定州市）人，在两唐书中均有传，附于其祖父崔仁师传之后。崔仁师历任唐太宗、唐高宗两朝宰相。崔湜的父亲名叫崔挹，神龙初年担任国子祭酒，赠同州刺史，后官至户部尚书，他的母亲为荥阳郑氏之女。崔湜娶光禄少卿卢崇道之女为妻，他有崔泌、崔液、崔涤三位弟弟，还有一位堂兄崔澄。崔湜擅于创作五言古诗和五言律诗，《全唐诗》中保留了他的 32 首诗，时人评价他为

"容止端雅，文词清丽"。

崔湜门第高贵，颇富文名，崔湜以此为傲，每次举行私人宴会时，都自比东晋王、谢二家。他曾对人说："我的门第、出身及官历，都未尝不是第一。大丈夫应当占据险要位置以制人，岂可默默受制于人？"故而他锐意进取，力求显达。崔湜出身相门，从小受到良好的家风熏陶，他的学识与文采自然远非一般人可比拟。圣历二年（699），崔湜科举登第，进入仕途。其时张昌宗任麟台监，女皇武则天为抬高他的声望，命他增损《御览》与《文思博要》等书。武则天担心张昌宗难以胜任，令他与麟台少监李峤广召文学之士参与其中。张昌宗与李峤召集阎朝隐、徐彦伯、薛曜、员半千、魏知古、于季子、王无竞、沈佺期、王适、徐坚、尹元凯、张说、马吉甫、元希声、李处正、高备、刘知几、房元阳、宋之问、崔湜、常元旦、杨齐哲、富嘉谟、蒋凤等26人共同编修，众人在《文思博要》原文基础上增加了佛教、道教、亲属、姓氏、方域等内容，最后于大足元年（701）十一月十二日撰成1300卷，武则天阅后圣心大悦，亲自命名为《三教珠英》。当时崔湜任职左补阙，在参与这部大型类书的修纂过程中，他与同僚们日夜讨论，诗文酬和。长安四年（704）和神龙元年（705），崔湜两次受命主持贡举。

神龙政变后，唐中宗即位，崔湜任职考功员外郎，当时"复国五王"张柬之、桓彦范、敬晖、崔玄暐、袁恕己等秉持国政，但武三思与韦后及上官婉儿关系亲厚，桓彦范等担心武三思向唐中宗进献谗言，于是将崔湜收为自己的耳目，令他监视武三思的动静。不久，武三思凭借裙带关系接近唐中宗，唐中宗对他日渐优厚，崔湜见武三思势力如日中天，就反向把桓彦范、敬晖等的计划秘密报告给武三思，因此升任中书舍人。曾与张柬之、敬晖等一起策划神龙政变，诛灭张易之、张昌宗兄弟的右羽林将军杨元琰察觉武三思即将对"复国五王"不利，奏请削发出家并力辞官爵、实封。唐中宗驳回了他的请求。敬晖听闻此事，打趣杨元琰说："我竟不知他奏请出家，皇上应该赞成他的请求，让他剃掉自己像胡人一样的大胡子，这样岂不妙哉？"杨元琰却说："功成名就，此时不退，将来会有危险。我是发自内心想退的，并非只是做做样子。"敬晖知道他是想劝自己退出朝局，"瞿然不悦"。

神龙二年（706）六月，张柬之、桓彦范、敬晖、崔玄暐、袁恕己等五王被贬到岭外，崔湜又劝说武三思将他们全部杀掉以绝后患。武三思问他谁可担任使者，崔湜推荐自己的表兄周利贞出任。周利贞与桓彦范、敬晖等人有宿怨，曾被桓彦范等人从侍御史贬为嘉州司马，崔湜因此推举他出行，意在迫害桓彦范、敬晖等。武三思与韦后决定由上官婉儿草拟一道假诏书，派周利贞到岭南杀害"复国五王"。张柬之听闻周利贞到来，本已衰老的身体更添心病，很快就死于新洲寓所。不久崔玄暐也生病而死。桓彦范此时尚未到达流放地瀼州，周利贞在途中与他遭遇，命人用绳索将他捆绑在刚刚砍下来的竹竿上拖着走，一直到他被折磨得体无完肤才用棍棒将他打死。敬晖被人用刀慢慢剐死。袁恕己被灌下野葛藤汁，受尽苦楚后又被用竹板打死。"复国五王"全部被迫害致死，武三思横行朝野，崔湜成为货真价实的帮凶。

唐中宗优宠上官婉儿，信任武三思，对后宫诸人管束不严，夜间未设宫掖门禁，上官婉儿身为昭容却屡次外出与武三思私会，有时甚至几日不归。有史书记载，武三思觉得自己日渐衰老，崔湜自请代替武三思陪伴上官婉儿，从此崔湜与上官婉儿之间有了私情，进而他受到唐中宗及韦后、上官婉儿、安乐公主等后宫女眷厚待，实现了权力攀升。景龙二年（708），年仅37岁的崔湜被提升为兵部侍郎，这是他第一次担任宰相，当时其父崔挹为礼部侍郎。由唐太宗以来，父子同为侍郎者，仅有崔挹父子二人，自此传为美谈。《太平广记》记载，春风得意的崔湜曾在天津桥下吟诗一首："春还上林苑，花满洛阳城。鸳衾夜凝思，龙镜晓含情。忆梦残灯落，离魂暗马惊。可怜朝与暮，楼上独盈盈。"时任宰相的一代文豪张说路过听到，不禁感慨说："这样的年纪就有这样的文采与地位，我是赶不上了！"是年五月，左散骑常侍柳冲上表请求唐中宗重修《氏族志》，唐中宗下令尚书左仆射魏元忠及修史官工部尚书张锡，礼部侍郎崔志忠、岑羲，兵部侍郎崔湜，刑部侍郎徐坚，工部侍郎刘宪，左补阙吴兢等与柳冲共同修纂。

景龙二年（708）四月二十五日，崔湜与吏部侍郎岑羲、太常卿郑愔、给事中李适、中书舍人卢藏用、李乂，太子舍人刘子元等同时加入修文馆成为学士。修文馆学士身份特殊，皇帝宴饮、出游，只有宰相及修文馆学士有资格陪同。修文馆大学士宗楚客爱好书法，曾向唐中宗求乞内府所藏王羲之和王献之的真迹，唐中宗慷慨赐赠其20卷，大小各10轴。宗楚客将这些卷轴装成12扇屏风，用褚遂良的《闲居赋》《枯树赋》为脚，大宴宾朋，展示成品。崔湜、薛稷、卢藏用等受邀出席，仔细观赏，赞叹不已。唐中宗经常举行宫廷宴会，召集修文馆学上创作诗歌，崔湜因此频繁出入宫禁，而上官婉儿往往陪唐中宗出席宴会并负责品评众学士的诗歌水平，崔湜与上官婉儿的接触越发多起来。此时武三思已死，崔湜直接投靠上官婉儿，得到进一步提拔，先拜吏部侍郎，不久成为中书侍郎、同中书门下平章事。

景龙三年（709）三月，崔湜与岑羲、郑愔共同掌管铨选。郑愔曾经是二张兄弟的心腹，"二张"倒台后他被贬为宣州司士参军，又因为贪赃事发，只好弃官逃亡，后来他逃到洛阳，投到武三思门下效力，武三思设法把他升迁为中书舍人，与崔湜级别相同。崔湜等人掌管铨选期间卖官鬻爵，广纳贿赂，铨品无序，成为一时巨蠹，京中盛传《吏部谣》曰："岑怗獠子后，崔缇（湜）令公孙。三人相比校，莫贺咄骨浑。"他们的种种恶行受到朝中官员弹劾，唐中宗命令有司按律审理，无须追根问底，安乐公主也暗示主审官裴漼对崔湜从宽处理。是年五月，郑愔被判免死、外放吉州，崔湜被贬为江州司马，上官婉儿暗地里与安乐公主和武延秀为他们申辩、说情，于是改判崔湜为襄州刺史，郑愔为江州司马。崔湜在襄州刺史任期内，与谯王李重福意气相投，往来颇多。后来李重福发兵造反，崔湜也受到了他的牵连。不久，在上官婉儿的运作之下，崔湜晋升为尚书左丞。崔湜曾向唐中宗献策，建议开商山新路，用来开通商州水陆之运。唐中宗同意后，崔湜征调几万名劳役开凿，工事繁重，死者十之三四，所修的道路也因为夏天的洪涝冲击而崩塌，崔湜却下令封锁旧道，禁止行旅，继续开通新路，民众出行多有不便，一时之间民怨沸腾。工程未过半，唐中宗驾崩，上官婉儿草拟遗诏时隐瞒事实，为崔湜罗列功绩并请赏，崔湜因此得到嘉奖，被晋封为银青光禄大夫。

景龙四年（710），唐中宗被韦后及安乐公主毒杀，韦后临朝，崔湜再拜为中书侍郎、同中书门下平章事，二度成为宰相。实事求是地说，崔湜两次担任宰相，都离不开上官婉儿的引荐和斡旋。景云元年（710），唐睿宗李旦登基，崔湜又投靠在太平公主门下，受到太平公主的庇佑，被引荐为同中书门下三品，进而被晋升为中书令，此乃他第三次担任宰相。

上官婉儿与崔湜过从甚密，除了他们都曾依附于武三思、属于同一政治集团外，也与他们都爱好文学、擅长诗文、有共同语言有关。从景龙二年至景龙四年，上官婉儿与崔湜多次陪唐中宗出游并奉命与诸位修文馆学士联句，留下许多记载。前述唐中宗携群臣、后妃、公主等作柏梁体诗歌两首，崔湜都曾参与。除两次联句外，崔湜还有多首应制诗传世。景龙二年（708）九月九日，唐中宗携众臣游慈恩寺塔，上官婉儿领衔赋诗，唐中宗及众人唱和，唐中宗有《九月九日幸慈恩寺登浮图》诗，崔湜作《慈恩寺九日应制》诗一首。景龙三年（709）正月十七日，唐中宗在梨园亭设宴招待侍臣与近亲，令群臣作应制诗，崔湜作《幸梨园亭观打毬应制》。景龙三年十二月，唐中宗驾幸白鹿观，崔湜作《幸白鹿观应制》。同年同月，唐中宗驾幸韦嗣立山庄，众学士陪同前往，崔湜作《奉和幸韦嗣立山庄侍宴应制》。景龙三年十二月二十二日，唐中宗携众臣登麵山，唐中宗有《登麵山高顶寓目》，崔湜作《奉和登麵山高顶寓目应制》。景龙四年（710）三月，唐中宗游望春宫，群臣奉命作应制诗，崔湜作《奉和春日幸望春宫》。景龙四年四月一日，唐中宗驾幸长宁公主东庄，唐中宗作《幸长宁公主东庄》诗，崔湜作《侍宴长宁公主东庄应制》。共同的兴趣爱好使上官婉儿与崔湜之间更容易沟通，上官婉儿为崔湜提供政治上晋升的机会，崔湜也给予上官婉儿情感上的慰藉。

五、陪侍中宗与韦后

上官婉儿位居二品昭容，她长期陪侍唐中宗与韦后，对唐中宗朝的内外政局影响颇为显著。

唐中宗李显复位之初，加封以相王李旦、太平公主为代表的李姓皇族，安抚以武承嗣、武三思为核心的武氏一族，力图保持政局稳定。但随着皇位的稳固，他逐步开始对宗庙、爵位、朝局等国之大事一一进行调整。神龙元年（705）五月四日，唐中宗下令将武氏七庙神主迁到西京崇尊庙，东都创立太庙、社稷，此举意味着他不再刻意抬高原武氏七庙的地位。与此同时，他废除了武则天追封自己父亲武士彠的"孝明高皇帝"帝号，改赠武士彠为太原王，降武则天母亲孝明高皇后为太原王妃，二人的陵墓也改称为太原王及王妃墓。此外，唐中宗还将梁王武三思及定王武攸暨降为德靖郡王和乐寿郡王，并把河内王武懿宗等十余人一起降为国公。唐中宗的种种行为表明，政权稳固之后，他不想完全依靠武氏族人执政，更不想由武氏族人把持权柄、恢复武则天时期的大政方针。

为制衡武氏集团的权力，唐中宗开始给予以韦后为代表的韦氏集团更多荣宠。神龙元年八月二十八日和十一月六日，韦后两次参拜太庙。神龙二年（706）三月十九日，唐中宗又追赠韦后的父亲韦玄贞为太师、益州都督，韦后的亲属遍列清要。唐中宗不仅给予韦后和其家族显赫的地位，而且对韦后可谓言听计从。景龙元年（707）八月，在韦后的指使下，宗楚客率领群臣请为韦后加号"翔圣"，得到唐中宗的允准。景龙二年（708）二月八日，韦后说自己的衣箱中有五色祥云从裙子上飘起，唐中宗认为这是祥瑞，就命令画工画出来给大臣们看，左仆射韦巨源请求将此祥瑞公布于天下，唐中宗答应了他的请求，还因此大赦天下，内外五品以上官员的母亲和妻子都获得封邑。

韦巨源发现唐中宗昏聩，就与宗楚客、郑愔、赵延禧等推广祥瑞福谶之说，试图引导韦后行武则天故事。右骁卫将军、知太史事迦叶志忠上表说："昔日唐高祖未受命时，天下人歌唱《桃李子》曲；唐太宗未受命时，天下又歌唱《秦王破阵乐》曲；天后武则天未受命时，天下又歌唱《武媚娘》曲；顺天皇后未受命时，天下又歌唱《桑条韦》，这都是即将受命之福谶。"他还把民间传唱的《桑条韦》曲视作韦后擅权的符命，称韦后诞生帝女、当为国母，主持桑蚕之事以安天下，后妃之德因她而荣盛。郑愔也谄媚地献上自己所作的十余首《桑条乐词》，韦后大喜，提升他为吏部侍郎，还赏赐给他百匹绢。韦巨源、郑愔等人这些言论，都是为韦后承受天命、掌握朝政进行舆论宣传。一些史籍竟然把这一时期的唐中宗和韦后直接称为"二圣"。《全唐诗》收录的《奉和初春幸太平公主南庄应制》曰："泌园佳丽夺蓬瀛，翠壁红泉绕上京。二圣忽从鸾殿幸，双仙正下凤楼迎。花含步辇空间出，树杂帷宫画里行。无路乘槎窥汉渚，徒知访卜就君平。"此处"二圣"就是指唐中宗和韦后，"双仙"指太平公主和其丈夫定王武攸暨。《宋高僧传》也记载景龙二年僧人释文纲为"二圣"讲《四分律》的故事，此处"二圣"亦指唐中宗和韦后。

韦后还效仿武则天利用佛教和道教势力的做法，为自己擅权造势。韦后器重胡僧慧范，经常与之往来，让他为自己出谋划策，并且加封他为银青光禄大夫。著名道士叶静能也是韦后的座上宾，他担任国子祭酒，为韦后揽权频频献策。景龙三年（709）四月，大理少卿卢怀慎上疏建议，西京长安、东都洛阳及荆、扬、益、蒲等州，都设置景云、翔圣等道观。韦后用自己的尊号"翔圣"命名道观，意在加强与道教势力的联系。除拉拢佛、道二教势力外，韦后还结交女巫，她的妹妹受其庇护、权倾一时，甚至为韦后引荐女巫赵氏，韦后封赵氏为陇西夫人，她的权势可比身居高位的上官婉儿，并与上官婉儿的母亲一起卖官鬻爵。同年十一月，唐中宗去南郊祭祀，韦后不顾大臣反对担任亚献，为了堵住悠悠众口，她从宰相们的女儿中选出十几个姑娘担任"斋娘"，跟随她一起去南郊参加祭祀典礼。在此次祭祀活动中，韦后不仅祭地，而且祭天，加入象征至高无上权威的国家祭祀大典，进一步提升了自己的政治地位。

唐中宗和韦后常常组织前朝和后宫诸人出游、宴饮，往往令群臣、学士、后妃和公主联句赋诗助兴。上官婉儿精通格律，擅长辞藻，不仅自己屡有佳作，而且还能代替不擅此道的唐中宗、韦后以及长宁、安乐两位公主作诗，她往往数首并作，才华横溢，大放异彩。唐中宗与韦后的长女长宁公主下嫁驸马都尉杨慎交，唐中宗除赏赐丰厚的财物外，还特别准许他们在东都洛阳新建府第，耗资甚巨。长宁公主与杨慎交又在西京长安征得高士廉的府第，加上左金吾卫废弃的军营，一起改为公主住宅。这座宅院起三重楼，筑山浚池，风光旖旎。唐中宗及韦后数次驾临，命令上官婉儿赋诗，群臣唱和。上官婉儿因此作《游长宁公主流杯池二十五首》流传于世，这组山水诗就体裁而言，有三言诗两首、四言诗五首、五言律诗六首、五言绝句九首、七言绝句三首；从内容来看，都是对林泉风景细致入微的刻画，亦有寄情于景的情感抒发，堪称上官婉儿诗歌作品的代表作。参与诗词唱和之群臣有李峤、崔湜、李适、郑愔、刘宪、李乂等，都是当时的诗坛名家。

唐中宗和韦后不仅热衷于出游和宴饮，有时还召集朝中百官和后宫宫女一起游戏作乐。上官婉儿与帝后关系融洽，自然会随侍一旁。两唐书对此有详细描述：景龙三年（709）二月初二，唐中宗与韦后游览玄武门，与近侍之臣观看宫女们拔河，不久，又让宫女们分为左右两班开展大宴饮，竞争谁胜谁负。唐中宗还派遣宫女在宫中设立市场，命令大臣及公卿等人扮作商人与宫女交易，买卖双方争论激烈，言语粗鄙低俗，唐中宗与韦后不以为耻，看得津津有味，全无帝王之家应有的礼仪风范。同月二十五日，唐中宗与韦后游览太常寺。七月七日，唐中宗和韦后御驾亲临梨园亭，宴请侍臣和学士。八月二十一日，唐中宗莅临安乐公主山亭，再次宴请侍臣和学士，并按品级赐给他们各种绸缎。十月八日，唐中宗摆驾安乐公主新住宅，宴请侍臣及学士。上官婉儿跟随唐中宗和韦后一次次出游，常常奉命组织学士们联句赋诗，为当时文坛贡献了不少佳作。

景龙四年（710），也就是唐中宗在人世的最后一年，他更是多次偕同韦后出行，大肆游玩。是年正月十四，唐中宗与韦后穿着平民服装出宫看花灯，还给几千名宫女放假，让她们也出宫观灯，有些宫女就借此机会逃跑了。正月十五，唐中宗与韦后又扮成平民出宫观灯，还顺路去了韦安石、长宁公主府第。二月二十九日，唐中宗命令中书门下供奉官五品以上、文武官员三品以上及所有学士等人，从芳林门进入设在梨园的球场集合，分成两队来拔河，韦巨源、唐休璟等重臣年老体衰，动作笨拙，摔倒后久不能起身，唐中宗与韦后、上官婉儿和公主观看，被逗得大笑不已。三月三日，唐中宗驾临渭水边嬉游、采兰、饮酒，并赐给群臣柳条以避邪。三月五日，唐中宗在桃花园中游玩、宴饮。四月六日，唐中宗游樱桃园，带领中书、门下两省五品以上各司长官、学士等人进入芳林园品尝樱桃，并命令百官在马上用口摘樱桃，设酒宴为乐。四月十四日，唐中宗驾幸隆庆池，在楼上结各色彩花，设宴款待众臣，并在池中泛舟游玩。

上官婉儿除在生活中陪侍唐中宗、韦后、长宁公主与安乐公主等人，在政治上也与他们结成了同盟。她多次劝说韦后效仿武则天，为韦后引荐武三思，在太子李重俊发动的"景龙政变"中，她与唐中宗、韦后、安乐公主一起历险，而武三思与武崇训死于乱军。政变被平息后，韦后与安乐公主对李唐皇室展开报复，尤其针对相王李旦与太平公主发动攻势。上官婉儿经过艰难抉择，与韦后、安乐公主等人渐行渐远，加入李旦与太平公主阵营，阻止韦后与安乐公主倒行逆施，确保了李唐天下的正常赓续。

六、挣扎于太平、安乐两公主的矛盾旋涡

上官婉儿的宫廷生活，并非领略祥和平顺、岁月静美的旖旎风光，而是充满惊涛骇浪、生死一线的残酷斗争。唐中宗朝政局混乱，韦后大肆篡权，安乐公主在父母庇佑下为所欲为，太平公主对兄长一家的昏聩跋扈极为不满，逐渐结交权臣，筹建自己的势力集团。在太平、安乐两位公主的矛盾旋涡中，上官婉儿苦苦挣扎，渐渐明辨是非，做出了对自己有利的选择。

太平公主是唐高宗与武则天唯一的女儿，也是他们最小的孩子，大约生于唐高宗麟德二年（665），她自一出生就受到父母的特殊宠爱，获封号"太平"。武则天更是爱她胜过她的哥哥们，武则天的姐姐荣国夫人死后，武则天将太平公主充作女道士，为她祈福。仪凤年间，吐蕃赞普向唐高宗和武后求娶太平公主，武则天不忍心让她远离自己，特意为她修筑道观，让她沐浴斋戒，借此拒绝吐蕃的和亲要求，她因此躲过了和亲的悲苦命运。

和亲风波过后，太平公主身穿紫袍，系上玉带，作男子打扮，在唐高宗与武后面前尽情歌舞。唐高宗与武后笑着问她："你又不能做武官，为何作此装扮？"太平公主说："父皇赐给我驸马不行吗？"于是，永隆年间，唐高宗与武后选择薛绍做她的驸

马，并借万年县县衙作为他们的婚礼场地。县衙门窄，车驾难以通过，主事官员竟然拆毁院墙让车驾进入。为使婚礼仪仗更加壮观，主事官员从兴安门设置红烛相连，长时间燃烧，连路旁的大树都被烧焦了。

垂拱四年（688），武则天以太后身份执政，大权独揽，越王李贞和其子李冲联合李姓诸王起兵造反，驸马都尉薛绍的兄长、济州刺史薛顗参与其中。叛乱平息后，薛绍受株连被武则天下狱，后又在狱中被活活饿死。太平公主尚且来不及伤心，武则天就把她许配给了自己的侄子武承嗣，企图巩固武姓宗室在朝中的地位。但此时武承嗣已身患重病，武则天便取消婚约，另为她选择夫婿，这次武则天选中的是自己的堂侄武攸暨，但武攸暨已有妻室，武则天便杀掉武攸暨之妻，令他娶了太平公主。太平公主明白自己的婚姻不过是母亲手中随意摆弄的政治工具，因此她未加反抗就屈服了。

青年时期的太平公主虽然婚姻不甚美满，但她因为相貌和性格都与武则天相似而受到武则天的疼爱。据史书记载，太平公主相貌丰美，额头宽阔，英气勃发，且头脑聪明，富有权谋，武则天觉得她很合自己的心意，会与她私下商量一些重要政务。每次商量政事，武则天都令人严守宫禁，生怕事情泄露。太平公主也臣服于母亲的威压，恪守本分，对朝政没有过度关注。此时的她，更多时间把兴趣放在大规模装饰府邸上。

从太平公主出生到再嫁的 20 余年间，她是大唐唯一的公主，且是皇后所生的嫡公主，诚如《旧唐书》所言，她的父亲是皇帝，母亲是皇后，丈夫是亲王，儿子是郡王，她的身份无比尊贵。按照唐朝制度，亲王享受 800—1000 户实封，公主封邑不超过 300 户，而太平公主额外加封 50 户，到武周圣历年间，她的实封户增加为 3000 户。神龙政变中，太平公主因配合唐中宗李显和相王李旦诛灭张易之、张昌宗兄弟立下卓越功勋，被封为"镇国太平公主"，实封数增加至 5000 户，与相王李旦享受同等待遇。她所生的薛氏二子二女、武氏二子一女都享受实封户。唐中宗还提高了太平公主、相王、卫王、成王、长宁公主、安乐公主等皇室贵属的安保级别，全部配置卫士，环住宅每十步设一哨所，卫兵持兵器巡逻警卫，森严的守备类似于宫禁。

神龙二年（706）闰正月，唐中宗打破旧例，允许太平公主以下诸位公主开府。《资治通鉴》记载，当时太平、长宁、安乐、宜城、新都、定安、金城七位公主同时开建府署，设置属官。其中，太平公主号称"镇国"，又是长公主，故而她的属官设置规格等同于亲王。长宁、安乐两位公主是韦后嫡出，除不设长史外，其余属官也都与亲王相同。宜城、新都、安定、金城等公主都非韦后所生，因此待遇减半。公主开府，是唐中宗统治初期的一项开创性政策，在朝野内外引起了广泛关注。时任酸枣县尉的袁楚克对此颇有非议，他认为男女有别、内外有别，不可颠倒，否则就会引起阴阳混淆、为政不远，并明确指出公主开府设署，等级位同亲王，不是正道。尽管如此，唐中宗还是不顾此举的负面影响，给予自己的妹妹和女儿极高的政治待遇。

在唐中宗众多子女中，他最宠爱韦后所生的安乐公主，这与安乐公主出生于唐中宗困窘时期有关。唐中宗与韦后生有邵王李重润及长宁、安乐两位公主，除李重润因得罪武则天被中宗亲自缢死外，长宁、安乐两位公主都陪在父母身边长大成人。尤其是安乐公主出生于李显被发配房州的途中，李显脱下自己的衣服包裹她，并给她起乳名为"裹儿"。因此，唐中宗对这个出生于自己落魄时期的小女儿有特别的怜爱之情。唐中宗刚刚登上帝位，就赐予她"安乐"封号，希望她的人生平安喜乐。安乐公主恃宠而骄，公然卖官鬻爵，她写好任命官员的诏书并将内容掩住不让唐中宗看，却让唐中宗签字盖章，唐中宗竟然也不以为忤，笑呵呵同意了。

在日常生活中，韦后与安乐公主也穷奢极欲，无所不用其极。韦后搜集色彩艳丽的鸟毛为鞯面，韦后的妹妹用豹皮、熊皮等野兽皮毛做枕头，安乐公主曾命宫中尚方用百鸟羽毛为她织成一件毛裙，这件毛裙正看为一色，旁看为一色，日中为一色，影中为一色，裙中依稀可见百鸟的形状。她还令尚方收集百兽之毛做成面具，隐约可见各种野兽的形状。受安乐公主审美趣味的影响，百官之家掀起大肆搜刮奇异羽毛的风潮，江南、岭表的珍禽异兽几乎被捕捉殆尽。

安乐公主大肆营建府第，奢华程度令人惊叹，唐中宗拨出大笔经费供她挥霍，国库为之一空。安乐公主还要求唐中宗把昆明池赏赐给她。昆明池是汉魏时期所挖掘的池塘，多产鱼类，收益颇丰，京师都仰赖它。由于昆明池是皇帝的私产，不能轻易赐人，故而唐中宗拒绝了安乐公主的要求。未能如愿的安乐公主就命司农卿赵履温、将作少监杨务廉在京城延平门外另开凿一座池塘，绵延十几里，取名为"定昆池"，内含定天子昆明池之意。为修建定昆池，赵履温等人强夺百姓田园，用国库钱百万亿。定昆池修成后，唐中宗前往观看，令公卿赋诗。黄门侍郎李日知诗云："但愿蹔思居者逸，无使时传作者劳。"诗中对安乐公主充满讽刺之意。

安乐公主还曾在洛阳道光坊建造安乐寺，用钱数百万。城中流传童谣曰："可怜安乐寺，了了树头悬。"后来竟然一语成谶。洛阳昭成寺中有安乐公主命人所造的百宝香炉，高三尺，开四门，缀以珍珠、玛瑙、琉璃、琥珀、珊瑚等稀世珍宝，费钱3万，极尽奢华。对安乐公主种种任性妄为的举动，唐中宗大多一笑了之，不加训斥。

唐中宗性格仁善，韦后对政务多加干涉，安乐公主也跃跃欲试，对储君之位抱有幻想。当时上官婉儿位居昭容，与唐中宗和韦后相处融洽。韦后觉得自己智谋不及太平公主，对她颇为忌惮。神龙三年（707）七月，安乐公主催促唐中宗立自己为皇太女，宰相魏元忠劝阻，她竟然反驳说："阿武（武则天）尚且可以当皇帝，我为何不能做皇太女？"她的言行不仅引起太平公主的不满，更激起太子李重俊发动政变，唐中宗、韦后、上官婉儿和安乐公主一起避难脱险。政变后，韦后与安乐公主指使亲信诬告相王李旦与太平公主参与李重俊叛乱，唐中宗未加理会。太平公主权势日隆，大量延揽朝臣、文士进入自己府第，并以金帛资助其中贫困之人，在朝臣和文士中积累了强大的人脉，韦后和安乐公主也紧锣密鼓地培植自己的政治势力。太平公主与安乐公主这一对姑侄各树朋党，在朝中掀起了轩然大波。唐中宗为此头疼不已，一个是自己的胞妹，一个是自己的爱女，他夹在中间左右为难，无法自处。

但身为父亲，唐中宗也许更爱自己的女儿。唐中宗对安乐公主无限度的宠爱，集中体现在她的婚事上，虽说是政治婚姻，但唐中宗还是把她的婚礼办得风光无比。安乐公主的第一任丈夫武崇训乃武三思之子，性格骄横，唐中宗下令在皇室内苑中筑球场赛球，驸马都尉武崇训与杨慎交为使场地表面光洁，竟然命人用油膏筑场，耗费人力物力甚多，百姓不胜劳苦。安乐公主与武崇训的孩子刚及满月，唐中宗与韦后就在其府第大肆封赏，并命李峤、宋之问、沈佺期、张说、阎朝隐等著名文士赋诗赞美。后来武崇训死于太子李重俊叛乱，他的孩子在唐中宗和韦后庇护下成长，幼年时期就被加封为金紫光禄大夫、太常卿同正员、左卫将军，还被封为镐国公，赐食实封 500 户，以承袭他父亲的爵位与尊荣。

武崇训死后，安乐公主很快又在武氏宗族中为自己寻觅了一位夫婿，唐中宗顺水推舟地接纳了新的驸马都尉。景龙元年（707）十一月二十一日，安乐公主第二次出嫁，下嫁给武承嗣之子武延秀，完成了韦、武两大集团的第二次联姻。为使安乐公主的出嫁礼仪更加隆重，唐中宗让她借用皇后的仪仗从宫禁中出发，叔父李旦为她担任"障车"，即在她乘坐的马车前面担任护卫，唐中宗自己携韦后亲自到安福楼目送公主出宫。婚礼次日，唐中宗在太极殿大宴群臣，安乐公主向唐中宗行礼后，又别有用心地向王公贵族们施礼，公卿、百官都大惊失色，伏地向她行大礼。安乐公主的姑母太平公主和姑父武攸暨也暂时放下宿怨，当众起舞祝贺。这一切，让公卿、百官不由揣测，唐中宗的确有立安乐公主为皇太女的打算。唐中宗因为嫁女心情舒畅，驾临承天门，宣布大赦天下，并赏赐臣民大宴三天，让普天之下分享他的喜悦。

此时唐中宗尚能平衡太平与安乐两位公主之间的矛盾，上官婉儿也无须马上在两位公主之间做出选择。景龙元年十一月安乐公主新婚，景龙二年太平公主的三个儿子崇简、崇敏、崇行都被授予三品官衔，与渔阳王兄弟四人等级相同。至景龙三年，太平与安乐两位公主的矛盾升级，一些朝臣也牵涉其中。譬如首鼠两端的知名诗人宋之问。宋之问先投靠太平公主，并被提拔为考功员外郎。安乐公主势力壮大时，他又开始结交安乐公主，太平公主深为不齿。唐中宗想任命宋之问担任中书舍人，太平公主揭发他知贡举时收受贿赂的事情，宋之问因此被贬为汴州长史，未及出行，又被改为越州长史。

再如在安乐公主授意下诬告相王和太平公主的兵部尚书宗楚客，此时受到监察御史崔琬的弹劾。关于此事，《全唐文》与《资治通鉴》所记出入很大。《全唐文》收录一篇唐中宗所撰的《赐崔琬弹宗楚客密状敕》，大致内容是崔琬忠诚耿直，不畏权豪，因此能够称职，宗楚客等人礼度荒废，崔琬应该公正对待，无须回避。《资治通鉴》所记内容更丰富：景龙三年（709）二月，监察御史崔琬弹劾宗楚客、纪处讷勾结戎狄，收受贿赂，导致边患发生。当时太平公主与宗楚客的矛盾很尖锐，故而指使崔琬弹劾他。宗楚客愤怒不已，当场为自己申辩，说自己忠诚卫国，崔琬在诬陷自己。唐中宗难以判断，竟然不追根问底，命令崔琬与宗楚客和解并结拜为异姓兄弟，时人称唐中宗为"和事天子"。既然唐中宗有意让二人和解，那为何还要亲自撰拟那份密状命令崔琬弹劾宗楚客呢？有学者认为撰拟密状的不一定是唐中宗，极有可能是负责草拟制诰、诏令的上官婉儿。

还有长安胡僧慧范，资财雄厚，善于结交权贵。武则天时期把他捧为圣僧，赏赐丰厚，太平公主也对他格外看重，因此他的身份备受瞩目。刚开始慧范与张易之交好，张易之伏诛后，有人向唐中宗汇报说他曾参与过清除张易之的行动，他因此被封为上庸郡公，每月享受俸禄供应。韦后与他也常常往来，并加封他为银青光禄大夫。虽然身在韦后与安乐公主阵营，但慧范很擅于政治投机，秘密与太平公主的乳母私通，太平公主视他为自己的同党，上奏唐中宗提升他为三品官衔御史大夫。御史大夫魏传弓弹劾慧范家藏巨额赃款，请求将他处以死刑。唐中宗考虑到慧范与韦后、安乐公主及太平公主的关系，想赦免他。但魏传弓认为刑赏是国家大事，慧范既已受赏，岂可为他废刑？唐中宗只好下令削去慧范银青光禄大夫的官职。御史大夫薛谦光又弹劾慧范行为不轨、不可宽恕，太平公主亲自为他申辩，慧范得以免罪，薛光谦等人反倒因此获罪。

由于唐中宗性格懦弱，当时权臣大都依附于韦后和安乐公主，朝局上呈现一派昏暗气象。宰相苏味道身居高位却无所建树，遇事揣着明白当糊涂，以模棱两可的态度应付了事，时人讥讽他为"苏模棱"。宰相杨再思参政十余年却没有作为，一味讨好皇帝，凡事以迎合皇帝心意为出发点，皇帝赞同的事情他都大加称赞，皇帝反对的事情他都加以打压，时人称其为"两脚野狐"。宰相赵彦昭更是厚颜无耻，为了当上宰相竟然身穿女装，并认女巫为姑姑，乞求女巫相助。国子祭酒祝钦明毫无节操，在唐中宗举行的宴会上自请表演"八风舞"，摇头转目，丑态百出，以博唐中宗一笑。众大臣中攀附韦后、安乐公主最积极的是御史大夫窦怀贞，为避讳韦后父亲的名字，他给自己改名为窦从一。他的妻子去世后，为巴结讨好韦后，他娶了韦后身边一个年纪大且粗鄙的乳母，封其为"莒国夫人"。宫里的人按习惯称呼乳母的丈夫为"阿奢"，窦怀贞不以为耻反以为荣，每次求见韦后或上表状，都自称"翊圣皇后阿奢"，时人叫他"国奢"，他竟然面有得意之色。受到韦后与安乐公主重用的宗楚客，不仅趋炎附势，而且有谋逆之心，在卑位时想当宰相，当上宰相又思天子之位。

太平公主是女皇武则天唯一的女儿，在她内心深处，自己的母亲是唯一有资格做女皇的人，韦后、安乐公主之流想效仿她的母亲，根本就是东施效颦。早在神龙元年（705）三月十二日，太平公主就为天后武则天建造了一座罔极寺，取《诗经》中"欲报之德，昊天罔极"之句，寄托自己的哀思。因此，她怎么可能容忍韦后和安乐公主轻视自己的母亲呢？她联合朝中反对韦后、安乐公主母女二人的臣子，意图把安乐公主作皇太女的痴心妄想打压下去。这种想法与对武则天怀着复杂心情的上官婉儿不谋而合。在上官婉儿的心目中，武则天既是杀害她祖父和父亲的凶手，又是赏识她、重用她的恩人，她清楚地知道，武则天的才华远非韦后和安乐公主可以企及。抱着对朝局稳定负责的心态，她在太平与安乐两位公主的矛盾旋涡中，选择与太平公主结盟，打压韦后与安乐公主集团，还大唐一个清明的政局！

七、与太平公主惺惺相惜

上官婉儿生于麟德元年（664），较太平公主年长一岁。婉儿13岁进入后宫，成为武则天身边的女官，其时太平公主正在唐高宗与武后膝下承欢，两个同龄女孩的生活轨迹多有重叠。

含着金汤匙出生的太平公主，既有擅于权谋、热衷政治的一面，又有潇洒不羁、享受生活的一面。武则天时期，她是女皇膝下的乖乖女，谨慎小心，投母亲所好，就连婚姻大事也任凭母亲安排。她穿着男装，在母亲面前表演歌舞，把很大的精力投入住宅、府第的装饰中。她不仅关注自己府第的装饰，还关注其他人府第的装修。《朝野佥载》提到一件事，兵部尚书宗楚客造了一座新宅，用柏木为梁，沉香混着红粉和泥抹墙，开门就香气飘飘。后宗楚客因贪赃被弹劾，处以流刑。太平公主去他的宅院察看，见到宗楚客奢华的装饰、陈设，感叹说："看他的住处，我们都虚度人生了。"太平公主还命人在长安西市挖掘一口池塘，赎买活着的水族放入池塘，称为"放生池"。

太平公主对一切奇人异事都怀有浓厚的兴趣。史籍记载，长安有一位名叫万回师的异僧，太平公主为接近他，就在自己府第附近为他造了一座宅子。太平公主还认识一位懂得占卜的医生，命他从光证门入宫，医生一进门就看到鬼正在拧大臣周允元的头，另有两鬼持棒紧随其后，径直出了景运门。医生把自己看到的情景告诉太平公主，太平公主就报告给了武则天，武则天派人去查看究竟。周允元刚开始无事，吃完饭回房，午后如厕久久不归。跟随的人进厕所一看，周允元跌倒在厕上，目光呆滞不语，口水直流。跟随的人赶紧向武则天奏报，武则天问医生周允元还有多长时间，医生回答"长则三天，短则一天"。武则天命人用锦被裹着周允元，连床榻一起送回家。结果周允元当天晚上就死了。武周时有一名鼎师是博野人，身怀绝技，太平公主把他带到武则天面前，武则天想试试他的本领。该鼎师用银瓮盛了三斗酒，举起来一饮而尽。又说："我能吃酱。"于是武则天让人用银缸盛了一斗酱，鼎师用汤匙舀着，很快就吃完了。武则天想给这名鼎师加封官职，鼎师说自己情愿出家。于是武则天令人给他剃头。凡此种种，可见太平公主有着强烈的好奇心，以收集奇人异事为乐。

武则天暮年时，上官婉儿陪伴女皇左右，为女皇起草文书，陪女皇作诗、听曲、观舞，成为女皇的巾帼宰相；太平公主则已为人妻、更为人母，她为女皇寻找男宠，先后举荐冯小宝、张昌宗做女皇的面首，深得女皇欢心。可以说，上官婉儿和太平公主是女皇身边最亲近的两朵解语花，为女皇的晚年提供了精神安慰。后来，张易之、张昌宗兄弟弄权，祸乱宫闱，上官婉儿与太平公主共同经历了"二张"之乱。太子李显发动神龙政变，相王李旦和太平公主在宫外配合行动，太平公主请上官婉儿做宫中内应，发动宫女们为政变封锁消息、提供方便，二人之间的密切合作为诛灭"二张"创造了条件。至唐中宗朝，上官婉儿成为二品宫妃昭容，太平公主成为"镇国太平公主"，她们合作的机会就更多了。

上官婉儿素来喜欢读书，"诗书为苑囿，翰墨为机杼"，她内修图书府，外辟修文馆。上官婉儿曾收藏一本描写稀奇怪诞故事的书——《研神记》，她不仅在书上撒香粉防蠹虫，而且在书缝中题名。在上官婉儿去世80余年后，贞元十四年（798），诗人吕温的朋友崔仁亮在东都洛阳购得一卷《研神记》，吕温细细翻阅，突然发现了书缝里上官昭容的签名，如获至宝，特意写下

《上官昭容书楼歌》一诗："汉家婕妤唐昭容，工诗能赋千载同。自言才艺是天真，不服丈夫胜妇人。歌阑舞罢闲无事，纵恣优游弄文字。玉楼宝架中天居，缄奇秘异万卷余。水精编秩绿钿轴，云母搥纸黄金书。风吹花露清旭时，绮窗高挂红绡帷。香囊盛烟绣结络，翠羽拂案青琉璃。吟批啸卷终无已，皎皎渊机破研理。词縈彩翰紫鸾回，思耿寥天碧云起。碧云起，心悠哉，境深转苦坐自摧。金梯珠履声一断，瑶阶日夜生青苔。青苔秘空关，曾比群玉山。神仙杳何许？遗逸满人间。君不见洛阳南市卖书肆，有人买得《研神记》。纸上香多蠹不成，昭容题处犹分明，令人惆怅难为情。"在诗人的想象中，心中充满诗情画意的上官婉儿拥有一座高耸巍峨、华丽无比的藏书楼，窗户上挂着红绡，书阁间布满香囊，楼中藏书万卷，都是珍本秘籍。在这样的藏书楼中博览群书，一定是件非常惬意的事情。诗人把自己的读书感悟加在上官婉儿身上，颇有知音之感。太平公主曾与上官婉儿共游东壁图书府，还学着上官婉儿收藏图书，她曾收藏一幅珍贵的书法作品《出师颂》并在其上钤印。

上官婉儿擅长诗文，太平公主的诗也文采斐然。《唐诗纪事》记载一事，足以说明太平公主的诗写得不俗。景龙三年（709）十二月十三日，上官婉儿与太平公主随唐中宗到温泉宫游玩，两位女诗人诗兴大发，各自题诗数首，惊艳众人。因此宰相张说后来总结曰："舞凤迎公主，雕龙赋婕好。"上官婉儿的诗沿袭其祖父上官仪的绮丽、婉约诗风，又与当时的著名诗人沈佺期、宋之问等共同发展了七言律诗。作为文坛领袖，上官婉儿多次组织诗人聚会，并奉唐中宗之命率领众诗人联句，还有品评他们诗文高下的权力。在这些君臣同乐、以诗会友的聚会中，太平公主也常常出席。

上官婉儿喜欢结交文士，太平公主也乐意延揽有识之士。上官婉儿欣赏宋之问，太平公主同样很喜欢他的诗，宋之问曾作《为太平公主五郎病愈设斋叹佛文》，为太平公主和张易之祈福。另有年少时就以文辞知名的大才子崔湜，姿态出众，不仅成为上官婉儿的亲密朋友，更被上官婉儿引荐给武三思，进而受到唐中宗器重成为宰相。当崔湜贪赃枉法获罪时，上官婉儿还为他申辩求情，助他脱罪并重新获得重用。后来，唐隆政变中上官婉儿香消玉殒，崔湜转而投靠太平公主，太平公主接纳并保护了他。

上官婉儿死后，太平公主哀伤不已，赗赠500匹绢为她举办葬礼并遣使吊祭。在唐代，500匹绢是一笔巨款。更有甚者，上官婉儿落葬之处是太平公主的家族墓地，太平公主的女儿也葬在上官婉儿附近。种种迹象表明，上官婉儿与太平公主之间不仅仅是一时结盟、互相利用的关系，而是彼此惺惺相惜、相互可托生死的真朋友。

第五章

唐隆政变　一夕殒命

一、草拟中宗遗诏

　　唐中宗李显统治末期，朝局呈现一副颓败之象，韦后与安乐公主政治野心愈加膨胀，她们结交朝臣、干预朝政，试图效仿武则天建立女主政权。个性软弱的唐中宗，对此不仅无能为力，反而显露畏惧之色。在唐中宗极度纵容之下，韦后与安乐公主变本加厉，不把他这个皇帝放在眼里。《本事诗》记载，唐中宗与韦后举行宴会，有唱优人演唱《回波词》，其词曰："回波尔时栲栳，怕妇也是大好。外边只有裴谈，内里无过李老。"唱完之后，韦后面露得意之色，赏赐给唱优人束帛。裴谈是当时的刑部尚书，以惧内著称；李老就是指中宗本人。在宫廷聚会上，唱优人竟敢公然打趣唐中宗君臣以讨好韦后，说明当时韦后的气焰极其嚣张。韦后竟然当着唐中宗的面赏赐嘲笑中宗君臣的唱优人，可见她对唐中宗的轻蔑之情。

景龙四年（710）五月十七日，曾任许州司兵参军的燕钦融向唐中宗上书，指称韦后干预朝政，安乐公主、武延秀、宗楚客等人共同危害社稷。唐中宗读后盛怒，诏令燕钦融入朝觐见，并当廷命人将其鞭打致死。韦后与安乐公主见朝中已有反对自己的声音出现，不由加快了篡权夺政的步伐。安乐公主计划由韦后代理朝政，而自己荣立皇太女，如此一来她们母女二人就可以共享天下，于是与韦后合谋鸩杀唐中宗。

关于韦后与安乐公主毒杀唐中宗一事，《资治通鉴》交代了来龙去脉：散骑常侍马秦客精通医术，光禄少卿杨均擅长烹饪，这二人皆出入宫掖，与韦后有私情。随着时间推移，马、杨二人担心事情败露性命不保，急于想办法避难。安乐公主想让韦后临朝、自己做皇太女，把父亲李显视为拦路石。于是这几个人就合谋，在呈给唐中宗的汤饼中下毒谋害他。《大唐故悖逆宫人志文并序》（即《安乐公主墓志》）中也有"密行鸩毒，中宗暴崩"

的记载，可见唐中宗确实是被安乐公主等人毒杀的。景龙四年（710）六月初二，唐中宗在神龙殿上批阅奏章，安乐公主亲自给他送来一碗汤饼作点心。见到宝贝女儿给自己送食物，唐中宗感到非常欣慰，不疑有他，就吃下了汤饼。很快，唐中宗就腹痛难忍，七窍流血，倒地而亡，终年55岁。

唐中宗死后，韦后意欲独掌大权，故而秘不发丧。如此大逆不道的弑君之罪，凶手还没有查出来，韦后就开始采取一系列行动夺权。唐中宗死前未能留下遗诏，韦后就命令执掌机要文件的上官婉儿替唐中宗起草一份遗诏，她提出两点要求：一是让自己的儿子、16岁的温王李重茂继承皇位；二是由自己辅政，裁决军国大事。上官婉儿接到命令大吃一惊，她知道这是韦后想模仿武则天执政的信号，她也清醒地知道韦后能力平庸，无法与武则天相提并论，如果朝政被韦后把持，那真是要天下大乱了。上官婉儿紧急思考对策，她还回忆起神龙年间太子李重俊政变的惨烈景象，更是觉得万万不能让韦后和安乐公主的阴谋得逞，她一定要让皇位留在李氏子孙手中。念及此，上官婉儿紧急联络太平公主，邀请她进宫商议。太平公主素有权谋，在朝中地位举足轻重，她自然不愿意看到朝政混乱、李氏皇族权力旁落的局面，因此她收到上官婉儿派人传递的消息后，第一时间赶到宫里与婉儿会面。经过积极盘算与仔细权衡，上官婉儿与太平公主确定了唐中宗遗诏的主要内容，由婉儿连夜起草出一份遗诏，内中写明三件大事：第一，立温王李重茂为皇太子；第二，韦后知政事；第三，相王李旦参谋政事。

在唐中宗死于非命、韦后与安乐公主篡权的危急关头，上官婉儿凭借自己机敏的判断能力和对李唐皇室的忠诚之心，迅速做出了自己人生中的又一次重大选择。她选择与太平公主联合起来，尽最大可能遏制韦后集团对皇权的抢夺。因此她在草拟唐中宗遗诏时，违背韦后意愿，特意加上一条"由相王参谋政事"。这是她能为李唐皇室所做的最大贡献了！当然，上官婉儿做出这样的选择，也有考虑自身安全的因素。自出生起，上官婉儿的命运就磨难重重，襁褓中跟着母亲沦为宫婢，13岁入宫陪侍武则天，42岁成为唐中宗的妃子，先后经历过"二张"之乱、神龙政变、节愍太子李重俊政变和唐中宗被鸩杀等突发事件，锻炼出她过人的胆识和临危不乱的坚毅品格，能够在关键时刻做出正确的选择。在神龙政变和唐中宗被害事件中，她都选择站在太平公主与相王李旦势力一方，两度与太平公主联手，共同为李唐皇室的长治久安竭尽全力。

韦后拿到上官婉儿草拟的唐中宗遗诏，发现内中加上了相王李旦参谋政事这一条款，非常生气，她召集自己的亲信宗楚客、韦温等人询问对策。宗楚客等人建议篡改上官婉儿与太平公主起草的唐中宗遗诏，以皇太后和相王有叔嫂不通问的现实困扰、处理问题很难做到既遵守礼仪又合乎事理为由阻止相王辅政，再通过给相王升迁职位的方式削去他的辅政大权。《大唐新语》记载，看到上官婉儿起草的遗诏后，韦后亲信与其他朝臣的态度泾渭分明。深受韦后信任的中书令宗楚客对同为韦后党羽的太子少保韦温说："当今皇太后临朝，应该停止相王的辅政大权，而且太后与诸王有叔嫂之别，处理政务多有不便，这份遗诏于理不合。"尚书右仆射苏瓌正色反驳道："这是先帝遗诏，不可更改！"但韦后和她的党羽还是冒天下之大不韪，强行修改了这份遗诏。继而，韦后精心安排人事任命，为自己临朝摄政做了充分的准备。

景龙四年（710）六月三日，韦后命刑部尚书裴谈、工部尚书张锡担任同中书门下三品，仍旧担任东都留守，以稳定洛阳的政治形势。同时，她又命吏部尚书张嘉福、中书侍郎岑羲、吏部侍郎崔湜担任同中书门下平章事，以巩固都城长安的政局。都城内外兵马皆由韦氏亲族掌握，韦温担任总管。韦后诏令各州府折冲兵5万人全部驻扎在京城，列为左营、右营，由韦氏子侄们如驸马都尉韦捷、韦灌、卫尉卿韦璿、左千牛中郎将韦锜、长安令韦播、韦温的外甥高嵩分别统率。京城六街的安危由中书舍人韦元负责。在西京与东都完成布防后，韦后又令左右金吾大将军赵承恩、右监门大将军薛简率领500名士兵去往均州，以防备谯王李重福造反，为温王李重茂登基肃清不安定因素。这些诏书由谁下达呢？当然是掌管内阁的上官婉儿。同一天，韦后任命李重茂为皇太子。六月四日，韦后在太极殿公布唐中宗驾崩的消息，并宣读唐中宗遗诏，为唐中宗发丧。同时韦氏临朝掌管朝政，宣布大赦天下，改年号为"唐隆"，并任命相王李旦为太尉。

　　唐隆元年（710）六月五日，皇太子李重茂在唐中宗灵柩前即皇帝位，是为唐少帝。李重茂尊韦后为韦太后。韦太后初登权力顶峰，为巩固胜利果实，她利用自己的党羽和爪牙搜集各方消息，惟恐天下人对自己不利。六月十二日，韦太后派自己的党羽到全国各道巡抚慰问，如纪处讷到关内道巡视，张嘉福到河北道巡视，岑羲则到河南道巡视。在一众拥戴她的官员如中书令宗楚客、太常卿武延秀、司农卿赵履温、国子祭酒叶静能及韦氏诸人劝谏下，野心勃勃的韦太后意欲遵从"武后故事"，即效仿武则天发动宫廷革命而称帝。一时之间，京城流言四起，相传将有革命之事，人人恐惧，群情不安。韦太后的种种行为加重了李唐皇室成员的危机感，这为"唐隆政变"的爆发埋下了隐患。

二、唐隆变局殒命

　　唐隆元年（710）六月，皇太子李重茂登基之后，朝中权柄落入韦太后及其党羽手中。韦太后麾下的宗楚客等人先是打算谋害少帝李重茂，但也担心相王李旦和太平公主从中阻拦，他们又进一步计划除去相王和太平公主。为了维护李唐天下，相王李旦的第三子临淄王李隆基联合其姑母太平公主，以韦太后"鸩杀先帝，谋危社稷"为由，以"应当共同诛杀诸韦"相号召，发动了一场声势浩大的宫廷政变，史称"唐隆政变"。

是时李隆基居住在京城长安隆庆里，时人议论"隆"即为"龙"。韦后称制，改元为"唐隆"，暗合李隆基之名。李隆基颇为自负，对韦后及其党羽的横行霸道愤慨不已，于是就与姑母太平公主密谋发动政变，想要合力歼灭韦后集团。太平公主正有此意，还派自己的儿子薛崇简跟随李隆基起事。韦后集团也暗中谋划，试图将相王李旦与太平公主阻挡在政权之外。从双方的实力来看，相王与太平公主渐渐占了上风。韦后集团因此发生了内部分裂，例如原本依附于韦后的兵部侍郎崔日用，觉得韦后与宗楚客等人的计划风险太大，于是就想脱离韦后一党。他通过沙门普润、道士王晔从中引荐，秘密前往李隆基的潜邸，将韦后等人的计划和盘托出，从此摇身一变成为李隆基一方的人。发动政变之前，李隆基联合太平公主的第二子薛崇简、西京御苑总监钟绍京、尚衣奉御王崇晔、朝邑尉刘幽求、利仁府折冲麻嗣宗、万骑果毅葛福顺和李仙凫等皇宫禁军将领，还有宝昌寺僧人普定等商量对策，制定了诛杀韦后等人的一系列行动计划。有人建议李隆基先禀告相王，李隆基认为自己拯救社稷于危难，奔赴君父之围困，事成则福归李唐宗室，失败则身死于忠孝，没必要先告诉相王，令相王担忧。再者，如果相王同意他们的计划，就会把相王陷于危局之中；如果相王不同意，他们的计划就无法执行。

唐隆元年（710）六月二十日夜晚，临淄王李隆基微服出行，提前到达钟绍京的住宅，等候其他人前来会合。钟绍京此时有些后悔，在他妻子的劝说之下，他才心神稍定，安排李隆基住了下来。当时羽林军将士都屯驻在玄武门。夜深人静时，万骑果毅葛福顺和李仙凫到李隆基住所请求行动号令。将近二更，天空中突然流星散落如雪，这奇异的景象令众人惊呆了。孤注一掷的刘幽求恳切地对李隆基说："天意如此，机不可失，是时候采取行动了！"受天象启发，李隆基也觉得此次行动是受上天庇佑的。按照提前部署的计划，李隆基先派一支骑兵部队前往玄武门去杀羽林军中的韦氏亲信。葛福顺拔剑率军而去，他径直杀入羽林营，斩下将军韦璿、韦播和中郎将高嵩三人的首级示众，并说："韦后鸩杀先帝，企图危害社稷，今晚我们应当一起诛杀韦氏诸人，凡身高超过马鞭者一律斩杀，拥立相王为帝以安天下。倘若有人敢首鼠两端帮助逆党，则罪及三族。"羽林将士皆欢呼雀跃，欣然听命。葛福顺将韦璿、韦播、高嵩的头颅呈给李隆基看，李隆基取火把仔细验看、确认后，与刘幽求等几十人出御苑南门，钟绍京带领 200 余名御苑丁匠手执斧锯跟从。

李隆基率领众人一路过关斩将，所向披靡，葛福顺率左万骑攻打玄德门，李仙凫率右万骑攻打白兽门，双方约定在凌烟阁前会合，大声鼓噪为信号。葛福顺等人分别杀掉守门兵将，攻入禁中，李隆基率兵守在玄武门外。三更天，听到宫中一片鼓噪声后，他率领总监及羽林兵冲进宫中。当时太极殿前有戍卫梓宫的万骑军队，听到大军到来，纷纷披上铠甲应战。韦后在战乱中仓皇出逃，跑入飞骑营中，被一个飞骑兵诛杀。安乐公主也死于非命。据《新唐书·公主传》记载，当时安乐公主正在揽镜画眉，听闻乱兵将至，她急忙逃到右延明门，追兵赶到，斩下了她的首级。而《旧唐书·外戚传》则记载，安乐公主与驸马武延秀在内宅与士兵格斗良久后才双双被斩。安乐公主时年 25 岁，死后还被追贬为"悖逆庶人"。据《大唐故悖逆宫人志文并序》（即《安乐公主墓志》）记载，安乐公主其实早就图谋不轨，她野心勃勃地试图干预皇位继承，她的设想是先发动羽林军，再率领左右屯营，并在自己内宅中秘密收藏了大量武器，计划于唐隆元年（710）六月二十三日发动政变，再除掉相王及太平公主。可惜计划泄露，李隆基先发制人，于六月二十日发动政变，她落得个当夜就被剿灭的下场。

唐隆政变发生后，韦后一党四处逃窜，惶惶不可终日，上官婉儿却表现得平心静气、不慌不忙。李隆基率领大军杀入内宫时，与韦后过从甚密的唐中宗昭容上官婉儿也在被诛杀的名单上。夜黑风高，李隆基率领大军冲进唐中宗后宫，听到众将士嘈杂声的上官婉儿表现得很镇定，因为她早已有所准备。她身穿素衣，手执蜡烛，率宫女迎接李隆基和大军的到来。李隆基派部将刘幽求上前问话，上官婉儿气定神闲地对答如流，并把自己与太平公主所拟的唐中宗遗诏草稿拿给刘幽求看，以此来证明自己始终是和李唐宗室站在同一阵营的。刘幽求将遗诏草稿呈给李隆基，上面写着任命李隆基的父亲相王李旦担任摄政王。刘幽求相信上官婉儿的诚意，请求李隆基对她网开一面。但李隆基顾虑颇多，他认为上官婉儿在宫中多年，关系盘根错节，且在历次宫廷斗争中都能安然脱身，可见此人心机颇深，若是现在留下她，万一将来她立场动摇，对自己是极为不利的。况且上官婉儿拿出的是一份真伪莫辨的遗诏草稿，与真正颁布的诏书并不吻合，因此不足以取信于他。此外，李隆基对武则天弃唐改周和韦后篡权干政这两件事的记忆太过深刻，时刻保持对女主再度执政的警觉心理，上官婉儿先后辅佐过武则天和韦后，现在又与太平公主私交甚笃，留下她的话，大唐政局又在很大程度上会出现强悍的女主干政局面，他不想冒这个风险。

　　李隆基经过激烈的思想斗争，找到了杀掉上官婉儿的理由。首先，上官婉儿为人圆滑，缺乏忠贞的品质。她追随武则天 27 年，一直表现得恭敬谦卑，兢兢业业地为女皇服务，但当女皇年老病弱，太子李显等人发动神龙政变时，她毫不犹豫地选择了临阵倒戈，成为唐中宗李显的昭容；唐中宗在政治上软弱无能，她就投靠了韦后和武三思，为自己谋取最大利益；唐中宗被韦后和安乐公主鸩杀，她又当机立断地选择了与相王李旦和太平公主合作，进行政治投机。其次，上官婉儿曾经做过对李唐皇室不利的事情。武则天去世后，上官婉儿为了扶植武氏集团势力，在草拟制诰时偏向武三思等人，一度打压过李姓皇室诸人。再次，唐中宗刚去世时，上官婉儿成为韦后的帮凶，韦后安排娘家人担任朝中要职，上官婉儿确实也撰拟过相关诏书，为韦后把持朝政创造了条件。基于以上原因，李隆基认定上官婉儿是一个才华出众但德行有亏的人。留一个既有才华又无德行的人在身边，不啻给自己埋下一个巨大的隐患。念及此，李隆基再也不想让上官婉儿继续活在世上。于是，李隆基抱持着宁可错杀、不可错放的决绝态度，把上官婉儿拉到马前的一杆大旗下，手一挥，将其斩首。

　　大唐才女、女皇机要、巾帼宰相、中宗昭容，风华绝代的上官婉儿在一场残酷的宫廷政变中香消玉殒了，年仅 47 岁。呜呼，哀哉！她从官家女婢到权力核心，曾经权倾朝野，风光无限，但在错综复杂的权力斗争中，最终未能摆脱牺牲品的命运。唐中宗时以文辞、书法见长的文豪武平一所作的《景龙文馆记》对上官婉儿的一生进行了总结，称她自幼"聪达敏识，才华无比"，掌握"军国谋猷，杀生大柄"，能够"幽求英隽，郁兴词藻"，但可惜晚年"外通朋党，轻弄权势"，因此引起朝廷不满，被李隆基斩杀。

唐隆政变取得胜利，少帝李重茂稳坐太极殿。刘幽求对大家说："我们约好拥立相王为帝，为何不早一点儿把此事定下来？"李隆基此时还不想马上拥立自己的父亲为帝，他想把局势控制在自己手里。因此他急忙制止了刘幽求，又请求李重茂下诏诛杀逆韦一党。李重茂因此颁发《诛韦氏诏》，将马秦客等人称为"逆贼"，重提马秦客等人鸩杀唐中宗之事；将宗楚客、纪处讷、武延秀、赵履温、韦播、高嵩、韦挺、叶静能、韦建、杨均、王哲等视为同党，认为是他们煽动韦后篡权，干预皇家政务，当时凡有大事，都归韦氏处置；而宗楚客又散布妄说妖言，劝韦后称制，还连结宫廷内外，即将危及宗社。李重茂在诏书中还回顾武则天统治时期的旧事，他说："王庆之、李曳、张嘉福、前麟游县令杜无二、越州长史宋之问等人秘密呈上表状，请武则天立武承嗣为皇太子。武则天斩掉王庆之一人，宋之问因攀附武三思才得以免罪。如今宋之问、李曳又依附宗楚客和宗晋卿，与将作少匠李守质日夜图谋，敦促武延秀起事，我的皇位，几乎不保。安国相王与镇国太平公主，是我的亲叔亲姑，与我同忧共戚，宗楚客、韦温等又附会安乐公主，妄想剪除相王与太平公主。"在李重茂看来，韦氏与武氏素来就有勾结，因此他在诏书中不忘提及武氏的罪责。为了给李隆基与太平公主发动政变提供道义上的合理性，他进而在诏书中写道："相王第三子、临淄王李隆基，对家国一片深情，对君亲满怀忠义，与太平公主第二子薛崇简及御苑总监钟绍京、前同州朝邑县尉刘幽求、利仁府折冲麻嗣宗、太平公主府典签王师虔、尚衣奉御王崇煜、东明观道士冯处澄、宝昌寺僧普润、前商州司马崔谔之、山人刘承祖等，响应众望，因时而发，机敏建谋，重安李氏天下。他们迅速平息了兵戈，廓清了暴乱，我的江山才得以稳固。如今宗庙安泰，黎民自安，士庶感恩，各效忠贞。如果有营私结党者，导致异议频生，我一定会毫不宽容，严加管束。"李重茂所拟的诏书，将自己置于李隆基与太平公主阵营，希望借此得到他们的庇护。

诏书宣布后，李隆基令士兵们搜索、捕捉宫中及把守各道宫门的韦氏族人，平日为韦后信任者皆被斩杀。一直到次日天将破晓，内外局面都已平定，李隆基才出宫拜谒相王李旦，他向父亲告罪，请求父亲原谅自己没有禀告就擅自行动之罪。相王李旦上前抱住李隆基，流着眼泪说："宗庙社稷面临祸患，你一一平定，这才保得神祇、百姓的安宁，都是靠你的功劳啊！"随即李隆基率军迎接相王李旦入宫辅佐少帝李重茂。政变次日，少帝李重茂大赦天下，任命李隆基的亲信刘幽求为中书舍人，所有的诏敕都由他起草。李隆基受封为平王，兼知内外闲厩、押左右厢万骑。政变第三日，李隆基就急不可耐地下令关闭公主府，意在遏制以太平公主为首的宗室女性势力，为自己擅权扫平障碍。

　　李隆基等人取得政变胜利后，对韦氏亲党进行了腥风血雨般的报复与清算。他下令关闭宫门及京城门，分别派遣万骑搜捕韦氏一党。太子少保、同中书门下三品韦温被斩于东市之北。中书令宗楚客身着丧服、乘青驴出逃，逃至通化门，被守门者认出，守门者拉下他的帽子将其斩首，并斩杀了他的弟弟宗晋卿。相王李旦尊奉少帝李重茂之命到安福门慰问百姓，昔日全力供奉安乐公主的赵履温骑马到安福楼下舞蹈，口称"万岁"，相王令万骑将其斩杀。原本娶了韦后之妹为妻的秘书监汴王邕和御史大夫窦从一各自斩下妻子的头颅献上。左仆射、同中书门下三品韦巨源在街中为乱兵所杀。与韦后过从甚密的马秦客、杨均、叶静能等都被枭首，韦后被曝尸于市。李隆基还派崔日用率兵将韦氏诸人屠杀于杜曲，就连褴褓婴儿也不放过。除韦氏诸人遭殃外，武氏亲属也遭到缘坐，被诛杀或配流者甚众，从武则天以来逐步发展、壮大的武氏集团，经此打击，几乎全盘崩溃。

三、睿宗登基始末

唐隆政变获胜后，李隆基恭迎相王李旦入宫辅政。翌日，有宫女和太监让刘幽求撰拟制书立太后。刘幽求认为国家大难临头、人情不安，此时政权尚不稳定，突然立太后极为不妥。但平王李隆基阻止他发表意见，称这件事不可轻言。李隆基取得政变胜利后，并未马上拥立李旦登基，只是将他迎进宫辅佐少帝，甚至还隐晦地支持为少帝立太后一事，他在这两件事中的反常态度表明，他不想尽快把自己的父亲扶上皇位，而是另有打算。再一日，刘幽求当着李旦的嫡长子、宁王李成器的面提议尽快扶植李旦即位，李隆基竟然借口李旦生性恬淡、不肯代替亲兄之子，公开表示反对。刘幽求提醒李隆基，李旦即位已是众望所归，不宜节外生枝。李隆基见自己的亲信也态度坚决地支持父亲上位，加上嫡长兄李成器就在现场，他权衡再三，无奈同意入宫劝谏李旦登基。

此前唐中宗李显被妻女鸩杀，朝中不可一日无主，因此韦后等人匆匆将少帝李重茂扶植上位。但李重茂登基不过区区 10 日，朝中已人心涣散，很多臣子都属意相王李旦即位，但又不好直接建议李重茂让位。在这紧急而又微妙的时刻，太平公主扮演了举足轻重的角色。她入宫觐见李重茂，对尚且坐在皇帝宝座上的李重茂说："天下事已经归属相王，这个位置不是你可以坐的。"说完便将李重茂从皇位上拉下来，然后将皇帝登基所用的舆服等物进献给李旦，与平王李隆基和大臣们商议确定相王登基之事。《旧唐书·刑法志》曰："景云继立，归妹怙权"，乃是感慨太平公主权势之大，竟然可以左右皇位的继承。

太平公主立下赫赫功勋，唐睿宗李旦对她益发尊重，为她加食实封 5000 户，加上她以前的实封数，她共食实封 1 万户。她的儿子崇行、崇敏和崇简都被封为异姓王，崇行担任国子祭酒，兄弟们都位列九卿三品。太平公主的生活富足程度，着实令人惊叹，她的田产、园林遍布长安城郊各处，她派人远赴各地收买或制造各色珍宝器物，为她采买的人足迹远至岭表和巴蜀地区，为她运送物资的队伍常常不绝于路。在日常生活中，太平公主的衣食住行各个方面，无不模仿宫廷里的排场，外州官员孝敬她的狗马玩好也不可胜数。胡僧慧范家中富有财宝，擅于迎合权贵，太平公主的乳母与他有私交，太平公主就奏请唐睿宗封他为圣善寺主持，加官三品，封爵为公。

唐睿宗对太平公主的倚重，绝不仅仅表现在生活方面的诸多优待，更多体现在政治上的格外信任。太平公主每每入宫奏事，闲话朝政，她的意见唐睿宗都非常重视。她甚至开始插手朝中官员的任免，或推举人选，或安排、布局南北衙将相，一时权倾朝野。当时宰相共七人，有五人出自太平公主门下，就是她深耕政局的真实写照，甚至连羽林军将领也私下去拜谒她。对于军国大事，太平公主事必参决，享有一定的决策权。在她不上朝的时候，宰臣们就去她的府第商议军国要务，唐睿宗无不照章办理。每当宰相们上奏朝政要务，唐睿宗都要先问他们是否曾与太平公主商议，再问他们是否曾与太子李隆基商议，得到肯定的答复，唐睿宗才同意他们启奏的事项。太平公主的意见，唐睿宗无所不听，自宰相以下官员的晋升或贬黜，全都系于太平公主一言。当时向太平公主推荐官员人选、递交履历的人不可胜数，太平公主名噪一时，她的府第门庭若市，挤满了企图从她那儿捞取政治资本的人。

太平公主两次干预皇位继承事宜，先后扶植温王李重茂、相王李旦继位，不仅因为她是李唐皇室的长公主，心系社稷安危，而且由于她自小跟随母亲，耳濡目染之间，对宫廷纷争、权力倾轧之术烂熟于心。按史家分析，她之所以干预皇位继承，是为了满足自己的政治野心，实现政治投机的目标。唐隆政变结束后，相王即位已成定局，但大臣们无人愿意充当从皇位上驱赶李重茂的角色。太平公主考虑到李重茂不过是自己的侄子，完全可以凭挟持他立大功。事实证明，她这次政治投机相当成功，李旦对她格外感激和倚重，认为只有太平公主这个妹妹与自己心意相通。从此以后，太平公主在唐睿宗朝的权势达到鼎盛。不仅如此，太平公主还借助宗教势力掌握权势。据《新唐书》记载，道士崇玄本是寒门出身，因长期为太平公主服务，得以出入禁中，后来竟然被拜为鸿胪卿，成为声势显赫的官员。

韦后与安乐公主被诛杀后，按照宗法制的继承顺序，应当由唐中宗的次子谯王李重福继承皇位。当时朝中也有人议论，他们认为谯王李重福才是合法的皇位继承人，相王李旦虽然功勋卓著，但不应该继承大统。然而，在太平公主和李隆基的运筹之下，相王李旦还是一步步地登上了皇帝宝座。谯王李重福气不过，自立为帝，尊李旦为皇季叔，以温王李重茂为皇太弟，发兵造反。但此次叛乱很快就被扑灭，李重福兵败被杀，这件事仅仅成为李旦登基过程中的一个小插曲，并未引起大的风浪。《朝野佥载》记载，景龙年间东都洛阳曾有谣谚云："可怜圣善寺，身着绿毛衣。牵来河里饮，踏杀鲤鱼儿。"至景云年间，谯王从均州进入都城作乱，兵败逃跑，最后投洛水而死。

《旧唐书·睿宗本纪》对唐睿宗登基一事进行了美化，其中写道：少帝李重茂主动下诏让贤，提出由相王即位，自己退位。而相王上表力辞，不肯接受。于是少帝再次下诏，宣布相王即位，自己退居别宫。唐隆元年（710）六月二十四日，相王李旦假作勉为其难的样子登上皇帝宝座，接受群臣朝拜，并宣布大赦天下，是为唐睿宗。唐睿宗加封已经退位的少帝为温王，原相王府旧臣都得到提拔，加官晋爵，一派热闹景象。与此同时，唐睿宗追削武三思、武崇训父子二人的官爵，并停止萧至忠、韦嗣立、赵彦昭、崔湜等人的刺史之职。六月二十六日，唐睿宗以镇国太平公主保护社稷有功为由，下令恢复了太平公主府的日常运作。太平公主依旧例开府办公，无疑对李隆基揽权有所阻碍。

《朝野佥载》的作者为将唐睿宗继承大统合法化和神圣化，居然书写了一则神话故事。故事情节如下：

景龙末年，韦后专政，济源县尉杜鹏举被知府召至洛阳修缮书籍。忽然有一天晚上，杜鹏举暴毙，他的魂魄被两个手持符令的使者引领着，出了徽安门，然后北上邙山，跳入一个寒气逼人的大坑，来到一座气势宏伟的廨院。使者率先进入廨院，然后有绿衣官员出来参拜、迎接杜鹏举。杜鹏举紧随其后进入，绿衣官员说："带你来是个错误，有人与你姓名相同，死的不应该是你。"于是下令让使者去修改符令，送杜鹏举回去。杜鹏举在这座廨院中见到了一些奇异的景象，此处略去不表。

杜鹏举在跟随使者返回途中，见到一座新城，异香飘数里，环城驻扎着手握兵器的士兵。士兵对杜鹏举说："相王于此处上天，有 400 名天人来送。"杜鹏举曾担任相王府官吏，听到士兵如此说，就从墙缝里偷窥。只见几百名天使围绕着相王，满地都是彩云，人人都穿着仙气飘飘的衣服，都像画上的人物一般。相王前面有位女子手执香炉引路，走近一看，她衣裙好像剪破似的呈带状，又好似大雁牙齿的形状。相王头顶一轮太阳，光芒万丈，直径可达丈余。相王身后还有19轮太阳，整齐排列成行，和他头顶上的那轮一样光辉耀眼。这时士兵命令杜鹏举快走，杜鹏举就沿着来时的道路返回，不觉已经到达徼安门。回到家中，杜鹏举的魂魄跃入自己的尸身，缓缓醒来，生还人间。他回忆起灵魂经历的种种奇事，心知这是上天给他的预警。于是他找机会来谒见相王，把自己的灵魂所见所闻一一告知相王，相王握住他的手说："我若能成事，岂敢忘记你的大德？"

后来相王果然登基成为唐睿宗，杜鹏举被拜为右拾遗，时人评价他曰"思入风雅，灵通鬼神"。唐睿宗邀请他参加登基大典，命令宫女和妃子为他更换服装，并命他看仪仗队伍中手拿香炉的人。杜鹏举远远一望，竟然是太平公主，她穿的衣服与自己灵魂所见很相似，杜鹏举就问她衣裙呈带状的原因。太平公主回答说，当时正在熨烫天子衮服，忽然火星飞溅，惊忙之中，不觉被烧了衣带，仓皇之间来不及更换衣服。太平公主唏嘘感叹曰："圣人之兴，乃是天意。"杜鹏举灵魂所见的情景，发生在唐睿宗登基前三年，故而这是一则政治预言故事。

这个故事还有附加内容：杜鹏举进入廨院后，问众人廊下所站之人是谁，有人回答曰"魏元忠"。过了一会儿，敬晖进来翻身下马，众人迎接并拜见他。敬晖说自己刚刚从大理寺来，大理寺卿正在审理一桩大案，他见到武三思戴着枷梏，韦温、宗楚客、赵履温等戴着锁链，李峤披头散发站立着。杜鹏举听到魏元忠等人说："今年就有大事发生。"到该年六月，果然韦氏集团被剿灭，宗楚客、赵履温和韦温等都处斩，李峤幸运地解官还乡，都和杜鹏举灵魂所见之事一一应证。

上述故事怪诞不经，无非是为了证明唐睿宗李旦乃继承皇位的天选之人，有上天庇佑，所以能够顺利继承大统。在故事中，太平公主作为唐睿宗李旦即位的礼仪官出现，暗合太平公主扶持唐睿宗登基的史实；杜鹏举见到武三思及韦后一党在阴间地府受刑，也暗合唐睿宗铲除武韦残余势力的行动。

唐睿宗肃清诸韦势力后，为避免被人诟病自己诛杀唐中宗的皇后，取得道义上的支持，他让李重茂主动发布《襄王重茂诛韦氏制》，阐明韦氏理应被诛杀的原因。该制文中提到："中宗孝和皇帝，是陛下您的兄长，他继承先人的功业，但忽视先人的德化；他不采纳贤良之言，只是放纵子女的心意。他没有选择适合官爵的人，但虚食俸禄者达到数千人；他没有分封功臣，但妄食实封者达到百余户。他不停建造佛寺，枉费钱财达到几百亿；他不停地超度僧尼，免租庸者达到数十万。如此一来，国家耗资增加数倍，人口锐减数倍……如今陛下您诛灭阿韦之家，却不改阿韦之乱政；忍心放弃太宗之理本，不忍放弃中宗之乱阶；忍心放弃太宗久长之计谋，不忍放弃中宗短促之计谋，陛下又凭借什么继承祖宗的大业？昔日陛下与皇太子在阿韦之时，忧惧社稷之危亡，常常对群凶咬牙切齿；如今您贵为天子，富有四海，而不改群凶之旧例，我担心会有人对陛下您咬牙切齿……臣以往亲见明敕，自今以后，一依贞观故事。且贞观之时，岂有今日之营造寺观、增加僧尼道士、多增无用之官、施行不急之务，而导致乱政者……宗晋卿打造宅第，赵履温劝建园亭，损坏了数百家民居，侵占了数百家之地，工徒愤而造反，义兵纷纷揭竿，最终使得亭不得游、宅不得坐，信邪佞之说，成骨肉之刑，这些都是陛下您亲眼所见之事……"李重茂这篇制文列举了唐中宗朝的种种弊端，将诸韦乱政的缘由归结为唐中宗李显不遵循唐太宗时期的治世之道，反而对妻子、女儿一味放纵，终于酿成大祸。他劝诫唐睿宗放弃唐中宗时期的错误做法，追溯唐太宗时期的"贞观故事"，希望唐睿宗停造寺观，用建造寺观的钱财充实府库、赈济贫苦人，这样才能做到泽被后世，享受福德无穷。

　　唐隆元年（710）七月，唐睿宗对太子人选的确立感到有些为难。长子宁王李成器是合法的皇位继承人，但第三子平王李隆基为自己登基立下首功，到底该选谁继承大统，他一时之间举棋不定，于是就与大臣们商议。大臣们认为，拯救天下安危的人应该享受天下太平，平王李隆基有圣德又能安定天下，且他们听说宁王李成器有谦让之心，因此应该册立平王李隆基以安定民心。关于李成器让位于李隆基之事，史书记载甚是详细。《旧唐书》记载，李成器推辞说："储君者，天下之公器，四海升平则先立嫡长子，国有危难则立有功之人。如果立储不合时宜，海内失望，非社稷之福。我今日以死固辞。"《资治通鉴》记载，李成器说："国家安则先立嫡长子，国家危则先立有功之人。倘若立储不合时宜，则四海失望。我宁死不敢居平王之上。"二史所记内容几乎相同，唯一不同的是，《资治通鉴》中记载李成器表明自己宁死也不肯居李隆基之上，这就进一步强化了李隆基登基的合理性。唐睿宗见李成器辞让之心坚决，又见大臣们都支持李隆基，于是下诏册立平王李隆基为太子。

《全唐文》中收录唐睿宗李旦所拟《立平王为皇太子诏》全文，阐明了立平王李隆基为皇太子的理由。他称自己选拔继承人的标准是推功业为首，保社稷安宁，而非仅以嫡长为尊。平王李隆基"孝而克忠，义而有勇"，符合选拔条件。他回顾了李隆基在自己登基前的各种表现，即久居藩邸，恪守礼法，与宫中贵戚全无往来。后来奸佞群起，凶党朋立，谗言流行，四下纷乱。韦温、武延秀等朝中作乱；宗晋卿、宗楚客等交构其间。他们营私舞弊、排挤忠良，君子临危、朝不保夕。他们还拥兵羽林万骑，率军左右屯营，先谋害于李旦并殃及太平公主，宫内宫外良士，都有被屠杀的风险。值此存亡之秋，李隆基秘密探听到他们起兵的时间，先行发难，挺身而出，众军响应，很快就平息了祸乱。李氏七庙得以存续，苍生百姓得以保全。因李隆基立下巨大功勋，兄弟们都乐于推荐他为储君。故此自己立李隆基为皇太子，请有司择日，备礼册封。

册封太子当天，天上有祥云出现，于是唐睿宗李旦改年号为"景云"。李旦追谥雍王李贤为"章怀太子"，庶人李重俊为"节愍太子"，恢复了敬晖、桓彦范、崔玄暐、张柬之、袁恕己、李千里、李多祚等人的官爵。

四、上官婉儿的身后事

上官婉儿虽已受死，却并未身败名裂。唐隆政变第二天，少帝李重茂颁布制书，罗列了一批罪臣名单及其罪状，上官婉儿并没有出现在这份名单上。对于上官婉儿的死，太平公主极为哀伤，她不仅请求唐睿宗将婉儿以礼下葬，还提供自己的家族墓地作为婉儿的安葬之处。因此，在上官婉儿死后月余，景云元年（710）八月二十四日，上官婉儿以婕妤之礼落葬于雍州咸阳县茂道乡洪渎原。为筹备上官婉儿的葬礼，太平公主赠送500匹绢作为葬仪，并遣使吊祭，给婉儿的悼词也写得情真意切。而同为皇室贵胄且与上官婉儿同一天被杀的韦后和安乐公主，下场要凄凉得多。唐隆政变中，韦后及安乐公主被枭首于长安东市。政变的第二天，唐睿宗命令收殓韦后的尸体，以一品之礼下葬，并将她追贬为庶人；安乐公主以三品之礼下葬，被追贬为"悖逆庶人"，且被评价为"德不建兮身招耻"。母女二人都被降级下葬，失去了尊贵的身份。

据《资治通鉴》记载，上官婉儿被杀后，曾一度被罢为庶人，后于景云二年（711）七月被唐睿宗追复为上官昭容，谥号为"惠文"。宰相张说奉命撰拟《昭容上官氏碑铭》，当是为上官婉儿平反并以礼改葬而作。碑序部分由齐国公崔日用所撰，崔日用曾与武三思、上官婉儿亲厚，必然会对婉儿不吝赞美之词，可惜此序已失传，无法得知其文内容。但张说所撰碑铭流传后世，其文对上官婉儿的功绩大为称颂，称她纲纪严明，条理清晰，外图邦政，内稔天子，忧在进贤，思求多士。至此，上官婉儿被彻底平反，恢复了名誉。在此碑铭中，张说还流露出对上官婉儿的同情之意，认为她对皇室一片忠心但没有落得好下场。唐隆政变中被处死的所有人中，只有上官婉儿一人得以恢复名位，太平公主还出资给她修了墓。上官婉儿能获此殊荣，除了太平公主对她的深情厚谊外，当与唐睿宗顾念她曾与自己站在同一阵营反对韦后与安乐公主乱政不无关系。

上官婉儿死后，曾联手将唐睿宗李旦推上帝位的太平公主与李隆基姑侄之间的矛盾渐渐激化，并日益走向决裂。唐睿宗登基，太平公主在朝中一言九鼎，对宫廷内外事宜都横加干涉。景云元年（710），太平公主向唐睿宗请求恢复武周时期的昊、顺二陵，将武则天的尊号由"大圣天后"改为"天后圣帝"，继而又改为"圣后"。此时她大张旗鼓地为武则天改尊号，目的在于强调自己在政治上的权威，同时也有对太子李隆基进行震慑之意。她发现李隆基智勇双全、能力突出，不好控制，为避免自己权力旁落，她开始计划将李隆基赶下太子之位。《大唐新语》记载，太平公主有夺宗之计。《册府元龟》的记载更为详细，太平公主专权，见太子明察秋毫，惟恐对自己不利，于是阴谋废掉太子。《资治通鉴》则记载，太平公主刚开始以为太子年少并未对他予以重视，继而又忌惮太子英明神武，想更换孱弱的皇子立为太子，这样她就可以继续把持朝政。

为了废掉太子李隆基，太平公主采取了一系列行动。景云二年（711），太平公主与益州长史窦怀贞等人结为朋党，意图对太子李隆基不利。太平公主还曾乘坐辇车将宰相们拦在光范门内议事，暗示他们换掉东宫太子，宰相们听闻都大惊失色。宋璟抗议说："太子有大功于天下，的确是宗庙社稷之主，公主为何忽然有这样的想法？"由于太平公主有换掉太子的计划，宰相姚崇和宋璟奏请唐睿宗限制太平公主的权势。他们提出，宋王李成器是唐睿宗的长子，豳王李守礼是唐高宗的长孙，太平公主纵横其间，会使东宫不安；应该请宋王和豳王都出任刺史，同时罢黜岐王李范、薛王李业担任的左、右羽林军职务，派他们担任左、右率以辅佐太子；太平公主与驸马都尉武攸暨应该去东都洛阳居住。唐睿宗想到自己只有一个亲妹妹，不忍心将她远置东都，只是下诏让太平公主离开京师到蒲州安居，诸王、驸马自今以后不再掌管禁兵，并将宋王李成器、豳王李守礼降为刺史。太平公主听说是姚崇、宋璟的主意，大为不满。李隆基此时尚且忌惮太平公主的势力，上奏睿宗请求重惩姚崇、宋璟以平息太平公主的怒气。于是姚崇、宋璟二人被贬为州刺史。太平公主在外居住四个月后，李隆基就上表追请她返回长安。太平公主见无法轻易换掉李隆基，又企图制造对李隆基不利的舆论。她宣扬李隆基不是嫡长子，不宜当太子，还鼓动唐睿宗的长子李成器取代李隆基。此外，她还在李隆基左右安插自己的耳目，随时监视李隆基，一有风吹草动就汇报给唐睿宗。太平公主如此种种行为，都令太子李隆基深感不安。

更有甚者，太平公主还利用上官婉儿之死大做文章，试图在道德上谴责李隆基。她上表唐睿宗，请求为上官婉儿编纂文集。唐睿宗从其所请，下令收集上官婉儿的诗文，编纂成文集20卷，命令担任宰相的一代文豪张说为其作序。张说作《唐昭容上官氏文集序》对上官婉儿的诗文成就及文坛地位进行评析，其中充斥大量溢美之词，流传后世，为上官婉儿博取了显赫的文名。在序文末段，张说如实叙述了编纂文集的缘起，其中提到太平公主是上官婉儿的故交，二人曾同游东壁，同宴北渚，建立了深厚的友谊。上官婉儿去世后，太平公主睹物思人，向唐睿宗请求为婉儿编纂文集，纪念婉儿的忠诚美德与卓越才华。在太平公主与李隆基姑侄二人矛盾已经公开的情况下，对上官婉儿的纪念及褒奖，就是对李隆基的暗讽与打击。毕竟，是李隆基杀害了在唐隆政变中立下功劳的上官婉儿！

　　唐睿宗李旦原本就是靠儿子李隆基和妹妹太平公主上位，生性软弱的他登基后，因担心李隆基对皇位有所企图，一再对李隆基施恩放权，他先是封李隆基为平王，接着又册立其为太子。景云元年（710）二月，唐睿宗对侍臣谈及，有懂方术者进言，五日内有急兵入宫，你们为朕做好准备。左右侍臣面面相觑、无言以对。只有张说认为，这是奸人设计陷害东宫太子的计策，皇上应该让太子监国，如此君臣位分已定，自然天下太平。唐睿宗听后龙颜大悦，很快下制令太子监国。三月，唐睿宗又下令让李隆基的亲信葛福顺统领左、右万骑与左、右羽林，将禁军"北门四军"的节制权交到了李隆基手里。四月，唐睿宗下制，将政事全权委托太子李隆基处置，凡军旅死刑及官员五品以上除授，都先与太子商议，然后再上报给唐睿宗。是年十一月，唐中宗被葬于定陵，大臣们朝议决定韦庶人不应祔葬。唐睿宗重新为唐中宗选择了祔葬的人选，他追封已故的英王妃赵氏为"和思顺圣皇后"，因未能找到她的骸骨，仅以衣服招魂，祔葬于定陵。此外，唐睿宗对武氏诸人展开报复，追削了武三思、武崇训父子的爵位与谥号，斫棺曝尸，连他们的坟墓都给铲平了。

景云二年（711）正月，唐睿宗李旦追封自己的妃子刘氏为"肃明皇后"，赐她的陵墓为"惠陵"；追封德妃窦氏为"昭成皇后"，赐她的陵墓为"靖陵"。李旦将二妃都以招魂方式葬于东都洛阳城南，同时在京师长安立庙，名为"仪坤庙"。二妃之一的窦氏是李隆基的生母，因被武则天秘密处决而不知所终，此时才有自己的陵墓及庙宇。很快，唐睿宗特发制诰，称太子"仁孝谨慎、温恭成德、深达礼体、能辨皇献"，特命太子监国。至此，李隆基以太子身份正式摄政。太平公主对李隆基担任储君并负责监国之事极为不满，一再寻衅滋事，唐睿宗为了平衡二人之间的利益冲突，有时不得不让步。同年（711）十月，唐睿宗驾幸承天门，带领宰相韦安石、郭元振、窦怀贞、李日知、张说等人宣制，称"政教多阙，水旱为灾，府库益竭，僚吏日滋"，他认为出现这些负面现象的原因是宰相们辅佐不力，因此将这些大臣罢相。同时，他又任命刘幽求为侍中，魏知古为左散骑常侍，崔湜为中书侍郎，并同中书门下三品，陆象先同平章事。史书记载此批新任宰相都是太平公主的心腹。

延和元年（712）八月，唐睿宗李旦传位给太子李隆基，自己退为太上皇，改元"先天"。史籍记载，是年八月，天上有彗星出现，太史令告知唐睿宗，彗星主除旧布新，预示皇太子登基，皇太子已不适合住在东宫。据说这是太平公主为离间李旦与李隆基父子之情而设的奸计，意在阻止唐睿宗李旦传位于太子李隆基。不料，这一计谋促使唐睿宗下定决心尽快传位于太子。李隆基固辞不受，太平公主也劝唐睿宗虽传位但继续总摄大政。唐睿宗对太子说："你以天下事为重，想让朕兼理国政吗？昔日舜禅位于禹，仍亲自巡狩。我今日虽传位，岂能忘却家国之事？军国大事，我自然会兼理。"唐睿宗李旦宣布退位避灾，自称太上皇帝，将皇位传给了太子李隆基，是为唐玄宗。大唐历史，再次迎来一位坚毅果敢、文韬武略的帝王！

唐玄宗虽已继位，但唐睿宗继续保留三品以上官员除授及重大刑狱的决定权，太平公主干预皇位继承的野心也并未停歇，她筹谋废掉李隆基改立新君。《新唐书》中明确有载，太平公主擅权日久，宰相们争先攀附她，文武之臣有大半依附于她，只有曾受太平公主推荐出任宰相的陆象先能够坚持立场不阿附她。太平公主召集宰相们商议皇位废立之事，宣称宁王李成器才是嫡长子，不应该废嫡立庶。陆象先问道："当今圣上是凭借什么被立为帝呢？"太平公主回答："他有一时之功，但如今失德，怎可不废？"陆象先却认为，凭借功勋而立，若想废黜必须由于获罪，如今并未听到天子有任何过失，怎可无罪而废？太平公主大怒，重新与窦怀贞等人谋划。除窦怀贞外，岑羲、萧至忠、崔湜、薛稷和胡僧慧范，都是太平公主阵营的主力，他们经常在一起密谋废掉李隆基。太平公主还安排宫女元氏在治疗剑伤的药粉中下毒，企图谋害唐玄宗。《全唐文》也提到，太平公主想废掉唐睿宗及唐玄宗，实现自己谋逆的目的。

唐玄宗李隆基既已掌握最高统治权，必然会对多次打压他的太平公主加以钳制。他公开说，太平公主虽然是姑母，但也是臣子之妾，在舆论上贬低太平公主的地位。唐玄宗身边的大臣们也纷纷提醒他，太平公主有谋反之势。中书侍郎王琚对唐玄宗说："我观察宫女所为，有谋害陛下之意，形势已经非常紧迫了，可谓危在旦夕，何不早日定计，以免后悔。"唐玄宗惊问："竟有此事？容我考虑考虑。"荆州长史崔日用也说："太平公主谋逆已有一段时间，以往陛下在东宫，想要讨捕公主，所用的是子道和臣道，必须用谋用力。但今日陛下已经继承大统，只需下一道制诰，谁敢不从？否则奸宄之人一旦得志，就祸乱不小。"唐玄宗仍有顾虑，担心这样会惊动太上皇。崔日用却认为，天子孝与素人孝截然不同。素人孝，只需谨身节用，看长辈脸色行事。而天子孝，则需安国家、定社稷。如果逆党悄然发动政变，大业都会被舍弃，还谈什么成全天子之孝？因此他恳请唐玄宗先定北军，再收逆党，这样就不会惊动太上皇。唐玄宗觉得他言之有理。

先天二年（713）七月三日，尚书左仆射窦怀贞、侍中岑羲、中书令萧至忠、崔湜，雍州长史李晋、左羽林大将军常元楷、右羽林将军李慈等与太平公主同谋，计划于七月四日发动羽林军叛乱。唐玄宗提前获取消息，先发制人，秘密下旨召集岐王李范、薛王李业、兵部尚书郭元振、将军王毛仲，调取闲厩马及家丁300余人，又率太仆少卿李令问、王守一，内侍高力士、果毅李守德等亲信十几人，出武德殿，入虔化门。郭元振全副武装，手持锋利兵器，亲自收捉太平公主一党。正好遇到岑羲带领亲军从后宫出来，二人立即展开厮杀。郭元振提剑直逼岑羲，岑羲落荒而逃，途中遇到内侍高力士，高力士一刀将岑羲砍倒在地，斩下他的头颅示众，岑羲率领的禁军全部投降。郭元振对岐王李范、薛王李业说："萧至忠等人结党营私，全部都可诛杀。"萧至忠等人见情况危急，急忙进宫报告太上皇李旦："开始设计谋害皇上的，只有岑羲一人，我们并没有参与其中。今天诸王相信郭元振的话，想全部诛杀我们。我们乞求太上皇怜悯。"说完痛哭失声。太上皇安抚他们说："你们先别担心，我会保全你们的。"不久，众兵杀到，窦怀贞惊慌之下自缢而死，萧至忠被士兵所杀，常元楷、李慈也被枭首。太上皇情急之下仓皇出逃，登上承天门楼。郭元振又觐见太上皇，称窦怀贞等设计谋害皇上，现已伏诛，希望皇上不要加害他们这些无辜的臣子。太上皇听到此言，下制诰曰："乱党既已遭到屠戮，天下大事已定，你们这些士兵不得惊扰宫禁。从今往后所有的军国政刑要务，全部取决于我儿皇上的意见。"唐玄宗提前发动攻势灭掉太平公主的党羽后，太平公主逃入山中寺院，三天后才出来，唐玄宗赐她于家中自尽，她的儿子与亲党们几十人被杀。骄横跋扈、不可一世的太平公主，终于跌下神坛，结束了自己并不太平的一生，退出了有唐一代的政治角逐。

唐玄宗发动先天政变，一举歼灭太平公主势力，奠定了自己不可动摇的皇权。大势已定，他开始肃清政敌，加封有功之臣，做到赏罚分明。先天二年（713）七月六日，崔湜和卢藏用被除名，流放到岭表地区。七月九日，唐玄宗加封王琚为银青光禄大夫、户部尚书，封赵国公，食实封300户；加封姜皎为银青光禄大夫、工部尚书，封楚国公，食实封500户；提升李令问为银青光禄大夫、殿中监，食实封300户；任命王毛仲为辅国大将军、左武卫大将军、检校内外闲厩兼知监牧使，封霍国公，食实封500户；加封王守一为银青光禄大夫、太常卿同正员，进封晋国公，食实封 500 户，并另外赏赐他的定策之功。七月十四日，中书侍郎陆象先被封为益州大都督府长史兼剑南道按察兵马使，尚书左丞张说升迁为检校中书令。八月一日，被流放到封州的刘幽求重新获得起用，加封为尚书左仆射、知军国重事、徐国公，仍依旧食实封 700 户。九月七日，宋王李成器担任开府仪同三司。九月十日，尚书左仆射刘幽求拜为同中书门下三品，任检校中书令；燕国公张说担任中书令。十一月二日，中书令刘幽求兼知侍中。同月八日，唐玄宗李隆基加尊号为"开元神武皇帝"。十二月十二日，唐玄宗大赦天下，改年号为"开元"。他还进行了官制改革，将尚书左、右仆射改为左、右丞相，中书省改为紫微省，门下省改为黄门省，侍中改为监。在行政区划方面，他改雍州为京兆府，洛州为河南府，正副长官长史称尹，司马称少尹。

　　唐玄宗李隆基上承贞观、永徽时期的治世局面，他励精图治，锐意改革，为大唐开创了另一个鼎盛时期——"开元盛世"。

第六章

墓志重现　疑云重重

一、婉儿墓志重现

　　2013 年 9 月，陕西考古学界有一个重大发现，咸阳新区发现了一座唐代古墓，而且是高等级墓葬。据考古发掘报告得知，该墓坐北朝南，南北水平全长 39 米，深 10.2 米，由斜坡墓道、5 口天井、5 个过洞、4 个壁龛及甬道和墓室等部分组成。第五过洞、甬道及墓室内残留有壁画痕迹，脱落严重，已无法分辨内容；第四、第五天井及两道砖封门、甬道被大面积破坏；壁龛和甬道内共出土随葬器物 170 余件。这座墓的主人是谁呢？从它有五口天井这个特点来看，墓主是一位皇室成员，但身份很难确认。好在考古人员很快发现甬道南部地面上放置的一合墓志，志盖为青石质地，正方形，志盖覆于志石之上，上首皆朝北。志盖盝顶，经测量，高 75 厘米、广 73 厘米、厚 12.5 厘米。顶面正中阴刻篆书"大唐故昭容上官氏铭"九个大字，分三行，行三字排列，顶面四周和四侧雕刻有牡丹纹饰。文物专家对志盖的内容有详细介绍："四刹在整体联珠纹框内各减地线刻瑞兽一对，以牡丹花结为中心相对腾跃，形象特征统一为体表有斑纹、扫帚尾。上刹面瑞兽形似虎，脑后至项上长鬣飘拂；下刹面瑞兽与上刹面瑞兽基本相同，唯头顶生一对细长的角；左刹面瑞兽形似马，头顶生角，脑后至项上长鬣飘拂，肩部附有绶带形小翼；右刹面瑞兽形似鹿，头顶弯角分杈，无鬣，肩部附有绶带形小翼。"由此考古人员惊喜地发现，这是唐代著名才女、诗人、政治家上官婉儿的墓。

　　考古人员进入墓室后，却大失所望：墓室中除了一些质地粗糙的陶俑外，未见随葬品，而且整座墓找不到任何棺椁存在的迹象。考古人员起初怀疑该墓被盗过，可是并没有发现盗洞，却发现了另外一些奇怪的景象：墓室的顶部塌陷，地砖全部都被揭起，墓室外面的天井和甬道有大面积人为破坏的痕迹。考古人员疑惑了，难道这是一座空墓或假墓？唐代皇室历来有造假墓的传统，例如马嵬坡杨贵妃的墓就是一座假墓。但当考古人员仔细查看之后，发现墓室角落甬道里有墓志，还有几块零星的碎骨。考古人员依据墓志内容判定，这就是唐中宗昭容上官婉儿的墓。但墓室里棺椁不存，随葬品全无，墓室还被大范围破坏，这种情况的确令人费解。考古人员经过深思熟虑，认为有人对上官婉儿抱有极大的仇恨，故而在她下葬之后，破坏墓室，开棺毁尸。但新的疑问随之产生，上官婉儿是皇妃身份，到底是什么样的人才有这样的胆子对她进行报复？由于史书对她的墓志没有任何记载，所以必须通过此次发现的墓志来寻找答案。

据考古专家介绍，上官婉儿的墓志志石高、广皆 74 厘米、厚 15.5 厘米，划细线棋格，阴刻正书 32 行，满行 33 字，共计982 字。四侧在整体联珠纹框内减地线刻十二生肖，衬以缠枝忍冬，生肖皆为动物形象，生动逼真。志盖四刹和志石四侧的线刻图案造型优美、錾刻精细，在唐代墓志线刻装饰图案中属难得的上乘之作。志文对上官婉儿及其家族的情况有所追述，对婉儿的一生予以总结和赞颂，证实或弥补了史书对上官婉儿其人的书写，值得细致剖析。为行文方便，现迻录志文如下：

大唐故婕妤上官氏墓志铭并序 /

夫道之妙者，乾坤得之而为形质；气之精者，造化取之而为识用。挺埴陶铸，合散消息，/不可备之于人，备之于人矣，则光前绝后，千载其一。婕妤姓上官，陇西上邽人也。其先/高阳氏之后。子为楚上官大夫，因生得姓之相继；女为汉昭帝皇后，富贵勋庸之不绝。/曾祖弘，随〔隋〕藤〔滕〕王府记室参军、襄州总管府属、华州长史、会稽郡赞持、尚书比部郎中，与/毂城公吐万绪平江南，授通议大夫。学备五车，文穷三变。曳裾入侍，载清长坂之衣冠；/杖剑出征，一扫平江之氛祲。祖仪，皇朝晋府参军、东阁祭酒、弘文馆学士、给事中、太/子洗马、中书舍人、秘书少监、银青光禄大夫、行中书侍郎、同中书门下三品，赠中书令、/秦州都督、上柱国、楚国公、食邑三千户，波涛海运，崖岸山高，为木则操作良弓，为铁则/砺成利剑。采摭殚于糟粕，一令典籍困穷；错综极于烟霞；载使文章全盛。至于跨蹑簪/笏，谋猷庙堂，以石投水而高视，以梅和羹而独步，官寮府佐，问望相趋，麟阁龙楼，辉光/递袭，富不期侈，贵不易交。生有令名，天书满于华屋；没有遗爱，玺诰及于穷/泉。父庭芝，左千牛、周王府属，人物本源，士流冠冕。宸极以侍奉为重，道在腹心；王/庭以吐纳为先，事资喉舌。落落万寻之树，方振国风；昂昂千里之驹，始光人望。属楚国/公数奇运否，解印褰裳，近辞金阙之前，远窜石门之外，并从流迸，同以忧卒。赠黄/门侍郎、天水郡开国公、食邑三千户。访以荒陬，无复藤城之榇；藏之秘府，空余竹简之/书。婕妤懿淑天资，贤明神助。诗书为苑囿，捃拾得其菁华；翰墨为机杼，组织成其锦绣。/年十三为才人，该通备于龙蛇，应卒逾于星火。先皇拨乱返正，除旧布新，救人疾/苦，绍天明命。神龙元年，册为昭容。以韦氏侮弄国权，摇动皇极。贼臣递构，欲立爱/女为储，爱女潜谋，欲以贼臣为党。昭容泣血极谏，扣心竭诚，乞降纶言，将除蔓草。/先帝自存宽厚，为掩瑕疵，昭容觉事不行，计无所出。上之，请擿伏而理，言且莫从；中之，/请辞位而退，制未之许；次之，请落发而出，卒为挫衄；下之，请饮鸩而死，几至颠坠。/先帝惜其才用，慜以坚贞，广求入腠之医，纔救悬丝之命，屡移朏魄，始就痊平。表请退/为婕妤，再三方许。暨宫车晏驾，土宇衔哀。政出后宫，思屠害黎庶；事连外戚，欲倾/覆宗社。皇太子冲规参圣，上智伐谋，既先天不违，亦后天斯应，拯皇基/于倾覆，安帝道于艰虞。昭容居危以安，处险而泰。且陪清禁，委

运于乾坤之 / 间；遽冒铦锋，亡身于仓卒之际。时春秋
四十七。皇鉴昭临，圣慈轸悼，爰造 / 制命，礼葬赠官。
太平公主哀伤，赙赠绢五百匹，遣使吊祭，词旨绸缪。
以大唐景云元年 / 八月二十四日，窆于雍州咸阳县茂道
乡洪渎原，礼也。龟龙八卦，与红颜而并销；金石 / 五
声，随白骨而俱葬。其词曰：

　 / 巨阀鸿勋，长源远系，冠冕交袭，公侯相继。爰
诞贤明，是光锋锐，宫闱以得，若合符契。其一。/

　潇湘水断，宛委山倾，珠沉圆折，玉碎连城。甫瞻
松槚，静听坟茔，千年万岁，椒花颂声。其二。/

　　该墓志志文前半部分详细记述了上官姓氏的来源以及上官婉儿
家族的情况，尤其对上官婉儿的曾祖父上官弘、祖父上官仪和父亲
上官庭芝三代的仕宦履历记载得详之又详。按照墓志追述，上官家
族的祖先出自五帝之一的颛顼高阳氏，战国时期，由于楚怀王之子
公子子兰被封为上官大夫，以官职为姓，上官作为姓氏由此开始。
汉代时，女儿为汉昭帝皇后，上官家族身份更为显赫，整个家族从
楚国旧地迁徙到甘肃天水，之后又有分支，于是有的上官家族成员
到了陕县（今河南省三门峡市）一带，上官仪一脉就是在三门峡生
活。所以墓志称上官婉儿为"陇西上邽人"，即甘肃天水人，指的是

她的籍贯，与史称其祖父上官仪为河南三门峡人并不矛盾。

志文提供了上官婉儿的曾祖父上官弘的六个官职，其祖父上官仪的历任官职加上赠官共有 14 个之多，彰显出上官家族的荣耀地位。志文提到，上官弘学富五车、文武兼备，文能"曳裾入侍"，武能"杖剑出征"，他最显赫的功绩，就是在隋炀帝统治时辅佐吐万绪讨伐刘元进、平定江南之乱。志文又提到，上官婉儿的祖父上官仪曾为"晋府参军"，揭示了他与唐高宗李治的渊源，即他是李治身为晋王时的府属，这也是他有机会担任宰相并参与废后事件的重要原因。志文还提到，上官仪做学问穷尽典籍，著诗文"极于烟霞"，问政事"跨蹑簪笏，谋猷庙堂"，最终"生有令名，没有遗爱"。其中虽然难免有墓志书写惯用的溢美之词，但也与史籍记载的上官仪生平、经历基本相符。上官婉儿的父亲上官庭芝因涉政坛不深，可供书写的实绩太少，因此志文中关于上官庭芝的文字都较为虚华，但也提及他喜读诗书一事，说明上官家族的家学传承。

志文后半部分介绍了志主上官婉儿的生平与经历，重点叙述她在唐中宗朝的功绩。志文显示，上官婉儿 13 岁时被封为唐高宗的才人，42 岁被册封为唐中宗的昭容，47 岁死于宫廷政变。关于上官婉儿曾是唐中宗的昭容这件事，以两《唐书》为代表的史书都有记载，但她还是唐高宗的才人，这就令人感到惊奇了。

因此我们可以推测，她入宫成为武则天身边的女官，但因出身掖庭，身份卑微，不便施展才华为武则天服务，故而武则天模仿外朝官制将其提拔为五品才人，这样她就获得了体面的身份，能够全心全意为武则天效忠。再者，上官婉儿是在神龙政变后、42岁时才被唐中宗册封为昭容的，作为武则天的得力干将，她不仅没有受到打击，反而地位有所提升，继续奉命执掌内阁。这是为何？究其原委，唐中宗即位之后，朝堂政局不稳，且唐中宗长期远离朝堂，未能积蓄足够的力量维护政权稳定，刚刚登上皇位的他急需既熟悉政局又能为己所用的人襄助；上官婉儿长期陪侍在武则天身边，她谙熟政务又在文坛享有盛誉，在宫中地位显赫，如果能够得到她的辅佐，就可以快速稳定朝局，秩序井然地开启新局面。鉴于此，唐中宗登基伊始就将上官婉儿招至麾下，封她为三品婕妤，很快又晋封她为二品昭容。

志文还用较长篇幅详细叙述上官婉儿阻止韦后和安乐公主篡权一事，补充了正史所不载或载之不详的很多细节。唐中宗登基后，他的皇后韦氏野心勃勃，想效仿武则天执掌政权，而且想要扶植自己最喜欢的女儿安乐公主当皇太女。安乐公主也颇具野心，经常吵闹着让唐中宗封自己为皇太女。唐中宗在韦后和安乐公主的长期裹挟之下，意志有所松动，答应起草册立皇太女的诏书。当时负责起草诏书的，正是昭容上官婉儿。上官婉儿听到唐中宗的计划，深知此事行不通，若册立安乐公主为皇位继承人，定然会引发文武百官的群起反对，诏书下达后一定会造成朝局混乱。墓志志文向人们展示，上官婉儿曾先后四次向唐中宗进谏，她先是揭发韦后与安乐公主等人的罪状，继而辞官，然后自请削发为尼，唐中宗都没有允准。最终上官婉儿以死相谏，服下毒药，唐中宗爱惜她的才华，且为她的坚贞所感动，广求名医入内抢救，才将上官婉儿从命悬一线的危急状态中解救出来。为进一步阻止安乐公主成为皇太女，上官婉儿再三上表请求自降位分，唐中宗为安抚她的情绪，下诏将她降为三品婕妤。安乐公主的皇太女之梦，终因上官婉儿的以死相谏落了空。上官婉儿曾短期被降为三品婕妤一事，史书有载，但原因是婉儿的母亲去世后她自请降职守孝，唐中宗感念她为母守孝的诚心，暂时答应了她的请求，但很快就将她起复为婕妤，进而又恢复了她的昭容位分，并非志文所言是为阻止唐中宗立安乐公主为皇太女而自请降职。

对于上官婉儿之死，志文记载极简，用"亡身于仓卒之际"一句进行归纳，虽指明她死于乱军，却没有披露她的死因与死时的细节。这与《资治通鉴》和《旧唐书》的记载基本吻合。但提到上官婉儿之死时，志文书写充满哀伤语气，尤其对太平公主的悲戚之情刻画得很具体，详述了太平公主在上官婉儿死后的种种义举，既赙赠 500 匹绢，又遣使吊祭，祭文词旨绸缪，反映出太平公主与上官婉儿之间的深情厚谊。上官婉儿在唐隆政变中一夕殒命，当时太平公主在宫外应援，攻入皇宫的是李隆基所率的部队，所以太平公主没有机会救下上官婉儿，对此她感到既哀伤又遗憾。志文隐去上官婉儿的真正死因，只是用模糊的字眼称她死得仓促，并未说明她是被李隆基所杀。这也从侧面反映出太平公主和李隆基之间的矛盾非常尖锐，上官婉儿是太平公主的密友与得力助手，却被李隆基视为潜在的威胁和不安定因素加以诛杀，充分说明太平公主和李隆基之间的联盟是不稳固的，在政变平息后极有可能很快就分崩离析。

志文中"皇鉴昭临，圣慈轸悼，爰造／制命，礼葬赠官"几句，揭示了上官婉儿是由官方下葬的历史事实，且是受皇命而落葬。上官婉儿离世后，少帝李重茂短期执政，很快就被太平公主和李隆基赶下皇位，扶植唐睿宗李旦登基。太平公主对上官婉儿之死颇感痛惜，就上书请求唐睿宗降旨安葬婉儿，唐睿宗答应了太平公主的请求，下旨命人将婉儿以婕妤之礼落葬，很快又恢复了她的昭容身份，并为其篆刻墓志铭，还赐给她"惠文"的谥号。从上官婉儿的墓葬等级、墓志的形制和纹样看，也与她的二品昭容身份比较匹配：墓道绘有壁画并有随葬品。壁画虽然已很不清晰，但似乎仍有仪仗内容。随葬品中，高大的镇墓兽、天王俑一应俱全。唯独墓室里的壁画看上去有些潦草，可能是由于上官婉儿从被杀到安葬只有短短两个多月时间，墓室营建得比较仓促，壁画来不及制作地仗层，仅以白灰水涂抹壁面，因此所绘壁画基本都脱落了。在太平公主的努力下，上官婉儿不仅获得赠官，还能有诗集流传后世，尽享哀荣。

按志文所记，上官婉儿于景云元年（710）八月二十四日被安葬于雍州咸阳县茂道乡洪渎原，而非陪葬于唐中宗的定陵。按照上官婉儿的昭容身份，她本应陪葬定陵，但她被李隆基所杀，属于横死，所以不能陪葬帝陵。此外，有学者指出，从唐中宗一朝开始，进入帝陵陪葬墓区的墓主身份已经发生了明显变化，在定陵陪葬的八人，都是唐中宗朝的太子、公主与驸马，除唐中宗的子女和女婿外，只有宰相魏元忠一人陪葬定陵。因此上官婉儿不入定陵陪葬也在情理之中。那上官婉儿又为何落葬洪渎原呢？从地理位置看，洪渎原位于长安城近郊，北周以来就成为附近世家大族的葬地，且武氏家族的墓地也在此处。上官婉儿的墓地显然是太平公主安排的，属于太平公主的家族墓地，有资料显示太平公主的丈夫武攸暨和他们女儿的墓地都距此不远，可见太平公主对上官婉儿的一番情谊。同时，这也为先天政变后上官婉儿之墓被毁埋下了伏笔。

志文通篇运用骈体文叙事，叙述了上官家族四代人的生命历程。撰拟者对上官婉儿的评价是非常高的，称其"懿淑天资、贤明神助"，"诗书为苑囿，捃拾得其菁华；翰墨为机杼，组织成其锦绣"等语言更是强调上官婉儿杰出的文学才能。尽管墓志正文内容可以证实史书记载并补充史书所不载的若干历史细节，尽管考古工作者、文物专家和历史学者们已经多角度、全方位对上官婉儿墓志披露的内容进行了释读，但关于此墓志尚有不少疑问悬而未决。譬如，上官婉儿发迹于武则天统治时期，并且在武则天统治晚期大权在握，享有"巾帼宰相"之美誉，但墓志对此绝口未提，似乎在有意弱化或回避。这是为何？又如，上官婉儿在神龙政变和唐隆政变两次宫廷斗争中都选择和李唐皇室站在同一阵营，为何唐中宗李显欣然将其招致麾下而唐玄宗李隆基却愤然将其斩于马下呢？再如，上官婉儿的墓志由何人撰拟，至今不得而知。

关于墓志未书写上官婉儿在武则天统治时期的作为，学者们大都认为这是墓志撰拟者有意为之。唐朝被武周政权取而代之，长期处于女主执政的局面，这是李唐皇室成员和秉持正统观念的臣僚不愿意看到的，他们更愿意将武周统治视为唐朝的正常延续，把武周政权的"巾帼宰相"上官婉儿视作唐中宗的宫妃上官昭容。因此他们在为武则天的得力助手上官婉儿书写墓志时有意淡化她在武周朝的突出贡献，同时淡化武周政权对唐朝的影响，却对上官婉儿在唐中宗朝忠诚勇敢、鞠躬尽瘁的正面形象进行了浓墨重彩的描绘。

关于李隆基杀害上官婉儿一事，虽然于情理而言有亏，但于政治斗争的险恶却又有其合理之处。神龙政变中，唐中宗李显是被张柬之等人和自己的属下裹挟着参与逼宫夺权的；政变后，李显在远离帝都、远离权力中心多年后重登皇位，面对一个全然陌生、百废待兴的新政权，他没有魄力和能力马上破旧立新，因此他重用武则天的得力干将上官婉儿帮他处理朝政，甚至在自觉不自觉之间延续武周政权的一些制度和政策，这都是情势使然。而唐玄宗李隆基的情况截然不同，他是唐隆政变的策划者和发动者，他诛灭了企图篡权的韦后、安乐公主集团，当机立断杀掉了前来投诚的上官婉儿，都是缘于他对女主政权的厌恶和警惕。他在童年阶段经历了武则天的铁腕统治，并且他自己的母亲也被武则天秘密处决，因此女主执政给他的内心留下了难以磨灭的阴影。成年之后，他的伯父唐中宗李显懦弱无能，李显的妻女韦后与安乐公主把持朝政，大唐帝国再次陷入女主执政的困境。不同的是，这时的李隆基已经具备了反击的能力，他能够力挽狂澜，拯救李唐皇室于水火。上官婉儿在武则天和唐中宗两朝都是地位显赫的女性政治家，是女主篡权、执政的目击者、亲历者，更是推波助澜者。如果李隆基留下她，她必然会因为曾撰拟唐中宗遗诏、拥戴相王李旦辅政而受到李旦的嘉奖，紧接着她就可以凭借熟知政事的优势影响李旦的决策，或者她也可能与太平公主联手，阻止李隆基一步步掌握权力、登上太子之位进而夺取皇位。故而李隆基不能冒着失去天下的风险容许上官婉儿活下来进入新朝。

关于上官婉儿墓志的撰拟者为何人，学界一直没有定论。有学者推测，该墓志可能是燕国公张说或者齐国公崔日用所撰写，因为这两人都是上官婉儿生前重用的文人。据两《唐书》记载，张说为武则天时期的进士，学识渊博，中举前曾在河北满城县花阳山中创办书院，惠及当地。永昌年间，身为皇后的武则天策贤良方正，诏礼部尚书李景谌糊名校覆，张说夺得第一，被授予太子校书郎，不久迁为左补阙。张说曾三度拜相，掌管文学之事30年，其为文俊丽，用思精密，凡朝廷重要文件，他都承旨撰拟，天下词人皆赞颂其文采。张说尤其擅长撰拟碑文、墓志一类的文章，当时无人能及。故而张说为上官婉儿撰写墓志的可能性很大。崔日用在武则天大足元年拜为监察御史，唐中宗继位后，他通过武三思、武延秀等人举荐，升迁为兵部侍郎，同时进入修文馆成为学士，而当时掌管修文馆事务的，正是身为唐中宗昭容的上官婉儿。鉴于他与上官婉儿相识已久且同在修文馆共事的经历，他也具备为上官婉儿撰写墓志的资格和可能性。此外，张说还曾为上官婉儿撰写《昭容上官氏碑铭》，并请崔日用撰写碑铭序，所以张说与崔日用为上官婉儿撰写墓志的可能性又多了一重。除张说与崔日用外，上官婉儿墓志亦有可能是当时其他的著名文人所撰写，如李峤、徐彦伯等，想来凭借上官婉儿文坛领袖

上官婉儿：纵横宫廷参政事

的身份，愿意为她撰拟墓志铭者必不在少数。

上官婉儿墓志也未署名书者，故而我们无从知晓志石上的书法出自何人之手。学者们分析，此墓志的书法虽非出自著名书法家之手，却也极有可能是当时著名文人的笔墨，字体呈现唐代流行的丰腴流美之特点，而且不署书者姓名也是当时墓志书写的常见现象。

二、墓室被毁疑云

既然上官婉儿已经得到平反、恢复了昭容身份，那么她的墓室为何又遭到大规模的毁坏？更令人不解的是，墓室中的棺椁、尸骨也不翼而飞。究竟是谁还要和已经去世的上官婉儿过不去呢？从考古发掘现场的情况看，该墓葬第四、第五天井被挖了一个大坑，这个坑垂直向下，在接近天井底部处水平向北深入，破坏了甬道的拱顶和墙壁，然后直通墓室。墓室遭到的破坏更严重：墓室顶部完全垮塌，四面砖墙最高处仅余1.3米，铺地的砖被揭得一块不剩；墓室里除了一块牛骨，没有发现其他任何随葬器物；墓室西部放置棺床的地方被铲平，棺椁和墓主人的遗骨不见踪影。从种种迹象看来，这不像是盗墓者所为，而更像是一次大规模、有组织的官方毁墓行为。

另外，上官婉儿的墓葬没有发现墓园，但与上官婉儿墓发现时间相近的唐代贵族墓一般都有墓园，上官婉儿贵为二品昭容，她的墓葬应当有墓园。且从上官婉儿墓葬的规模、墓志及随葬品的规格上看，最初应该是有墓园的，但既然地下墓室都遭到了严重毁坏，地砖都被撬起，更何况地上的墓园？专家学者们达成共识，如此严重程度的损毁，绝非小规模盗掘能完成，显然是经历了有预谋的、大面积的官方毁墓行为，墓园就是在毁墓的时候被一并损毁了。

　　关于唐代的官方毁墓，两《唐书》记载颇多。譬如《旧唐书》记载，唐高宗咸亨二年（671）后，朝廷毁掉了唐高祖的侄子、陇西郡王李博暨王妃王氏的合葬墓。光宅元年（684），因徐敬业起兵造反，武则天下令毁掉了他的祖父、英国公李勣夫妇之墓，唐中宗即位后对该墓进行了修复，将李勣夫妇重新下葬。垂拱年间（685—688），太子通事舍人郝象贤因罪伏诛，临刑前言语悖乱，武则天震怒之余下令将他处斩并肢解，还将他父母的坟墓挖开、烧毁尸体，他的祖父郝处俊也被挖坟斫棺毁椁。唐睿宗登基后，想到武三思父子都有叛逆举动，下旨将他们斫棺曝尸，并推平了他们的坟墓。《新唐书》记载，唐睿宗平了韦后的父亲韦玄贞、兄长韦洵的坟墓，民间盗贼盗取了陪葬的所有珠宝玉器。天宝九载（750），唐玄宗下诏重新发掘该墓，长安尉薛荣先去视察，发现墓志铭记载的时间与下葬时间一致，名字也与墓主身份相合。诸如此类的记载，正史中还有不少。学者们认为官方毁墓一般有两种原因，其一是因谋反和复仇原因而毁墓，其二是因僭越礼制而毁墓。上官婉儿的墓被毁，显然比较符合第一种原因。

至于下旨毁墓者，专家学者们几经推断之后，估计最有可能毁棺灭尸的，还是唐玄宗李隆基。

太平公主为上官婉儿平反，出资修墓，一方面确实出于个人情感。上官婉儿追随武则天27年，太平公主一直和她保持着良好的关系。但更为重要的一方面，太平公主之所以这么做，是因为她还有自己的政治目的。太平公主从小就不太安分，仗着父母的宠爱，骄横跋扈，为所欲为。长大以后她变得凶狠毒辣，野心勃勃，梦想和她母亲一样，登上皇帝宝座。可是，唐睿宗上台后，很快就立自己的儿子李隆基为太子，这是她很不愿意看到的局面。她为上官婉儿平反，为的就是在道德层面打击李隆基的声望，她想让天下人知道，李隆基滥杀无辜，将来不可能是一位明君。而且，她还多次劝说唐睿宗李旦废掉李隆基的太子身份，企图换一位孱弱的皇子担任太子，这样她就可以继续在朝中为所欲为。由于唐睿宗无法调和妹妹与儿子之间的矛盾，他直接退位当了太上皇，皇位就由太子李隆基继承。太平公主眼看皇位越来越难以争取，无奈之下只好采取下策，她召集朋党商议发动羽林军叛乱，企图通过政变登上皇位。可惜老天不佑，李隆基提前获取了这一机密消息，果断与亲信定下计策，马上出兵镇压了太平公主一党。太平公主试图政变失败之后，李隆基对太平公主的处罚是赐死，太平公主于是在自己府中自尽。余怒未消的李隆基下旨毁掉了太平公主的丈夫、驸马都尉武攸暨之墓，并殃及池鱼毁掉了距离武攸暨之墓不远的上官婉儿之墓。

但也有学者列举理由，对李隆基是毁墓者这一观点提出了反对意见：第一，唐玄宗李隆基没有毁墓的动机，在看过上官婉儿起草的唐中宗遗诏后，他明白上官婉儿对社稷是有功劳的，虽然他出于个人目的杀掉了上官婉儿，但也不至于还要在上官婉儿死后再毁掉她的墓葬。第二，李隆基如若毁墓，则有违其父李旦的意志，因为毕竟是唐睿宗下制以昭容之礼安葬上官婉儿的。第三，李隆基毁掉上官婉儿墓葬一事未见记载，唐代的官方毁墓一般都要明发诏旨，记录在册。第四，上官婉儿的文集没有被查禁，张说所写的《唐昭容上官氏文集序》与《上官昭容碑铭》都得以流传后世。第五，如果李隆基真的下旨毁墓，对他的圣德大有损伤。此外，如果是皇帝下令毁墓，一般会将墓葬全部毁去，但上官婉儿的墓志和随葬品都能够保存下来，这种毁墓却不彻底的举动，着实令人费解。

综合史书的零星记载来看，唐玄宗李隆基仍是最有可能的毁墓者。《旧唐书》记载，李隆基生于垂拱元年（685）八月，性格果断，多才多艺，尤知音律，善八分书，且"仪范伟丽"，有非常之表。垂拱三年（687）闰七月，李隆基被封为楚王。武周天授三年（692）十月，年仅7岁的李隆基开府置官属，从此每月初一、十五带领车骑进宫拜见自己的祖母武则天。女皇武则天的堂侄、金吾将军武懿宗看见一个7岁的孩童带领严整的卫队从自己身边经过，内心不忿，呵斥李隆基，说他的卫队不守规矩，想借机挫挫李隆基的锐气。没想到李隆基毫不畏惧，反而呵斥武懿宗说："这是我家的朝堂，与你有何干系？你竟敢追踪我的卫队！"武懿宗听得目瞪口呆。女皇武则天听说这件事后，觉得李隆基年少有为，又将他召入阁中教养。但次年即长寿二年（693）正月，李隆基的母亲窦妃与李旦的另一位妃子刘妃一起进宫给武则天请安，结果有去无回，从此不知所终。同年八月，李隆基的父亲李旦因被人诬告有谋逆之心而遭到幽禁；腊月，李隆基被改封为临淄郡王。圣历元年（698），李隆基再次出阁，被赐宅第于东都洛阳积善坊。

神龙元年（705），唐中宗恢复李唐政权，李隆基被升迁为卫尉少卿。景龙二年（708）四月，李隆基又兼任潞州别驾。景龙三年（709）八月，借唐中宗祭祀南郊的机会，李隆基回到京城长安，并入住隆庆坊。是年十一月，吐蕃派使者到长安来迎娶金城公主，唐中宗设宴盛情款待吐蕃使者，并安排了一场唐朝宗室子弟与吐蕃使者之间的马球赛。比赛一开始，体型彪悍的吐蕃人球风凌厉，把唐朝马球队打得晕头转向、颜面尽失。这时，李隆基主动要求出战，他提出唐朝球队只出 4 个人对抗吐蕃球队的 10 个人。看着他胸有成竹的样子，唐中宗同意了他的请求。于是，李隆基和长宁公主的驸马杨慎交、安乐公主的驸马武延秀一起加入比赛，他们球技娴熟高超，敢打敢拼，很快就在气势上占了上风，把吐蕃球队打得落花流水。

童年、少年和青年时期的经历，造就了李隆基勇敢坚毅、爱憎分明的性格，面对高高在上的祖母武则天，他虽心存畏惧但也心怀怨恨，进而对女人主宰的政权抱有深深的敌意。祖母武则天，姑母太平公主，伯父李显的皇后韦氏、女儿安乐公主，还有先后追随武则天、韦后与太平公主的上官昭容，他看着身边这一个个搅弄风云的女人，暗自下定决心——不能把政权交到女人手中。

历经神龙政变、景龙政变和唐隆政变后，李隆基策划并发动了先天政变。先天二年（713）七月，与太子李隆基争权夺势的太平公主企图发动政变灭掉李隆基，但不小心提前走漏了风声，李隆基趁势抢先采取行动并取得胜利，太平公主落得个自尽而亡的下场。李隆基展开报复，下令毁掉太平公主的丈夫、驸马都尉武攸暨的墓。武攸暨卒于延和元年（712），这次毁墓在史籍中是有记载的。由于上官婉儿的墓是太平公主出资修建，地点也距武攸暨之墓不远，且上官婉儿又是李隆基杀害的，所以李隆基在镇压太平公主叛乱之后，很有可能会迁怒上官婉儿，在毁掉武攸暨之墓的同时，把上官婉儿的墓也给毁掉了。

综上所述，我们得出结论：景云元年（710）八月，唐睿宗同意上官婉儿以婕妤身份得到安葬，太平公主赙赠甚厚，燕国公张说为其撰写碑铭，题为《昭容上官氏碑铭》，其文150字存留至今，但齐国公崔日用为其所撰写的碑铭序却由于种种原因湮灭在历史长河中，如今已不可得见，且考古发掘也未发现；景云二年（711），唐睿宗将上官婉儿追复为昭容，并追谥"惠文"，太平公主上表请求为她编纂《上官昭容集》，唐睿宗允准，同时令张说作序；先天二年（713）七月，太平公主在与李隆基的政治斗争中落败被赐死，随后与太平公主关系甚密的上官婉儿遭到株连，上官昭容之墓遭到官方毁坏。

上官婉儿的一生跌宕起伏，她出生于武则天争权之初，死于唐玄宗夺权的关键节点，始终被皇权斗争的危局困扰，终其一生都未能获得自由，死后也没有办法享受安宁，她是一个不折不扣的悲剧性人物。

三、是非任人评说

关于上官婉儿的评价问题，历来众说纷纭，没有定论。唐朝官方对她的评价在传世文献中有所体现。

《唐会要·谥法》中对上官婉儿的生平有简短记载，重点记载上官婉儿与武三思等勾结，婉儿的表弟王昱通过其母规劝她远离武三思，婉儿不以为意，最终被太子李重俊追索的故事。通过此事，上官婉儿开始归心王室。唐中宗去世，上官婉儿草拟中宗遗诏，加入相王辅政的条款。唐隆政变中，上官婉儿向李隆基投诚失败，被李隆基杀害。景云二年（711）七月，唐睿宗李旦追谥上官婉儿为"惠文"。据学者仇鹿鸣考证，《唐会要》中的记载出自成书于唐睿宗生前基本完成的《太上皇实录》，是目前所见关于上官婉儿生平最原始的官方记载。

武则天的从侄、武载德之子武平一所撰的《景龙文馆记》，该书成书于开元九年（721）之后，追记了唐中宗景龙年间的修文馆轶事。其中提到"自通天后，逮景龙前，恒掌宸翰。其军国谟猷，杀生大柄，多其所决"，对上官婉儿在武则天万岁通天后至唐中宗景龙前这段时间的政治生态有所描述，极言其权势之大。武平一为唐中宗朝的修文馆学士，而上官婉儿奉唐中宗之命主管修文馆扩大、改革事宜，因此武平一对上官婉儿的作为比较了解，他高度评价了上官婉儿访求英才、振兴诗歌的功绩："至若幽求英隽，郁兴词藻，国有好文之士，朝希不学之臣。二十年间，野无遗逸，此其力也。"将唐中宗时期人才辈出、文士云集的现象归功于上官婉儿的努力。但其中也有对上官婉儿晚年结交朋党、轻弄权势的惋惜之情。

景龙三年（709）十一月，唐中宗颁布《起复上官氏为婕妤制》，内有颇多对上官婉儿的溢美之词："前昭容上官氏，相门积善，儒宗雅训，文学冠时，柔嘉顺则……故能诚切一室，功宣两朝……秩茂左嫔，思被光宠；志齐班女，恳陈扰挹……今依表奏，以宪图史。可起复婕妤，主者施行。"对上官婉儿的出身、才学、品德都给予高度评价，尤其对上官婉儿"功宣两朝"的参政能力大加褒扬。

景云元年（710）八月张说所撰的《昭容上官氏碑铭》中有"汉宫选才，班氏其特。楚史书霸，樊妹之力。或穆齐公，叙其明德。嗟尔彤管，是鉴是则"等评价，代表了唐睿宗时朝臣对上官婉儿的看法。同年张说还应唐睿宗要求作《上官昭容集序》，对上官婉儿的生平进行完整叙述，对她在武则天和唐中宗两朝"内峻图书之府，外辟修文之馆"、延揽文学之士、发展诗歌文学的主要成就进行全面归纳，最终得出结论：上官婉儿"两朝专美，一日万机，顾问不遗，应接如响"，她是武则天和唐中宗身边不可或缺的辅佐之臣。其文曰：

　　上官昭容者，故中书侍郎仪之孙也。明淑挺生，才华绝代，敏识聪听，探微镜理。开卷海纳，宛若前闻；摇笔云飞，咸同宿构……自则天久视之后，中宗景龙之际，十数年间，六合清谧，内峻图书之府，外辟修文之馆。搜英猎俊，野无遗才，右职以精学为先，大臣以无文为耻。每豫游宫观，行幸河山，白云起而帝歌，翠华飞而臣赋，雅颂之盛，与三代同风，岂惟圣后之好文，亦云奥主之协赞者也。古者有女史记功书过，复有女尚书决事，容阁昭宫。顾问不遗，应接如响，虽汉称班媛，晋誉左嫔，文章之道不殊，辅佐之功则异。迹秘九天之上，身没重泉之下，嘉猷令范，代罕得闻，庶姬后学，呜呼何仰！

张说的看法，反映了当时唐廷官方对上官婉儿的总体评价。

2013 年 9 月陕西西安咸阳新区发现的《大唐故婕妤上官氏墓志铭并序》，是迄今披露上官婉儿家世、评价上官婉儿功绩的最完整、最可靠的原始史料。志文前半部分详细记述了上官姓氏的来源以及上官婉儿家族的情况，后半部分介绍了上官婉儿的入宫原因与她在宫廷中的经历，重点描述她在唐中宗执政期间的表现，刻画了上官婉儿心系皇室、忠于社稷、与韦后和安乐公主集团斗智斗勇、向唐中宗以死劝谏的忠勇形象。虽然这篇墓志铭的作者还有待考订，但学界多怀疑其为燕国公张说或齐国公崔日用所作。这两位宰相都对上官婉儿的为人处世比较熟悉，对她为国尽忠却仓促被杀的悲惨遭遇颇感同情，故而在为她撰写墓志铭时着重称颂她的文学才华与施政能力，字里行间透露出对上官婉儿德才兼备、正直果敢、临危不惧的正面评价。志文末尾写道，上官婉儿死后，"太平公主哀伤，赙赠绢五百匹，遣使吊祭，词旨绸缪"，写明太平公主与上官婉儿之间的亲密关系。太平公主不仅请求唐睿宗李旦以礼安葬上官婉儿、追赠她谥号、恢复她的身份和名誉，还请求唐睿宗编纂上官婉儿的诗文集，进一步巩固上官婉儿才华横溢、堪为楷模的光辉形象。在太平公主的策划下，上官婉儿的地位得以恢复，形象得以美化。太平公主此举，意在打击与她矛盾重重的李隆基，对上官婉儿的赞美和追封，就是对李隆基的贬低和谴责，她试图通过为上官婉儿提升地位和赢得美名来塑造李隆基狭隘残忍、杀害忠良的负面形象，为自己夺权营造舆论环境。太平公主此举也许还另有深意。上官婉儿在唐中宗朝一直是文坛领袖，修文馆学士大都追随她，对上官婉儿的礼葬、追封、赞美，可以赢得文士们的好感，从而团结一批贤能之士，将来为自己所用。

但随着先天二年（713）李隆基与太平公主最后较量取得胜利后，上官婉儿的正面形象就不再能够长久保持了。唐玄宗开元四年（716）十一月十四日，修史官刘子玄、吴兢撰成《睿宗实录》20卷、《则天实录》30卷、《中宗实录》20卷，唐玄宗下令广泛传阅。这次修史活动相当于唐朝官方对武则天到唐睿宗时期历史的一次整体回顾，对这一时期的历史事件和历史人物的评价也在这次修史活动后获得统一认识。由于唐玄宗李隆基对韦后、安乐公主、太平公主等参政女性深恶痛绝，故而史官在撰写相关内容时迎合李隆基的主观看法，对韦后、安乐公主与太平公主等女性都进行了丑化。上官婉儿因与韦后、太平公主的亲密关系受到株连，在实录中留下了种种不良形象。

　　从五代开始，史官对上官婉儿的评价开始走向负面。这种转变，始自后晋时期刘昫所撰的《旧唐书》。《旧唐书·上官婉儿传》的内容，主要承袭自唐玄宗朝所修的《睿宗实录》，再撷取《景龙文馆记》《上官昭容集序》等唐代官方文献和《大唐新语》《刘宾客嘉话》等私人撰述的笔记小说中保留的情节，如上官婉儿出生前"称量天下"的传说，收录在《刘宾客嘉话》中；而"盛引词学之臣"的故事，《景龙文馆记》和《上官昭容集序》都有记载。尽管《旧唐书》对上官婉儿的记载有客观描述的部分，但总体来看，《旧唐书》体现的是唐玄宗时期官方对上官婉儿的看法，难免有失偏颇。《旧唐书》中上官婉儿的形象，与《大唐故婕妤上官氏墓志铭并序》中的形象截然不同，她被塑造成为先后与武三思、崔湜私通，与韦后秽乱宫闱，挟势弄权，打压李唐子孙的淫乱、丑恶形象。这应当是李隆基一朝对上官婉儿的评价在五代时期的延续。

　　北宋欧阳修、宋祁撰写《新唐书》，并未完全照搬照抄《旧唐书》内容，而是直接取材于《景龙文馆记》和《起复上官氏为婕妤制》等官方文献，在一些具体事件的书写上引用笔记小说。学者仇鹿鸣推定："其中上官婉儿'归心王室'一节盖取自实录本传；'自通天以来，内掌诏命'一句，改写自《旧唐书》中'自圣历已后，百司表奏，多令参决'，并于前补入'年十四，武后召见，有所制作，若素构'一事，盖据《景龙文馆记》增改。"此外，《新唐书》中也保留了上官婉儿出生时"称量天下"一节内容，却是根据《南部新书》和《唐语林》等宋代笔记小说的记载转引而来。

司马光等人修撰《资治通鉴》的时间晚于《新唐书》的撰写时间，他们大体沿用了《新唐书》的史料取舍方法，对一些细节进行了增补。例如《旧唐书·上官婉儿传》记载："及韦庶人败，婉儿亦斩于旗下。"而《资治通鉴》则记载："及隆基入宫，昭容执烛帅宫人迎之，以制草示刘幽求。幽求为之言，隆基不许，斩于旗下。"

综合史料记载和学界研究成果，大致可以得出结论：上官婉儿的形象不是一成不变的，对她的评价与唐朝历史的发展和国史书写的变化有直接关系。上官婉儿墓志中的形象积极、正面，她忠心奉上、无辜受难；《昭容上官氏碑铭》和《上官昭容集序》中，上官婉儿的形象被人为拔高，被塑造成"天子良辅"的形象；先天政变后，唐玄宗李隆基掌握国史书写的话语权，上官婉儿的正面形象被彻底颠覆，她成了秽乱宫闱、挟势弄权、死有余辜的奸臣形象。

尾 声

　　上官婉儿的人生轨迹，贯穿从初唐到盛唐的历史阶段。她出生于唐高宗李治统治初期，当时受"贞观遗风"影响，唐朝政权稳固，经济发展，文化繁荣，风气清正，为文学、艺术的兴起提供了良好的社会环境。在此契机下，上官婉儿的祖父上官仪由唐太宗欣赏的一位诗人、文臣变成唐高宗倚重的宰相、心腹，她的父亲上官庭芝受家风熏陶而饱读诗书，她的母亲荥阳郑氏之女亦家教良好，上官家族是真正意义上的书香门第、官宦之家。

　　上官婉儿出生于宰相门第，原本可以安安稳稳地做一名养尊处优的千金小姐，相貌姣好、天性聪慧的她，一定能在祖父和父母的庇护下成长为一名性情婉约、才华横溢的闺阁淑女。但天有不测风云，她的祖父上官仪因支持唐高宗废黜皇后武则天，惹来杀身之祸并殃及整个上官家族。上官仪及婉儿的父亲上官庭芝被杀，来到人世不久的上官婉儿随母亲郑氏夫人一起沦为掖庭奴婢。现在我们已无从考究，在凄苦无趣的掖庭中，上官婉儿与她的母亲经历了哪些坎坷与曲折，她们是怎样一次又一次挨过了那些被奴役、被驱使、被轻视与被呵斥的艰难时光。透过传世典籍零零星星的记载，我们只能得知，上官婉儿13岁时，她的命运迎来了一次巨大的转机。而发生转机的缘由，是上官婉儿卓尔不群的学识与文采，在掖庭众人中太过耀眼，她展现出的诗情画意与掖庭这个蒙昧的环境太过格格不入。经由掖庭众人口口相传，她超凡脱俗的学识与才华被唐高宗的皇后武则天所知悉，武则天降下诏书，召上官婉儿入宫觐见。

13岁的上官婉儿怀着既忐忑又新奇的心情入宫，直面艳光四射、高高在上的皇后武则天，她努力让自己表现得镇定自若。看着眼前这个清丽、纤细、眉目间楚楚动人的豆蔻少女，一向威严的武则天饶有趣味地笑了。不知怎的，她对这个出身于仇人上官仪家族的小女孩颇有好感。为了考查上官婉儿的才学，武则天亲自出题，要求上官婉儿现场写作。上官婉儿沉吟片刻就轻松落笔，洋洋洒洒一挥而就，写出的文章谋篇布局成熟老练，语言表达准确生动，显得她胸中自有丘壑。武则天阅读后大喜，当即决定将上官婉儿召入后宫做女官，并决定由自己亲自指点、培养她。从此，上官婉儿带着她的母亲离开掖庭这个文化荒原，进入祸福难测的皇帝后宫，开启了她对武则天长达27年的陪伴。

武则天极为看重上官婉儿的才华，为提高婉儿的身份地位、发挥婉儿诗文绮丽的优势，武则天将婉儿封为五等女官才人，命她撰拟制诰、掌管机要文件。随着唐高宗的健康状态每况愈下，武则天渐渐把持了朝政，她代替唐高宗批阅奏章、处理政务，忙得分身乏术，于是就把一些政务交予上官婉儿协理。日复一日，上官婉儿起草制诰的水平越来越高，协理政务的能力越来越强，赢得了武则天的高度信任。加之上官婉儿为人诚恳、性格温婉、处事认真，武则天格外器重她，她成为武则天身边不可或缺的助手和伙伴。

尤其是武则天发动"武周革命"后，上官婉儿更成为武周政权的"巾帼宰相"，不仅协助女皇武则天管理机要、草拟诏书，而且兼理外朝政务，成为武则天的左膀右臂。陪侍女皇的日子，可谓苦乐参半。女皇年事已高，开始享受人生，她成立控鹤府（后改名奉承府），招徕许多年轻貌美的良家子弟充实其中，陪她冶炼药石、品茗饮酒、奏乐赏舞、恣意玩闹，置朝臣的侧目、抗议于不顾。上官婉儿陪伴女皇已久，对女皇的喜怒哀乐了如指掌，自然能够做一朵温柔的解语花，陪女皇纵情享乐、恣意过活。但与此同时，婉儿也需时时、处处小心谨慎，她绝不能触犯龙颜，还得忍受女皇突如其来的怒火。神龙元年（705），由于女皇过度宠信以张易之、张昌宗兄弟为首的控鹤府诸人，引起了朝中大臣的强烈不满，他们打着清君侧、除奸佞的旗号发动政变，意在推翻武周政权、匡复李唐天下。这次政变由张柬之、崔玄暐、敬晖、桓彦范和袁恕己等五人发起，他们鼓动太子李显加入其中，最终以李显的名义攻入武则天居住的迎仙宫，杀死"二张"兄弟，逼迫女皇禅位于太子李显。女皇见形势逼人，无奈下诏传位于太子李显，李显恢复大唐国号，重回朝堂。继而唐中宗正式行使皇权，武则天黯然退居上阳宫。

唐中宗统治时期，上官婉儿的权势进一步扩大，开始掌握军国谋略、生杀予夺大权。她发挥自己在文学方面的才华，扩建修文馆，广求贤才，郁兴词藻，发展了唐朝律诗。在她辅政的 20 年间，国家出现了大批好文之士，朝野中不再有不学无术之辈，文人群体意气风发，用他们手中的笔歌颂帝王圣政，描摹大好河山，记录市井生活，抒发个人胸臆。所有这一切，都与上官婉儿的努力密不可分。上官婉儿以宫妃身份辅佐唐中宗李显施政，故而她主动团结韦后和长宁、安乐两位公主，她劝韦后效仿武则天的政治作为，在宫廷宴会和外出游玩时替唐中宗、韦后、长宁和安乐两位公主作诗。更有甚者，上官婉儿还参与韦后集团卖官鬻爵的非法活动，她纵容自己的母亲和韦后的妹妹、安乐公主等人一起大肆售卖"斜封官"，与韦后集团结成了利益共同体。此外，上官婉儿素来与武氏族人感情深厚，尤其与武三思等人过从甚密，她极力促成韦后集团与武氏集团的结盟，力图延续武周时期的制度和政策。但随着韦后与安乐公主野心越来越大，她们在朝中肆意弄权，韦后企图效仿武周革命成为新的女主，安乐公主梦想成为皇太女，上官婉儿感到越来越不安。景龙年间，在韦后与安乐公主欺压之下，太子李重俊忍无可忍地发动政变，杀掉武三思父子，又冲进后宫追索韦后、安乐公主与上官婉儿。上官婉儿情急之下求助于唐中宗，说服唐中宗带她一起逃上玄武门。李重俊政变很快就被平息下去，上官婉儿侥幸逃过一劫。

唐中宗能力平庸，惟亲是用，政治上重用韦后一党与武氏族人，日常对妻女不加节制，韦后和长宁、安乐两位公主生活奢华无度，尤其是安乐公主，不仅广建住宅园林、寺庙佛堂，而且延揽朝臣、插手政务，心心念念要做"皇太女"。在韦后与安乐公主步步紧逼之下，唐中宗竟然真的打算立安乐公主为皇位继承人。上官婉儿深知此举不妥，她一次次向唐中宗进谏，劝阻唐中宗下诏立安乐公主为皇太女。婉儿的良苦用心总算没有白费，唐中宗被迫放弃了立安乐公主为皇储的计划。经由这件事，上官婉儿在政治上已与韦后和安乐公主集团分道扬镳，她必须为自己寻找新的出路。正巧此时相王李旦与太平公主对韦后集团擅权极为不满，他们急欲找机会铲除韦后、安乐公主母女一党，于是他们向上官婉儿伸出橄榄枝，上官婉儿欣然接受。与此同时，韦后与安乐公主母女也加快脚步争夺皇位，安乐公主亲自给唐中宗送去加了毒药的汤饼，将自己的亲生父亲鸩杀，韦后急不可耐地试图临朝称制。韦后命上官婉儿伪造唐中宗遗诏，立自己16岁的儿子李重茂为帝，自己辅政并裁决军国大事。上官婉儿与太平公主连夜合计，在遗诏中加入至关重要的一条：请相王李旦参谋政事。韦后拿到上官婉儿草拟的唐中宗遗诏非常生气，她与自己的幕僚宗楚客等人密谋，篡改内容后昭告天下，扶植李重茂登基。李重茂年仅16岁，即位后很难服众，韦后以皇太后身份临朝摄政，大肆封赏自己的亲族和幕僚，将军国大权牢牢掌握在自己手中。

太平公主见韦后为非作歹到如此地步，她无法再忍，遂联合自己的侄子、相王李旦的第三子临淄王李隆基一起发动政变，剿灭韦后与安乐公主一党。李隆基率大军攻入皇宫，杀掉了韦后与安乐公主，上官婉儿深夜携草拟的唐中宗遗诏前来迎接、投诚，

尾　声

李隆基经过激烈的思想斗争，将上官婉儿斩于马下。上官婉儿就此香消玉殒，在中国历史上留下了凄婉的一笔。在宫外策应的太平公主听闻上官婉儿的死讯，哀伤不已，但已无计可施。待李旦登基成为唐睿宗，太平公主请求李旦以礼下葬上官婉儿，并为她赐谥号、编纂文集。在太平公主的努力之下，上官婉儿被追复为上官昭容，谥号为"惠文"，太平公主为她提供了墓地和丰厚的葬仪，还遣使吊祭，用心颇为良苦。

回顾上官婉儿的一生，我们可以发现，她历经唐高宗、武则天与唐中宗三朝，这一时期，唐朝秉承唐太宗"贞观之治"遗风，唐高宗与武则天在政治上锐意进取、军事上巩固边防、经济上稳步向前发展，开创了所谓的"永徽之治"良好局面。武则天发动武周革命、弃唐代周之后仍然借鉴、吸取唐太宗的治国方略和成功经验，将唐朝的大好局面继承并延续下来。唐中宗借由神龙政变恢复大唐国号，重新登上政治舞台，他将唐朝与武周政权的成熟制度、正面影响保留下来，推动政权的良性统治。从唐太宗到唐中宗，唐朝基本上保持了边疆安宁、社会稳定、经济繁荣的总体发展态势，这些都为文化发展提供了契机。

这一时期，唐朝皇帝重视文治，推进科举制度发展，为朝廷延揽了大批饱学之士，他们熟读儒家经典，富有文学修养，在社会上兴起了一股文学创作的热潮。尤其是进士科以诗文水准高下作为选拔依据，大量读书人热衷于诗歌创作，涌现出一大批著名诗人。上官婉儿的祖父上官仪就是凭借出众的诗歌创作水平为唐太宗所赏识，从而获得晋升机会；由他首创的"上官体"诗歌风靡一时，成为广大学子竞相效仿的典范，他因此受到唐高宗的推崇，后来官至宰相；即便是杀他泄愤的武则天，对他的诗文作品也赞赏不已。而上官婉儿本人也因为学识丰富、擅于诗歌创作受到武则天的青睐，获得走出掖庭的机会，进入后宫成为女官，后来成为受人敬仰的"内宰相"；成为唐中宗的昭容后，她倡导优良文风，改革、扩大修文馆，延揽天下英才，品评文士诗文水准，成为受读书人追捧的文坛领袖。

上官婉儿在唐高宗朝初入后宫，在武则天和唐中宗统治时期地位显著上升，最终权倾朝野，可谓"两朝专美，一日万机"。在充满腥风血雨的唐代宫廷生活中，她取信皇帝，结交权臣，友善后宫，她的一生虽然短暂，但跌宕起伏，充满传奇色彩，值得后世评说。

后 记

终于到了写后记的时候。

记得 2022 年 10 月下旬收到耿元骊教授的微信消息，说他要主编一套"唐朝往事"丛书，这套丛书是普及读物性质，想邀请 20 位学者同时参与，最后一起推出。耿老师问我是否有兴趣参与这个项目，我欣然应允，并马上在耿老师发过来的备选题目中选择了《上官婉儿：纵横宫廷参政事》这个题目。

很快，耿老师和辽宁人民出版社的蔡伟编辑集结了 20 位中青年学者，名为"唐朝往事组"的微信群也随之建了起来。从此以后，我就在耿老师和蔡老师的领导下，在 19 位优秀同行的引领下，开始第一次尝试大众史学读物写作。我和大家一样，按部就班地提交了内容梗概、章节框架、8000字样稿，按时通过了出版社的审批，接下来就开始进入正式写作阶段。

我最初之所以会选择上官婉儿作为写作对象，主要出于以下几点考虑：其一，作为唐朝历史上赫赫有名的"巾帼宰相"，上官婉儿的人生经历非常曲折，在民间有较大的知名度，把她并不漫长但跌宕起伏的一生写出来，应该是一件比较有趣的工作。其二，上官婉儿在正史中有个人传记，考古资料中有墓志，《全唐文》中有唐中宗起复她为婕妤的诏书、有宰相张说为她写的碑铭和个人文集序，《全唐诗》中保留了她传世的全部32首诗，加之唐宋笔记小说也留下了不少关于她的轶事，写作过程中可供使用的材料应该会比较丰富；其三，较之那些错综复杂的历史事件和长时段反思、总结，用描述手法写一个历史人物的生平，也许更容易把握一些。

但真正开始写作以后，困难和烦恼接踵而来：首先，与上官婉儿直接相关的史料并不多，且前辈先贤和杰出同行已做过太多专题讨论，无论从怎样的角度切入，都很难有新鲜的内容；其次，后世关于上官婉儿的评价并不统一，她的形象经历了从才华横溢、忠心奉主、无辜受难到秽乱宫闱、挟势弄权、死有余辜的变化，这种变化在写作过程中并不容易把握；再次，我个人对大众史学读物的写作手法、语言风格掌握得不够熟练，文笔较为平淡、写实，担心最终呈现的作品不够生动、精彩。

好在有许多师友不吝赐教。我曾数次与耿元骊教授谈到写作中遇到的问题，耿老师每次都热情鼓励我大胆写、放开写。我曾向赵龙教授、刘云军教授请教写作细节，二位仁兄慷慨赐赠各自的大作，给我提供了学习的样本。我也曾向我的师弟李永教授提及史料不足的困难，得到其有益的建议。在此一并致谢。

年逾不惑，开始体会人到中年的种种繁难与苦楚。在经历了新冠肺炎、甲流病毒的轮番袭击之后，对"健康平安"四个字的体会就更深刻。从 2023 年 4 月到 6 月，我的两位家人接连需要手术、住院治疗，其间走过的心路历程，此时已很难言表，但我将会一直牢记给予我关心、援助的邻居、朋友和同事们，正是因为他们的鼎力相助，我和家人才能顺利渡过难关。虽然我没有罗列他们的姓名，但他们的古道热肠，我会一直铭感于心。

最后，再次感谢耿元骊教授提供这次学习和提高的机会，让我在完成博士学位论文多年之后又完整写作了一个唐史领域的题目。同时也借此感谢我的两位导师孙继民教授和宁欣教授长期以来对我的提携与爱护，他们开阔的眼界与渊博的学识，常常给予我新的滋养与启迪。

最后的最后，仍然要感谢家人对我工作状态的支持与包容。

我的女儿和她的小伙伴，得知我在写一本他们也有可能看懂的书后，常常到我电脑前询问进度，对我形成了另一种鞭策和激励。希望我写的这本小书不会让孩子们失望。

张春兰

2023 年 7 月 10 日草于山西兴县

2024 年 3 月 31 日修改于河北保定